인간과 문화

인간과 문화

김영근 지음

도서출판 동인

■ 실리는 순서

■ 들어가며 —— 9

제1장
인간학적인 전환 · 17

1. 칸트(I. Kant)의 인간이해 —— 17
2. 포이엘바하(L. Feuerbach)의 인간이해 —— 23

제2장
철학적 인간학의 개념분석 · 37

1. 철학적 인간학의 형성과정 —— 37
2. 철학적 인간학의 형성근거 —— 45
3. 철학적 인간학의 의미 —— 52
4. 철학적 인간학과 인류학의 관계 —— 57

제3장
현대의 철학적 인간관의 제 모습들 · 63

1. 셸러(M. Scheler)의 인간관: 정신적 존재로서의 인간 —— 63

   1-1 개관 —— 63

   1-2 생물계 내에서의 인간의 위치 —— 66

      (1) 식물과 감정충동(Gefühlsdrang) —— 68

      (2) 동물과 본능(Instinkt) —— 70

      (3) 고등동물과 연상적 기억(Das assoziative Gedächtnis) —— 72

      (4) 고등동물과 실천적 지능(Die praktische Intelligenz) —— 73

   1-3 정신(Geist)과 충동(Drang)의 원리 —— 75

      (1) 정신의 원리 —— 75

      (2) 충동의 원리 —— 81

      (3) 정신과 충동의 순환 관계 —— 82

2. 하이데거(M. Heidegger)의 인간관: 현존재로서의 인간 —— 86

   2-1 개관 —— 86

   2-2 현존재(Dasein)에 대한 분석 —— 88

   2-3 염려(Sorge)에 대한 분석 —— 93

   2-4 죽음(Tod)에 대한 분석 —— 96

   2-5 역사성에 대한 분석 —— 106

3. 겔렌(A. Gehlen): 결핍된 존재로서의 인간 —— 110

   3-1 개관 —— 110

   3-2 인간의 행위 기능 —— 115

   3-3 인간의 부담해소 기능 —— 120

4. 플레쓰너(H. Plessner)의 인간학: 탈(脫) 중심적 존재로서의 인간 —— 127

   4-1 개관 —— 127

   4-2 인간존재의 관계구조 —— 129

   4-3 인간존재의 불측량성 원리 —— 134

제4장
인간의 근본특징들 · 137

1. 인간의 사회성 —— 137
   - 1-1 인간의 생물학적인 결핍성 —— 138
   - 1-2 인간의 비특수성 —— 139
   - 1-3 인간의 개체발생 —— 140
2. 인간의 전통성 —— 141

제5장
문화인간학의 개념분석 · 145

1. 문화인간학의 형성과정 —— 145
2. 문화인간학의 의미 —— 150

제6장
문화인간학의 방법적 원리들 · 159

1. 딜타이(W. Dilthey)의 정신과학적인 입장 —— 159
2. 플레쓰너(H. Plessner)의 일원론적인 입장 —— 164
3. 란트만(M. Landmann)의 문화과학적인 입장 —— 169

제7장
문화개념과 연관된 내용들 · 177

1. 문화개념의 형성과정 —— 177
2. 문화의 다양성 —— 186
3. 문화와 자연 —— 189
4. 문화와 문명 —— 195

제8장
문화적 존재로서의 인간 · 199

1. 문화의 창조자로서의 인간 —— 199
2. 문화의 피조자로서의 인간 —— 202
3. 인간의 문화성 —— 203

제9장
문화에 대한 비판적 고찰 · 207

■ 참고문헌 —— 219

■ 들어가며

문화야말로. 인간의 창조적 활동을 실증해 주는 깅표이다

　오늘날 현대사회는 지난 과거사회와는 비교할 수 없을 정도로 지구촌이라는 이름 아래 하나의 시간과 공간을 뛰어넘는 연관성 속에 처해 있는 모습이다. 무엇보다도 모든 인종을 넘어서는 인간들 간의 관계성 속에서 삶을 형성하고 있는 모습이다. 이러한 관계성 속에서 과연 인간은 상생의 삶이냐 또는 파멸의 삶이냐를 고민하는 것이 현대인의 삶의 모습이기도 하다.

　오늘날의 시대적 상황들, 즉 산업사회, 기계문명, 아노미현상, 인간소외, 불확실성, 종교와 도덕의 구속력 상실 등을 통해 유추해 볼 때, 그 어느 때보다도 인간에 관한 수많은 지식정보가 주어짐에도 불구하고 정녕 진정한 인간적인 것, 인간 그 자체가 무엇인가에 대해서는 점점 더 의문부호만 늘어갈 뿐이다.

　철학적 인간학의 형성은 이러한 인간에 관한 풍부한 지식에도 불구하고 오히려 인간의 본질에 대한 이해가 전체적으로 불투명해진 데서 비롯된다. 그러므로 현대의 인간에 관한 철학적 성찰은 그것이 삶의 철학에서 말하는 '삶'으로 표현되든, 또는 실존철학에서 말하는 '실존'으로 표현되든 결국에는 '인간이란 무엇인가'라는 인간을 향한 물음제기로 나타난다. 오늘날 인간에 관한 물음제기는 알게 모르게 보편화되어 있는 현상이다. 이러한 인간문제의 보편화 현상이 암시하는 바는 인간에 관한 물음이 있다 사라질 임의적인, 취향적인 성질의 것이 아니라는 사실이다. 그러므로 오늘날 인간에 관한 철학적인 물음은 깊이를 더해가는 가운데, 현대철학의 중요한 구심점은 인간의 본질구명과 함께 우주에 있어서의 인간의 위치를 확인하려는데 있다.

인간이란 무엇인가? 이것은 인간의 본질에 대한 근원적인 이해라는 지평 위에서 '인간에 관한 학'을 정립하려는 철학적 인간학의 물음이다. 그런데 이 물음은 인간 밖의 어떤 타자와의 관계에서 제기되는 것이 아니라 물음을 제기하는 인간자신에게 해당된다는 점에서, 인간의 자기인식을 위한 시도이다. 인간은 종전에는 사물들의 존재와 의미를 탐구해 왔음에 대해서, 이젠 인간자신의 해명에 몰두하고 있는 모습이다. 오늘날 우리는 인간학의 시대에 살고 있다고 할 정도로 일련의 학문적인 탐구영역들인 생물학, 심리학, 해부학, 유전학, 인종학, 인체학, 민속학 등이 인간학이라는 한 학문영역에 흡입되어 있는 상황이다. 즉, 인간학은 흡사 튼튼한 뿌리를 가진 '인간'이라는 나무가 잎, 가지, 줄기에는 물론이요, 또한 꽃을 피우고 열매를 맺게 하는 등의 전체 기관에 영향을 주는 것과 같다. 이러한 시대적 분위기는 철학적 인간학의 문제들이 모든 철학적인 문제들의 구심점으로 등장하고 있다고 선언한 셸러(M. Scheler)에 의해서 이미 확인되고 있다. 겔렌(A. Gehlen)도 자신의 철학적 과제를 인간의 자기와의 만남과 자기발견으로 삼으면서, 오늘날 인간학이라는 단어의 보편화 현상에는 중요한 시대적인 경향이 작용하고 있음을 말한다. 이것은 오늘날 철학적 인간학이 인간에 관한 고정된 불변적인 모습을 제시한다거나, 또는 인간학 자체의 고정적인 철학적 바탕을 확립하려는 것이 아닌 가운데 인간의 본질파악을 위해 새로운 차원에서 강조되는 분야임을 뜻한다.

문화인간학도 철학적 인간학처럼 다른 철학의 분야와 비교해볼 때 '현대'라는 시대적인 상황 속에서 논의되는 분야이다. 또한 문화인간학의 과제도 철학적 인간학에서처럼 인간의 본질을 구명함에 있다. 다만 문화인간학은 인간의 본질을 구명함에 있어서 '문화의 지평'이라는 차원에서 전개된다. 인간은 자신의 역사성과 문화성의 기반 위에서 종교, 학문, 예술 등과 같은 객관적인 문화영역들을 형성하였는데, 이러한 폭넓은 문화영역 자체가 곧 인간학적인 의미를 지닌다. 그러므로 역사성과 문화성을 지닌 존재인 인간이 자신의 삶을 역사적·문화적인 실현가능성의 조건 속에서만 형성할진대, 인간이 이룩한 객관적인 문화영역은 인간의 본질을 구명할 수 있는 유일한 곳이다.

문화는 인류가 역사 속에서 형성한 여러 개념들 가운데 오늘날 가장 많이 쓰이고 있는 것들 중의 하나이다. 이처럼 많이 사용되고 있는 문화개념에 내포되어 있는 일반적인 성향들 가운데 다음의 두 면을 주목할 필요가 있다. 한 면은, 문화에 관심을 가진 사람들은 문화개념을 응당 자명한 것으로 습관적으로 받아드리는 경향이 있다는 사실이다. 이러한 문화의 자명성은 문화의 개념규정을 소홀히 하도록 한 원인이 된다. 사실 문화에 대한 구체적이고도 체계적인 분석은 서양에서는 18세기 말엽에 비로소 시작되는데, 그 결과 우리는 오늘날 문화개념에 대한 활발한 분석과 더불어 그 개념사용에 있어서 범람현상이라는 부정적인 면도 보게 된다. 다른 한 면은, 문화에 관심을 가진 사람들, 예컨대 철학자, 인류학자, 사회학자, 심리학자 등은 그들의 분야에 따라 문화개념의 분석을 다양하게 전개시켜 왔는데, 이러한 현상은 오늘날 문화개념의 사용에 있어서 변화를 일으키고 있다는 사실이다. 즉, 종전에는 독일을 중심으로 하는 유럽문화권의 영향 속에서, 문화란 인간의 정신적인 내면의 세계를 반영하는 것으로 고차원적으로 객관화된 형태의 것으로 간주되었다. 이에 대해 오늘날에는 영·미 문화권의 문화인류학, 사회학 등의 강한 영향 속에서 문화란 이미 기성화 되어 있는 인간의 사실적인 외면세계를 반영하는 것으로 인간의 생활방식, 사는 모습, 생존수단 등으로 폭넓게 간주되고 있다.

이러한 문화개념의 다의성은 한편으로는 사람들이 문화라는 용어를 분명하게 정의되지 않은 상태에서 쉽게 단순하게 사용해 왔음을 뜻하기도 하지만, 다른 한편으로는 문화개념이 담고 있을 최고의 것에 대한 지속적인 탐구를 예시적으로 의미하기도 한다. 요컨대, 문화는 인간의 정신적인 내면세계에 대한 통찰을 통해 얻어지는 철학, 예술, 종교 등과 더불어 이미 테일러(Edward B. Tylor)가 말한 것처럼 인간이 사회적인 삶 속에서 획득한 어떤 다른 능력들과 습관들을 총망라한 복합총체이다. 우리는 문화개념에 대한 고찰을 통해 다음과 같은 중요한 면들을 열거해 볼 수 있다.

첫째로, 문화는 인간자신의 내적인 욕구의 필요성 때문에 형성된 것으로 인간에 있어서 원초적으로 필수 불가결한 것이다. 문화야말로 인간 밖의 다른 동물들과의 근본적인 질적인 구별을 가능케 하는 분수령이다. 문화는 자연의 다른 계층과는 구별되는 인격의 나라에 거하는 정신적 존재인 인간에게만 해당되는 것이다. 이러한 인간을 통한, 인간을 위한 문화형성의 타당성은 이미 그리스 소피스트들의 희랍귀족에 대한 비유적인 표현 속에 잘 나타나고 있다. 즉, 희랍귀족들은 가문과 혈통만 있으면 인간이 다 된 줄 알지만, 동물과 구별되는 진정한 인간이 되려면 영혼을 살찌우게 할 지식과 그 지식을 가르칠 교사가 있어야 한다고 주장한다.[*] 문화현상들은 인간의 주위를 에워싸고 있는 현상들이요 부분들이다. 문화 없는 인간이란 존재할 수 없는 것처럼, 또한 인간을 떠난 문화란

---

[*] M. Landmann, Der Mensch als Schöpfer und Geschöpf der Kultur (Müchen 1961), S. 188 참조.

그 용어 자체의 성립이 불가능하다. 문화는 오직 인간만의 본질적인 현상이다. 이러한 사실은 우리로 하여금 문화의 문제가 인간의 삶이라는 현상계를 떠난 인간 밖의 다른 계층에서 다루어질 성질의 것이 아님을 주지시킨다. 여기서 인간 밖의 다른 계층이라 할 때, 우리는 플라톤의 이원론적인 입장이나, 또는 헤겔의 절대화된 정신개념과 같은 초월주의적인 경향을 생각할 수 있다.

둘째로, 문화와 자연과의 상관관계가 새로운 각도에서 조명될 필요가 있다. 문화와 자연은 문화인간학의 입장에서는 인간과의 관계성 속에 별개의 계층을 이루고 있는 개념들이 아니다. 인간은 결코 문화를 버리고 일부의 주장대로 있는 그대로의 자연으로 되돌아갈 수는 없다. 또한 인간 밖의 외부적 자연에 대한 순화 내지 되새김이 배제된 문화형성이란 불가능하다. 그만큼 인간이 자연과의 관계성 속에서 형성한 모든 것의 결과가 곧 문화라는 사실이 드러난다. 그러므로 문화와 자연의 상호연관성은 인간이 존재하는 한 불가피하다. 이러한 불가피성이 이제는 인간으로 하여금 기술과 더불어 종말에 다다른 것 같은 '현대'라는 상황 속에서 오히려 기술문화를 통해 현대적 의미의 자연성을 되찾을 수 있게 할 소지가 엿보인다.

셋째로, 문화의 다양성은 문화인간학적인 측면에서는 필연적으로 강조되는 면이다. 오늘날 문화의 다양성은, 일 예로 르네쌍스 시대의 이상향이었던 희랍문화와 같은 소위 모범문화의 출현을 거부한다. 한 문화의 절대화 내지 이상화는 있을 수 없는 가운데, 각개의 문화는 그 나름대로의 기준과 독자성을 가지고 있다는 것이다. 그러므로 문화의 다양성이 인정될 때, 각 문화는 자기의 문화에 대한 긍지는 물론이요 다른 문화에 대한 진정한 이해가 가능할 것이다.

넷째로, 인간과 그가 영위하는 삶의 세계는 비규정성과 그에 따른 개방성으로 특징 지워진다는 사실이다. 달리 말하면, 인간과 그의 세계는 언제나 역사성의 지평 위에서만 파악되어질 뿐이다. 이처럼 인간의 역사성은 근본적으로 인간의 개방성을 내포하고 있으며, 또한 인간의 개방성은 자기 자신을 언제나 새롭게 형성할 가능성을 지니고 있다. 따라서 인간을 문화의 창조자이자이며 피조자라는 하나의 테두리 속에 넣어 말할 수 있음은 인간 속에 문화 창조의 가능성과 실재성이 늘 내재해 있기 때문이다.

본 글에서 문화개념에 대한 고찰을 문화인간학의 입장으로 제한하려는 것은 문화인간학이 인간의 본질을 구명하기 위한 근본입장 때문이다. 란트만(M. Landmann)의 다음과 같은 주장 속에 그 근본입장이 잘 드러나 있다. "문화인간학은 최초로 인간을 그의 자연적인 삶의 세계로부터 인위적으로 고립시키지 않으며, 또 인간을 삶의 세계와의 상호작용 속에서 바로 그 삶의 세계의 운반자이며 동시에 그 삶의 세계에 의하여 운반되어지는 자라고 본다."* 그래서 란트만은 문화인간학이야말로 미래의 인간학이라고 자신 있게 말하고 있다. 철학이 일반적으로 탐구대상에 대해서 개별과학들과는 달리 하나의 보편적이고도 종합적인 입장을 취하는 것처럼, 문화인간학도 개별적인 인간의 활동과 그 활동의 결과로 나타난 문화적인 현상들을 피상적·기계적인 입장에서 파악하지 않고 근원적·유기적인 전체로서 파악하려고 한다. 왜냐하면 문화현상들은 각기 서로 분리되어 형성된 것이 아니라 서로간의 깊은 유대관계 속에서 형성되고 결합되어 있기 때문이다. 더욱이 인간이라는 유기체와의 불가분의 관계 속에서, 양자는 피차가 분리시킬 수 없는 기능을 가진 관계이며, 단지 란트만의 표현대로 인위적으로만 둘의 합일된 관계를 떼어놓을 수 있을 뿐이다.

이처럼 문화인간학은 문화를 인간과 그의 삶의 세계의 상호작용을 통해서 형성된 것으로 본다. 이러한 인간의 모든 활동 결과인 문화의 형태들 속에는 인간의 역사성과 더불어 사회성이 자리 잡고 있다. 인간은 언제나 역사적인 제한 속에서 문화를 형성한다. 또한 인간이 문화적인 존재로 규정되기 위해서는 동시에

---

* M. Landmann, Philosophische Anthropologie (Berlin 1969), S. 172.

사회적인 존재일 수밖에 없다. 그러므로 인간의 역사성과 사회성은 문화의 지평 위에서 인간의 본질을 구명하려는 문화인간학의 성립근거이다. 그 속에서만이 문화인간학은 인간을 문화적인 존재로 규정할 위치를 확보하게 된다. 그런데 인간의 역사성과 사회성은 그 다양성 때문에 문화의 통일과 조화라는 측면에서 문화에 대한 근원적이고도 전체적인 규명을 불투명하게 할 가능성도 엿보인다.

인간은 문화인간학에 있어서 세계와의 관계 속에서만이 자신의 내·외적인 실재성이 파악된다. 특히 인간 자신의 내적인 의식구조의 다양한 변화의 가능성을 보게 된다. 달리 말하면, 인간은 자신의 본질을 문화적인 상황 속에서 비로소 실현시킬 수 있는 존재이다. 이처럼 인간이 문화적인 존재로 규정될 때 한편으로는 철학적 인간학이 인간의 고유한 특징들을 지나치게 생물학적으로 도출한 나머지 인간을 그 자신의 자연적인 삶으로부터 인위적으로 고립시킨 현상의 불식과 더불어, 다른 한편으로는 철학적 인간학에서 극복하려고 시도하는 심·신 이원론의 현상을 해결할 수 있다. 왜냐하면 인간은 본질적으로 그 자신의 개방성에 따른 행위하는 존재이기 때문이다. 즉, 문화적인 존재로서의 인간은 자신의 삶을 바탕으로 한 행위를 통해 자신의 본질을 드러내려고 하는데, 행위의 구체적인 표현들이 곧 문화적인 현상들이다. 문화야말로 인간의 창조적 활동을 실증해 주는 징표이다. 이렇게 볼 때, 우리는 인간의 본질구명에 대한 철학적 성찰이 철학적 인간학의 입장에서보다는 문화인간학의 입장으로의 전환 속에서 이루어져야 할 필요충분조건을 발견할 수 있다. 그러나 이 양자를 대립적인 측면에서 볼 것이 아니라 인간의 본질구명을 더욱 더 구체화시키려는 보완관계로 봄이 타당하다.

이 책을 펴내는데 도움을 주신 분들께 감사의 말씀을 전한다. 먼저 이 책의 출간을 위해 일찍이 연구비를 책정해준 연세대학교의 연구처에 깊은 감사를 드린다. 처음 원고 정리과정에서 많은 도움을 준 대학원 이주석 군에게 감사한다. 또한 세밀한 교정을 통해 많은 부분을 바로 잡아주신 송순희 편집인에게 감사한다. 그리고 이 책을 기꺼이 출간해 주신 동인출판사 이성모 사장님께 진심으로 감사드린다.

2007년 4월
저자 김영근 씀

제1장 인간학적인 전환

1. 칸트(I. Kant)의 인간이해

　인간학이라는 개념은 18세기 칸트를 통해 구체적으로 등장하면서 그로 인해 유행하게 되었다고 해도 좋을 듯싶다. 왜냐하면 칸트는 인간이란 무엇인가라는 물음을 자신의 저서를 통해 제기하고 있는데, 이 물음에 대한 비판적 견해가 상존함에도 불구하고 이 물음은 그에게 와서 비로소 인간학적으로 의미가 담긴 것으로 자리를 잡게 되었기 때문이다. 먼저 「순수이성비판」에서 칸트는 내 이성의 모든 관심은 나는 무엇을 알 수 있는가? 나는 무엇을 해야 하는가? 나는 무엇을 희망해도 좋은가? 라는 세 가지 물음으로 집약된다고 밝히고 있다[1]. 이처럼

---

1) I.Kant, Kritik der reinen Vernunft in : Immanuel Kant Werkausgabe Ⅳ, hrsg. von W. Weischedel (Suhrkamp 1977), S. 677 참조.

'나'라는 인간이 물음의 주체로 등장함을 볼 때, 인간에 관해 묻고 있음이 칸트 철학의 기초가 되고 있는 것처럼 보인다. 더욱이 그는 '세계시민의 입장에서 본 철학'이라는 문제를 다룬 「논리학강의 입문」에서 철학의 탐구영역을 앞서 언급한 세 가지 물음에 인간이란 무엇인가 라는 물음을 덧붙이면서 다음과 같이 기술하고 있다. "첫 번째 물음은 형이상학이, 두 번째 물음은 도덕이, 세 번째 물음은 종교가, 네 번째 물음은 인간학이 대답해 준다. 그러나 우리는 근본적으로 이 모든 물음을 인간학적인 물음으로 간주할 수 있다. 왜냐하면 앞의 세 물음들은 마지막 물음에 관계하기 때문이다."[2] 칸트는 다른 물음들은 인간이란 무엇인가라는 철학적인 물음 속에서 파악될 성질의 것으로 본다. 또한 그는 수학자, 자연과학자, 논리학자는 이성의 기술자일 뿐이며, 철학자만이 이성의 기술자가 아닌 인간이성의 입법자로서 철학은 인간이성의 본질적 목적에 대한 모든 인식과의 관계성에 관한 학문이라고 말한다. 결국 칸트의 모든 철학적인 문제제기 속에는 적어도 인간이라는 주제가 근본적으로 자리 잡고 있다.

그런데 우리에게 주지될 바는 이러한 인간의 이성에 바탕을 둔 인간문제에 대한 규정이 과연 자신이 제기한 인간이란 무엇인가라는 물음에 대해 근원적인 해답을 모색하고 있는가 하는 점이다. 이에 대해 코레트(E. Coreth)는 칸트가 「논리학강의 입문」에서 제시한 물음들이 인간학적으로 의미가 있음을 인정하면서도, 인간을 전체성 속에서 통일적으로 파악하고자 하는 하나의 인간학을 형성하지는 못했음을 다음과 같이 지적하고 있다. "칸트는 이성론과 경험론의 대립을 극복하려고 했다. 대상에 대한 인식가능성의 조건인 순수이성에 대한 자신의 선험적 반성은 그 후의 모든 철학의 기초가 되었다. 이 점에 있어서는 칸트의 시초에는 대단한 의미가 주어진다. 그러나 인간의 통일성과 전체성을 파악할 수 있는 철학적 인간상을 정립하는 데는 성공하지 못했다. 감각적 관조와 개념적

---

[2] Kant, Schriften zur Metaphysik und Logik 2 (Suhrkamp 1977), S. 448.

사유, 이론적 인식과 실천적 행위, 지식과 신앙들 간의 대립은 하나로 되지 않고 있다."3)

칸트는 『실용적인 관점에서 본 인간학』에서 인간에 관한 경험적인 고찰과 함께 인간의 양면성을 근거로, 생리학적(Physiologisch) 입장에서의 인간학과 실용적(Pragmatisch) 입장에서의 인간학으로 구분한다. 그는 생리학적인간학이 '자연은 인간으로부터 무엇을 만드는가'라고 묻는다면, 실용적 인간학은 '인간이 자기 자신으로부터 무엇을 만드는가'라는 물음을 제기하는 것이라고 말하면서, 실용적인 측면에서 인간학에 대한 자신의 입장을 다음과 같이 밝히고 있다. "체계성을 갖춘 인간에 관한 견해는 생리학적인 측면에 근거하든지 또는 실용적인 측면에 근거하든지 일 것이다. 생리학적인 측면에 근거한 인간에 관한 지식은 자연이 인간을 통해 무엇을 만드는가에 대한 탐구를 뜻한다. 실용적인 입장은 자유롭게 행위하는 존재로서의 인간이 자기 자신을 통해 무엇을 만들며, 무엇을 만들 수 있으며, 무엇을 만들어야 하는가를 탐구하는 것이다."4)

칸트의 인간학은 당시의 민속학적 지식에 대한 지대한 사회적 관심과 맞물려서 자연과학적, 심리학적, 민속학적 지식을 종합해 보려는 시도가 엿보인다. 따라서 그의 인간학은 철저히 경험적인 성격을 나타내고 있으며, 그가 말하는 실용적이라는 것도 내·외적인 양면성을 지닌 인간이라는 현존재가 형성하는 실제적인 삶을 가리킨다. 그래서 부버(M. Buber)는 칸트의 인간학은 경험적인 성격을 띠고 있기 때문에 우리가 기대하는 바, 인간이란 무엇인가라는 물음을 통한 인간의 본질구명과는 상당히 거리가 있음을 지적한다. "그러나 놀랍게도 칸트 자신의 인간학은 그 자신이 철학적 인간학에 요구한 것을 전혀 행하고 있지 않다는 사실이다. 표현된 의도나 전체적인 내용에 있어서 칸트의 인간학은 다른

---

3) E. Coreth, Was ist der Mensch? (München 1976), S. 33.
4) I. Kant, Schriften zur Anthropologie, Geschichtsphilosophie, Politik und Pädagogik (Suhrkamp 1977), S. 339.

그 무엇을 제시하고 있다. 즉, 인간지식에 관한 귀중하고도 풍부한 소견들, 예를 들면 이기주의, 정직과 거짓, 환상, 점술, 꿈, 정신질환, 재치에 관한 것들이다. 그러나 여기서는 인간이란 무엇인가라는 물음에 대해서는 도무지 물어지지 않고 있다. 또한 이 물음 속에 함축되어 있는 문제들인 우주에 있어서의 인간의 특수한 위치, 인간의 운명과의 관계, 인간의 사물세계와의 관계, 인간의 이웃에 대한 이해, 죽음의 필연성을 아는 존재로서의 인간자신의 실존, 그것이 일상적인 것이든 또는 비상한 것이든 인간의 삶 중에 함께 하는 모든 신비와의 만남에 대한 인간 자신의 태도 등에 관해서는 한 번도 진지하게 언급되고 있지 않다. 인간의 전체성은 칸트의 인간학에서는 다루어지지 않고 있다."5) 그러나 우리는 이러한 부버의 지적에도 불구하고 칸트가 분명히 자신의 저서에서 모든 철학적인 문제가 귀착되는 인간이란 무엇인가라는 물음을 던지고 있다는 사실은 부인할 수는 없다.

칸트 이전의 형이상학이 언제나 대상적 존재로부터 인식의 절대적 지평으로 나아가려 했다면, 칸트의 선험적인 전환에 의해 이젠 모든 대상적 존재는 먼저 인간과 관계를 맺지 않으면 안 된다. 따라서 모든 대상적 세계와 그 존재방식은 인식주관으로서의 인간이라는 존재에 의존해서 거기에 맞추어 형성된 것들에 불과한 것이다. 칸트의 인식에 대한 코페르니쿠스적인 전환을 통해 인간의 인식이 절대적 주관에 관계하고 절대적 타당성에 이르며, 따라서 유한한 인간의 주관은 절대정신이 나타나는 장소요, 발전의 계기가 되고 있음을 본다. 그래서 부버는 칸트가 인간을 유한성을 드러내는 존재로 보지만, 또한 무한한 것도 추구하는 존재로 보고 있기에 그가 제기한 인식론적인 물음(무엇을 내가 알 수 있는가?), 윤리학적인 물음(무엇을 내가 해야 하는가?), 신학적인 물음(무엇을 내가 희망해도 좋은가?)은 어디까지나 인간과의 관계를 통해서만 설정되는 물음들로

---

5) M. Buber, Das Problem des Menschen (Heidelberg 1971), S. 12.

보려했다고 말한다. 부버는 유한성과 무한성에 관계하는 인간의 양면성에 대한 칸트의 생각을 고려해 자신의 견해를 다음과 같이 밝히고 있다. "그리고 처음 세 개의 물음들이 마지막 물음인 인간은 무엇인가로 환원될 수 있다는 것이 의미하는 바는 다음과 같다. 이러한 존재에 대한 본질인식은 바로 그러한 존재로서 무엇을 알 수 있으며, 바로 그러한 존재로서 무엇을 해야만 하며, 바로 그러한 존재로서 무엇을 희망해도 좋은가 하는 점을 나에게 밝혀준다는 사실이다. … 그러므로 우리는 동시에 그리고 하나의 인간 속에서 인간의 유한성과 함께 무한성에도 관계함을 인식해야만 한다. … 유한한 것도 인간에게 작용하지만, 또한 무한한 것도 인간에게서 작용한다. 인간은 유한성과 마찬가지로 무한성에도 관계한다."[6)]

흔히 우리는 인간을 모든 생명적 존재들이 함께 하는 대우주에 대비해서 소우주라고 부른다. 이것은 단순한 대칭차원에서 불러지는 명칭이 아니다. 비록 대우주라는 존재자체는 인간으로부터 독립해 존립하는 존재영역 속에 있지만, 소우주인 인간이라는 특정한 종의 정신작용을 통해 두 우주 간에 접근이 가능한 본질적인 연관성이 상존하고 있다. 다시 말하면, 인간에게만 정신작용이라는 특별한 독보적인 면이 드러나 있는데, 이 정신작용은 근원적인 존재자의 속성을 지니면서, 또한 초개체적인 것으로, 따라서 대우주의 최종적인 근거는 정신작용을 통해서 탐구될 수 있다. 이처럼 무한성과 관계를 맺고 있는 인간이야말로 근원적인 존재 자체가 자기 자신을 드러내 보일 수 있는 유일한 곳이다. 이렇게 볼 때, 모든 사물들의 최고의 근원에 대한 파악은 인간이란 무엇인가라는 물음을 통해 파악하고자 하는 인간의 본질구명을 통해 추리될 수 있다. 이러한 인간의 위치정립에 대해 셸러(M. Scheler)는 "어떤 의미에서는, 철학의 모든 중심문제들이 인간이란 무엇이며, 또한 그는 존재자체와 세계와 신 가운데서 어떠한 형

---

6) 위 책, S. 14ff.

이상학적인 지위와 위치를 차지하고 있는가라는 물음에로 귀착된다"[7]고 말하고 있다.

우리는 쉘러에서는 물론이요, 부버의 주장대로 이미 칸트에서도 유한성과 더불어 무한성에도 관여하면서 어떤 차원의 것이든 그 무엇을 향해 물음을 던지는 유일한 존재인 인간의 위치가 확인되고 있음을 볼 수 있다. 또한 우리는 칸트의 네 가지 물음들 가운데 인간이란 무엇인가라는 물음이 최종적인 물음으로 그 중요성이 강조됨을 볼 때, 적어도 칸트에서는 이 물음이 물어지지 않고는 철학함이 불가능한 것처럼 보인다. 일단은 인간학다운 물음이 위대한 사상가의 저술을 통해 제대로 본격적으로 물어지고 있는 모습이다. 그런데 칸트는 자신이 던진 인간에 관한 물음에 대해 우리가 인간학에 기대하는 바의 답을 제시하지 않고 있다는 사실을 주목할 필요가 있다. 분명한 것은 실용적 관점에서 본 인간학도 어디까지나 인간의 실제적인 생활을 바탕으로 한 경험적인 측면들을 논하고 있을 뿐 철학적 물음으로서의 인간이란 무엇인가라는 물음에 대한 해답을 제시하고 있지 않다. 그래서 부버는 확실히 칸트는 자신의 인간학에서 제시하고 있는 인간이란 무엇인가라는 물음에 대해 아무런 대답도 하지 않았고 또 대답해 보려고 시도해 보지도 않은 가운데, 그는 자신이 요청한 인간학과는 다른 인간학, 철학사적으로 말한다면 17·18세기의 무비판적인 인류학과 연관된 인간학(Menschenkunde)을 강의하였다고 주장하고 있다. 란트만(M. Landmann)도 부버처럼 칸트의 인간학이 우리의 기대와는 거리가 있는 것으로 그의 윤리적 관심과는 달리 순수한 인간학적인 고려가 결여되어 있음을 지적하고 있다. "칸트가 발표한 인간학은 그 자신이 요구한 것과는 다르며, 또한 그 요구에 부응될 성질의 것도 아닌 것 같다. 칸트가 내세우는 원칙의 질서에서는 인간학은 인간의 본질에 관해서 묻는 것이 아니라 도덕의 형이상학이 인간의 본질에 관해 물을 수

---

[7] M. Scheler, Vom Umsturz der Werte in: : Gesammelte Werke, Bd.3 (Bern 1955), S. 173.

밖에 없는 것이다. 그러므로 그의 인간학은 호기심으로 가득 찬 민속지학적인간학, 심리학적인간학을 기술한 것에 불과하다."8)

칸트는 자신의 실용적 입장에 근거한 인간학에서 인간이 형성하는 구체적인 삶의 바탕이 되고 있는 경험적인 현상들과 더불어 인간의 내적측면인 정신적·윤리적 현상들도 결코 소홀히 다루어질 수 없음을 강조한다. 이러한 의미에서 그는 자신의 인간학에 대한 입장을 다음과 같이 밝히고 있다. "인간의 근본 됨과 형성의 근본 특징들을 고려해 볼 때, 실용적 인간학의 전반적인 입장은 다음과 같다. 즉, 인간은 이성에 의해서 규정되며 그러할 때만이 인간은 타인과 더불어 사회 속에서 생활할 수가 있다. 또한 그러한 사회 속에서 예술과 학문을 통해 문화적인, 문명적인, 도덕적인 생활을 영위할 수 있게 된다."9) 역시 칸트는 이성론자요, 경건주의자다. 그의 인간학의 근본방향도 최종적으로는 이성적·윤리적 측면을 고려하고 있음이 드러난다. 칸트는 인간을 자유롭게 행위하는 존재로 보면서, 인간만이 자아를 소유하면서 지구상에 살고 있는 모든 생명체들을 능히 압도하는 도덕적 성품을 지닌 인격체로 여긴다. 이러한 사실은 칸트의 인간학이 일단은 경험적 사실에 근거하고 있음에도 불구하고 인간의 본질적 측면인 합리성과 도덕성에 대한 요구가 결코 약화되지 않고 있음을 보여주고 있다.

2. 포이엘바하(L. Feuerbach)의 인간이해

포이엘바하는 자신의 철학에서 헤겔(G.W.F. Hegel)적인 사변철학을 철저히 배제함으로써 근대에서 현대에로의 인간학적인 전환에 결정적 계기를 마련했다. 그는 자신이 내세우는 새로운 철학은 종전의 철학과는 근본적으로 구별되는 것

---

8) M. Landmann, Philosophische Anthropologie (Berlin, 1968), S. 35.
9) I. Kant, 같은 전집 XII (1977), S. 678.

으로 참되고, 사실적이고, 전체적인 인간의 본질에 상응하는 것이며, 또한 추상적인 이성의 대상과 같은 존재물이 아니라 눈과 귀, 손과 발을 가지고 있는 실제적이고 전체적인 인간을 대상으로 한다고 주장한다. 이처럼 포이엘바하는 인간을 구심점으로 삼아 자신의 철학을 전개한다. 이때의 인간은 헤겔의 객관화된 주체도 아니며, 또는 칸트의 이성적인 인간도 아니다. 오직 전체적으로 파악되어지는 인간만이 있을 뿐이다. 포이엘바하는 사변적인 경향을 나타내는 정신철학에 대립한다. 구체적으로 말하면 스피노자(B. Spinoza)의 실체, 칸트나 피히테(J.G. Fichte)의 자아, 쉘링(F.W.J. Schelling)의 절대적 동일성, 헤겔의 절대정신과 같은 단지 사유되거나, 또는 상상된 추상적인 본질을 원리로 내세우는 철학에 대립한다. 특히 그는 헤겔이 절대정신을 철학의 최후적인 원리로 삼는 속에서 현실적인 모든 것들을 절대정신에 연계시키고 있음에 반대한다. 포이엘바하는 자신의 저서가 사변철학의 범주에 속할 수도 없을 뿐만 아니라 오히려 직접적으로 사변철학에 반대되는 것, 아니 사변철학의 해체라고까지 말한다. 그는 자신의 사상을 구체적으로 감각적으로 실존하는 인간, 그 무엇보다도 더욱 현실적이요 가장 참된 실재적 존재인 인간을 통해 전개시킨다. 그러므로 그의 인간개념은 어떤 추상적인 정신이나 또는 정신과 자연, 이성과 감성과 같은 이원론적인 입장에서 파악되어질 성질의 것이 아니다. 그것은 어디까지나 육체와 감각으로 구체화된 인간의 입장에서 파악되어진다. 따라서 포이엘바하의 철학은 곧 인간학을 뜻한다. 이제 우리는 그의 철학에 나타나는 인간학적인 의미를 다음의 두 측면을 통해서 파악해 보고자 한다.

❶ **신학의 인간학으로의 전환**   포이엘바하는 그의 주저인 「기독교의 본질」에서 신학의 인간학으로의 변천과 용해를 자신의 철학적 과제로 삼고 있다. 그는 이 책의 제1판 서문에서 신학은 이미 오래 전에 인간학이 되어 버려 신학의 비밀

은 곧 인간학이라고 말하고 있다. 또한 제2판 서문에서도 신적인 본질의 술어와 인간적인 본질의 술어 사이, 신적인 주어 혹은 본질과 인간적인 주어 혹은 본질 사이에 하등의 차이가 없는 동일한 것이기에, 신학의 참된 의미는 다름 아닌 인간학이라고 말함으로써 신학의 인간학으로의 환원을 강력히 시사하고 있다. 그는 다른 곳에서도 "새로운 철학은 신학의 인간학 속으로의 완전하고도 절대적인 모순 없는 용해이다"10)라고 말함으로써 종교나 사변적인 신학의 출현이 인간의 욕구충족의 필요성 때문에 생긴 것임을 증명하려고 시도한다. 인간은 포이엘바하에 의하면 "종교의 시작이요, 종교의 중심이요, 종교의 끝이다."11) 인간학은 그에게 있어서 종교의 열쇠요, 신학의 비밀이다. 일 예로, 기독교의 성육신(Inkanation)도 그에게 있어서는 인간의 욕구와 필요가 그 근거이기 때문에 본질적으로 인간적인 존재의 모습이 사실적으로, 감각적으로 나타난 것 이외의 다른 것이 아니다. 그러므로 그의 인간학은 현실과 동떨어진 자기환상에 불과한 신비한 가상에 현혹되어 있는 사변과는 달리, 신의 인간화(Menschwerdung)를 특별히 경탄할만한 신비로 보지 않는다. 오히려 그는 인간의 배후에 특별한 초자연적인 비밀이 숨어 있을 것이라고 생각하는 망상을 파괴하고 그러한 독단을 강하게 비판하면서 신의 인간화를 인간의 자연적이며 생득적인 요소로, 또는 인간의 내적인 근원 및 중심점으로 환원하려고 한다.

   철학이나 종교에서 말하는 무한자에 대한 표상도 사실은 유한하게 이미 정해진 감성적인 것에 지나지 않으며, 다만 이러한 요소들이 무한히 다양하고 무한히 규정될 수 있는 것으로 신비화되어 있을 뿐이라는 것이다. 우리가 신을 생각할 때 흔히 '가장 순수한 활동'이라는 추상적 개념을 떠올리는데, 포이엘바하에 의하면 이러한 신에 대한 추상적 개념을 가지고서는 아무것도 성취되지 않는다

---

10) L. Feuerbach, "Philosophische Kritiken und Grundsätze" in : Sämtliche WerkeII hrsg. von W. Bolinund F. Jodl (Stuttgart 1960), S. 315.
11) L. Feuerbach, Das Wesen der Religion hrsg. von L. Schneider (Köln 1967), S. 197.

는 것이다. 또한 그는 헤겔의 심리학이 육체와 영혼의 동일성을 인정하는 것처럼 보이나 사실은 인간적인 모든 것을 정신과 영혼으로만 보고 있다고 비난하면서, 정신이 온통 육체를 규정하고 있는 것처럼 보이지만 이미 정신자체는 무의식적으로 육체에 의해 규정되고 있다고 주장한다. 그러므로 그에게 있어서는 유기적인 육체의 체계야말로 생동하는 실재론의 체계이며, 육체적인 힘이나 강함만이 전부일 뿐이다. 포이엘바하는 육체적인 충동의 힘 이외의 다른 자연의 힘이 과연 존재하는가라고 물으면서 육체야말로 인간의 인격성의 궁극적 근원이요, 토대라고 역설한다. "자연이 없으면 인격성, 자아성, 의식은 아무것도 아니며, 또한 공허하고 본질 없는 추상물이다. 그런데 자연은 육체가 없이는 무이다. 오직 육체만이 부정하고 제한하고 집약하고 한계를 정하는 힘이며, 이 힘 없이는 어떤 인격성도 생각할 수 없다. 당신의 인격성에서 육체를 제거하면 당신은 당신의 인격성으로부터 그 응집력을 제거하는 것이다. 육체는 인격성의 바탕이요, 주체이다. 현실적인 인격성이 유령의 상상적인 인격성과 구별될 수 있는 것은 오로지 육체 때문이다. … 그런데 살과 피를 가지지 않은 육체는 아무것도 아니다. 살과 피는 생명이며, 생명만이 육체의 현실성이다."[12] 이처럼 생생한 운동력을 가진 육체야말로 인간의 고유한 지주요, 근본인 것처럼 생동하는 실재로서의 감각적 자연도 인간자신의 자기창조의 진행과정에 작용하는 근원이다. 왜냐하면 자연의 비밀은 곧 육체의 비밀이기 때문이다. 따라서 지성의 빛에 대립하는 힘인 육체의 감각적 충동의 강인함은 자연이 곧 직접적으로 생동하고 활동하는 인간의 육체이기에 그러한 것이다. 그렇다면 인간은 자신을 진정한 현실적인 것으로, 감각적인 것으로 드러내 보이는 자연에 대해 경외감을 품어야 할 것이다. 왜냐하면 자연 없이는 인간은 살 수도 없거니와 아무것도 할 수가 없기 때문이다. 정녕 자연은 인간에게 있어서 알파요 오메가이다. 여기에서 우리는

---

12) L. Feuerbach, 같은 전집 Ⅵ (1960), S. 10.

나는 알파요 오메가라는 창조주로서의 하나님을 통한 신적인 선언 대신에 자신의 활동을 통한 계획과 생산을 수행하는 인간의 자기창조의 진행과정에 근본적으로 작용하는 자연을 보게 된다. 인간은 포이엘바하에 있어서는 느끼고 지각하는 생생한 감각적인 존재로 자신의 삶을 영위하기 위해서 자신을 산출한 자연을 필요로 한다.

이러한 감각적이고 유물론적인 포아엘바하의 입장은 당연히 기독교와 같은 초자연적인 종교를 거부하는 것으로 자신의 정체를 드러낸다. 기독교를 위시한 모든 종교는 그의 주장에 의하면 인간의 자기 자신의 본질에 대한 관계일 뿐으로 인간이 자기의 본질을 다른 본질로 착각한 것에 불과하다. 좀더 구체적으로 말하면, 종교에서 말하는 신적본질은 인간본질이 현실적으로, 육체적으로 제한받고 있는 개개의 인간으로부터 분리되어 다른 독자적인 본질로써 대상화되어 인식되는 인간의 본질일 뿐이다. 따라서 신적본질에 대한 모든 규정은 인간본질의 규정 이외의 다른 것은 아니며, 또한 신적인 모든 행위는 인간의 행위와 구별되는 것은 아니다.

인간은 포이엘바하에 의하면 자기 자신을 인식하기 위해 자신을 스스로부터 끌어내어 객관화시킨다. 즉, 헤겔의 세계정신이 자기의식을 위해 인류역사에 스스로를 객관화하듯이 인간의 정신은 신이라는 이름아래 스스로를 객관화한다. 객관화된 인간의 정신이 곧 신이다. 포이엘바하는 인간자신과 그 내면이 언표된 것에 불과한 신의 모습을 다음과 같이 묘사하고 있다. "신에 대한 의식은 인간의 자기의식이며 신에 대한 인식은 인간의 자기인식이다. 그대는 신으로부터 인간을 인식하며 그리고 다시 인간으로부터 신을 인식한다. 인간과 신은 동일하다. 인간에게 신인 것은 인간의 정신이고 영혼이며 인간의 정신, 영혼, 마음은 인간의 신이다. 신은 인간의 내면에 나타난 것이며 인간 자신이 표현된 것이다. 종교는 인간의 숨겨진 보물이 장엄하게 밝혀진 것이며 인간의 가장 내적인 사상이 공언되는 것이며 사랑의 비밀이 공공연하게 고백되는 것이다."13) 이어서 그는 신의 본질을 다음과 같이 규정한다. "적어도 기독교적인 종교는 인간의 자기 자신에 대한 관계, 좀더 정확히 말하면 자기본질에 대한 관계이다. 그러나 자기본질을 다른 본질로 착각하는 관계이다. 신적본질은 인간적 본질에 불과하다. 좀 더 정확히 말하면 신적본질은 인간적 본질이 개별적이고, 현실적·육체적 인간의 한계로부터 분리되어 대상화된, 곧 개인과 구별되어 다른 독자적 본질로서 직관되고 존경되는 인간의 본질이다. 신적본질의 모든 규정은 인간본질의 규정이다."14)

따라서 포이엘바하가 말하는 신은 인간이 자신의 본질을 밖으로 투사하여 그것을 독립적인 것으로 생각한 것에 불과하다. 그러므로 신의 속성으로 일컬어지는 무한성, 완전성, 독립성, 절대성과 같은 것들은 인간의 생각, 행동, 사랑을 대상화 내지 절대화한 것이다. 신이란 최고의 이상적인 인간이 신이란 최고의 실재로 표상된 것일 뿐이다. 즉, 신이란 인간이 소유하고 있는 모든 것을 갖고 있는 인간의 있는 그대로의 모습이다. "신은 나의 숨은 실존이며 나의 확실한 실존이다. 신은 주관의 주관성이며 인격의 인격성이다. … 신은 나의 소망과 감정에 상응하는 실존이다. 신은 나의 소원을 이루어주는 의롭고 자비로운 자이다."15) 이처럼 신적본질은 포이에바하 있어서는 인간적 본질, 즉 절대적 자유와 비제한성 속의 주관적 본질이다. 다만 우리가 종교의 특성이 인간의 본질을 비자의적으로, 무의식적으로 다른 본질로 직관하는데 있음을 볼 때, 신적본질은 인간으로부터 유리된 독자적 본질로, 또는 인간과는 구별되어 독립적으로 실존하는 본질로 규정되어지고 있을 뿐이다. 그러므로 포이엘바하가 생각하는 신에 관한 인간의 지식은 란트만의 표현대로 인간의 자기 자신에 대한 지식일 뿐이다. 이제 인간학은

---

13) 위 전집, Ⅵ S. 15.
14) 위 전집, S. 17.
15) 위 전집, S. 209.

포이엘바하에 있어서 철학의 중심으로 신학을 대신할 입장이다.

그러면 이러한 신학의 인간학적 환원의 가능근거는 무엇인가? 즉, 인간의 본질을 바탕으로 하는 종교의 발생을 그는 어떻게 설명하고 있는가하는 점이다. 인간은 아리스토텔레스의 말처럼 최고의 선으로서 행복을 추구한다. 인간이 행복해지려는 욕구는 거의 본능에 가깝다. 행복추구야말로 인간에 있어서 본질적인 면이다. 따라서 "인간이 신을 만든 것은 신에 대한 환상이나 감정을 소유해서가 아니라 행복해지고자 하는 본능이 있기 때문이다. … 인간은 자기 자신 완전해지고 싶기 때문에 하나의 완전한 존재를 믿는다. 또한 그는 자기 자신 죽고 싶지 않기 때문에 불사의 존재를 믿는다. 인간은 자신이 그렇게 될 수 없으면서도 그렇게 되기를 바라는 상태, 그것을 신을 통해서 실재하는 것으로 상상한다. 그러므로 신은 실재하는 것으로 생각된, 현실적인 존재로 탈바꿈한 인간의 소망에 불과한 것이다. … 따라서 인간이 그러한 소망이 없었다면 아무리 인간의 환상이나 감정이 작용하더라도 어떠한 형태의 종교와 신도 없었을 것이다. 그리고 인간이 각기 다르듯이 소망 각기 다르고 그래서 신도 각기 다르다."[16]

인간은 자신의 불완전성과 유한성으로 인해 연유되는 갖가지 욕구의식과, 또는 죄악의 감정으로 인해 신과 같은 대상을 만들게 되며, 그를 향한 신뢰 속에서 자신을 절대자에게 내 맡겨 자신의 삶을 완수하려는 데서 신에 대한 숭배나 종교의 발생이 가능케 되었다고 할 수 있다. 이처럼 인간은 흔히 자신의 보호막으로서 자신을 신적인 대상이나 신적인 목적으로 직관하려는 경향이 강하다. 그래서 포이엘바하는 이러한 신적인 대상이나 종교의 힘을 빌려서 자신의 소망을 성취시키려는 인간의 모습에 대해 신 없이 살면서 자연적인 재해를 포함한 갖가지 재앙에 무서워 떨며 괴롭게 사는 것보다 천국의 보호를 받으며 그 밑에서 평안히 살며 활보하는 것이 얼마나 흐뭇한 일인가라고 넌지시 빗대어 말한다.

---

[16] L. Feuerbach, "Vorlesungen über das Wesen der Religion" (같은 전집 VIII.), S. 250.

요컨대, 포이엘바하의 신은 인간의 내면이 나타난 것으로 인간자신이 언표된 것이다. 그러므로 신학의 비밀을 풀려는 그의 시도는 다름 아닌 종교의 인간학적인 뿌리를 찾으려는 것이다. 즉, 신의 본질의 비밀은 인간의 본질의 비밀이기에 신학의 비밀은 곧 인간학이요, 신학의 열쇠도 인간학이다.

❷ **나와 너의 관계**   포이엘바하의 인간학은 인간을 순전히 정신적 존재, 또는 개별적 존재로 이해하는데 반대한다. 개체인 '나'라는 인간은 인간 상호간의 공동체를 통해서 자기 자신은 물론이요 이웃세계를 이해하게 된다. 특히 오늘날처럼 시간과 공간이 한발 한발 바짝 조여 들어오고 있음을 실감케 하는 현대사회의 분위기 속에서는 고립된 개인이나 신비에 둘러 쌓여 있는 자연운운은 현실감각에 둔한 자의 소리처럼 느껴진다. 사실 지금은 어디를 가든지 사람과의 만남이 그치지를 않는다. 이러한 모습에 대해 부버는 인간 실존에 있어 기본적인 점은 인간이 인간과 함께 하는데 있다. 따라서 자연세계에서는 찾아볼 수 없는 인간과 인간 사이에 그 무엇인가가 일어나고 있는데 이 사실이 인간세계에서만의 고유한 특징이라고 말한다.

일반적으로 우리가 사회라는 말을 통해서 볼 수 있는 점은, 사회는 인간이 인간과 함께 하는 장소라는 사실이다. 현대의 사회학자나 심리학자들은 인간을 사회와 무관한 고립된 존재로 보지 않고 사회성을 가진 존재로 본다. 일찍이 아리스토텔레스도 인간을 사회적 존재로 규정지은 것처럼 인간은 태어나면서부터 숙명적으로 주어진 사회성을 부인할 수 없다. 이처럼 인간 없는 사회나 사회성 없는 인간은 생각하기 어려운 둘 간의 불가분의 본질적인 관계가 상존한다. 포이엘바하는 「미래철학의 근본원칙」이라는 책 속에서 인간은 그 본질에 있어서 도덕적 존재라고 하든지, 또는 사고하는 존재라고 하든지 간에 그것은 고립된 개인을 의미하는 것은 아니며, 따라서 인간의 본질은 인간과 인간을 연결해주고 구성해주는 사회적 성격을 띠는 공동체 안에 있는 것임을 밝히고 있다. 이러한 의미에서 그는 인간의 최초의 대상은 바로 인간 그 자신이라고 말하면서 인간인 '나' 이외의 다른 인간인 '너'와의 관계를 강조한다. 사실 나의 폐쇄적인, 독선적인 편협한 자아의 긍지를 깨뜨리는 최초의 원동력은 상대방인 '너'이다. 로빈손 쿠루소처럼 혼자 사는 인간은 자기를 알지 못하며 또 아무런 구별도 모르는 가운데, 자연이라는 거대한 체계 속에서 자신을 상실하고 개성을 의식하지 못할 것이다. 또한 그러한 상태의 인간은 자신을 인간으로 이해하지 못할 뿐더러 자연을 자연으로도 제대로 이해하지 못할 것이다.

그러므로 이웃인 너는 나의 대상으로서 나를 경험케 할 가능성이다. 이웃인 타인은 나와 세계와의 끈이다. 나는 이웃인 타인에게 의존되어 있음을 느끼기 때문에 또한 세계에 의존해 있는 나 자신을 느끼게 된다. 이처럼 인간은 타인을 통해서 자신을 뚜렷하게 의식하게 된다. 더 나아가서 나는 타인을 통해 세계와 화해하고 세계와 가까워지게 된다. 타인이 없는 세계는 나에게 단지 죽은 것, 공허한 것일 뿐만 아니라 또한 무의미하고 불합리한 것이다. 포이엘바하는 이웃인 타인에 대해 다음과 같이 분명하게 말하고 있다. "타인은 나의 너이다. 다른 나이다. … 나의 또 하나의 나로서 나에게 대상적으로 된 인간이며 나의 내면을 드러낸 자이다. 타인은 나를 보는 나의 눈이다. … 나는 타인을 통해서 비로소 인간임을 경험하고 느낀다. 내가 타인을 사랑함으로써 비로소 내가 그에게 속했으며 그가 또한 나에게 속했다는 사실, 즉 우리 두 사람은 서로 상대방을 떠나서는 존재할 수 없다는 것, 오직 공동사회만이 인류를 형성하고 있다는 것이 분명해진다."[17]

이러한 의미에서 부버도 나와 너의 관계가 나와 그것의 관계가 아닌, 또한 대상화나 사물화할 수 없는 타인과의 인격적 관계임을 강조하면서 나와 너의 올

---

17) L. Feuerbach, 같은 전집 VI (1960), S. 191.

바른 참다운 관계성립을 통해서 자신에 대한 분명한 의식의 확립과, 더 나아가서는 인간의 자기상실의 위기를 극복할 수 있다고 말한다. "나는 너로 인해 나가 된다. 나가 되면서 나는 너라고 부른다. 모든 참된 삶은 만남이다. 너에 대한 관계는 직접적이다. 너와 나 사이에는 어떠한 개념형태도, 어떠한 예비지식도, 어떠한 환상도 없다."[18] 그는 또 말한다. "정신은 나 안에 있는 것이 아니며, 나와 너 사이에 있는 것이다. 정신은 그대의 몸 속에 돌고 있는 피와 같은 것이 아니라, 그대가 그 속에서 숨쉬고 있는 공기와 같은 것이다. 사람은 너에게 응답할 수 있을 때 정신 안에서 살고 있다. 사람은 그의 존재전체를 기울여 관계에 들어설 때 너에게 응답할 수 있다. 사람은 그의 관계능력에 의해서만 정신 안에서 살 수 있는 것이다."[19]

이처럼 타인은 내가 나인 바를 일깨워주는 나에게 나를 의식시키는 필수불가결한 근본조건이다. 우리는 자신을 규정하려는 경향이 있는데, 나와 같은 너이자 너와 같은 나인 타인과의 만남을 통해 진정한 자기의식이 가능하다. 이러한 의미에서 싸르트르(J. P. Sartre)도 단순한 대상이나 객체가 아닌 상호 주체성으로서의 타인의 위치가 내가 내 자신을 아는데 불가결한 것임을 강조한다. "나는 생각한다는 말을 가지고 우리는 데카르트철학과 또 칸트철학과는 반대로 타인과 마주선 우리를 파악하는 것이며, 우리에게는 타인도 우리와 마찬가지로 확실한 존재이다. 그래서 코기토로서 직접 자신을 파악하는 사람은 또한 모든 타인을 발견하고 그는 그들을 자신의 존재의 조건으로 본다. 그는 타인이 그렇게 그를 인정하지 않으면 아무것도, 즉 기지가 있는 사람이라거나, 나쁜 사람이라거나, 질투심이 강한 사람이라거나 하는 그런 의미로서 아무것도 아니라는 것을 잘 알고 있다. 나에 관한 어떤 종류의 진리라도 그것을 파악하려면 나는 타인을

---

18) M. Buber, 「나와 너」, 표재명 역 (문예 1994), P. 17.
19) 위 책, S. 52.

거치지 않으면 안 된다. 타인은 나의 존재에 불가결한 것이며 내가 나 자신을 아는데 불가결한 것이기도 하다."[20]

그런데 부버의 표현대로 내가 '나의 너'에게 영향을 주듯이 나의 너가 나에게 영향을 주는 나와 너의 관계는 사랑에 바탕을 둔 상호성이다. 사랑의 개념은 포이엘바하에 있어서 중요한 인간학적인 의미를 갖는다. 그는 대상이 없는 인간은 아무것도 아니라는 전제 아래 공동생활로서의 사랑을 강조한다. 왜냐하면 사랑의 본질적인 속성은 자기와 다른 존재자를 요구하기 때문이다. 그래서 나와 너로서의 '우리'라는 의존적인 모습은 사랑으로 말미암는다. 그러므로 응답이 없는 사랑은 최대의 고통이지만, 응답이 있는 사랑은 최대의 기쁨이기도 하다. 이처럼 나와 너의 내적인 연관성을 가능하게 하는 사랑은 우리로서 하나이며, 소유를 초월한다. 사랑은 부버의 표현대로 나에 집착하여 너를 단지 내용이라든가 대상으로서 소유하는 것은 아니다. 나와 너의 활기차고도 정열적인 만남으로써의 사랑은 피차 상호간의 보충이며, 그러할 때 둘은 결합되어 완전한 인간이 된다. "사랑 속에서 인간은 자기 개인만으로는 만족할 수 없다고 선포한다. 마음의 욕구에 비추어 다른 자아가 있어야 함을 요청하며, 타인을 자기 자신의 본질에 포함시킨다. 그가 사랑으로 형성하려고 하는 참된 인간은 인류의 이상과 일치되는 것이다. 개체는 불완전하고, 허약하고, 부족하다. 그러나 사랑은 강하고, 완전하고, 만족스럽고, 무한하고, 부족하지 않다."[21]

사랑은 포이엘바하에 있어서는 그 자체만으로 필요충분조건의 근거를 갖고 있기 때문에 어떠한 제한도 용인하지 않고 모든 특수성을 극복한다. 그는 기독교에서 말하는 기독교적인 사랑이야말로 제한성과, 특수성과, 배타성을 띠고 있는 전형적인 모습이라고 본다. 물론 그는 인간의 사랑도 실제 행위적인 측면에

---

20) J. P. Satre, 「실존주의는 휴머니즘이다」, 방곤 역 (문예 1993), P. 35.
21) L. Feuerbach, 같은 전집 VI (1960), S. 188.

서 사랑의 교차점으로 가장 가까운 거리에 있는 상대방을 향한 특수한, 제한된 사랑을 드러낼 수밖에 없음을 인정한다. 그러나 그 사랑은 인간을 인간 때문에, 인간을 유(Gattung)의 이름으로 사랑하기 때문에 본성상 보편적인 사랑이라는 것이다. 이러한 사랑의 본질적인 모습은 그 어떠한 신성보다도 더 높고 고상한 힘이며 진리인 것이다. 그래서 포이엘바하는 우리에게 인간이 인간을 위해 사랑해야 할 것을 요구한다. 왜냐하면 인간은 자기목적이며, 이성과 사랑을 가진 존재이기 때문에 사랑의 대상이 된다는 사실이다. 이러한 입장에서 포이엘바하는 자신의 인간학을 다음과 같이 천명한다. "신비적인 가상에 의해 현혹된 사변과는 달리 인간화를 특수한 경탄할만한 비밀로 고찰하지 않는다. 오히려 인간학은 인간화의 배후에 특수한 초자연적인 비밀이 숨겨져 있다고 생각하는 환상을 파괴한다. 인간학은 이러한 독단을 비판하고 그것을 인간의 자연적이며 생득적인 요소, 인간의 내적인 근원 및 중심점으로 환원한다. 즉, 인간학은 신의 인간화라는 교의(Dogma)를 사랑으로 환원한다."[22]

인간은 포이엘바하를 통해 인간자신이 언표된 것에 불과한 신학이 인간학에로 환원됨으로써 자신의 본질을 소외된 저편으로부터 자기 자신에게로 되찾아오게 되었다. 이제 인간은 자신의 본질을 세계 속에서 사랑으로 얽힌 이웃과의 공동체를 통해 실현시키게 되었다. 그가 인간에 대한 철학적 탐구에 끼친 영향은 지대하다. 그것은 무엇보다도 인간학을 철학의 근본적인 중심원리로 천명했기 때문이다. 이제 신학의 인간학으로의 용해를 통해 그에게 있어서 최후적인 개념으로 자리 잡게 된 것은 신도 이성도 아닌, 인간 그 자체이다. 인간학의 문제는 포이엘바하로 인해서 비로소 구체화되면서 철학의 중심이 되었다. 이것은 인간학의 문제가 이제 더 이상 칸트의 선험적 의식이나, 피히테의 자아나, 셸링의 절대자와의 동일성이나, 또는 헤겔의 절대정신과 같은 개념들과 병행하는 철

---

22) 위 전집, S. 63.

학의 일부가 아니라는 사실을 암시한다. 오늘날 인간학의 문제가 철학의 중심문제로 등장함을 볼 때, 포이엘바하는 현대의 철학적 인간학의 단초를 놓은 선두주자라고 말할 수 있다. 요컨대, 포이엘바하에 있어서는 그가 이미 밝힌 바대로 신은 그의 첫 번째 사고(Denken)이며, 이성은 그의 두 번째 사고이며, 인간은 그의 세 번째이자 마지막 사고이다.

철학적 인간학의 개념분석

1. 철학적 인간학의 형성과정

　인간의 자기이해 내지 자기해명의 역사는 그것이 비록 이론화된 차원의 인간학적인 물음은 아닐지라도 인간이란 존재의 시작과 함께 한다고 할 수 있다. 우리는 철학함 이전의 인간의 삶에 직접 나타난 인간의 자기이해의 여러 모습들로서 신화적 또는 종교적인 모습을 띠고 있는 토템주의(Totemismus)와 의인주의(Anthropomorphismus), 그리고 종족중심주의(Ethnozentrismus)가 있음을 보는데, 철학적 인간학의 형성과정을 구체적으로 밝히기에 앞서 이것들에 대한 내용을 살펴보기로 한다.

❶ 토템주의는 씨족이나 부족과 특수한 혈연관계가 있다고 여겨져 신성시되는

특정한 동·식물을 섬김으로 인간과 토템 동·식물이 근본적으로 동일하고 영속적으로 인간에게 영향을 미친다는 감정에 근거한다. 인류문화의 초기에는 한 존재자로서의 인간을 그 주위에 있는 동·식물로부터 확실히 구별할 생각이 일반화되어 있지 못했다. 달리 말하면, 이처럼 생물을 인간의 반열 위에 올려놓고 그것들을 인간의 표본으로 삼고자 하는 현상이 일반화되었다는 사실이다.

❷ 의인(擬人)주의는 한마디로 인간이 아닌 것들에 대해 인간적인 특색을 부여하려는 현상이다. 의인주의의 일반적 현상으로는 고대의 원시인들이 충만한 자연적인 영성 가운데 동물과 인간을 구분 짓거나, 또는 적대시하지 않고 동질적인 것으로 느끼면서 생활을 영위하였다는 사실이다. 여기서 우리가 눈여겨볼 점은 고대인들이 인간의 입장에서 동물을 바라본 것이 아니라 동물의 입장에서 인간을 바라보았다는 점이다. 그렇기에 그들은 인간이 문화형성과 그에 따른 다른 동물과의 질적인 차이가 나는 경이로운 존재라는 사실을 알아차리지 못했다. 사실 동·서양의 많은 전설과 우화, 또는 동화를 통해서 인간보다 더 꾀가 많고 영리한 동물들의 이야기들이 전해진다. 고대 희랍의 철학자인 데모크리토스(Demokritos)는 인간의 삶의 정형을 동물로부터 유추해 보려는 듯이, 인간은 새로부터 노래를, 제비로부터 집짓기를, 거미로부터 베 짜는 법을 배웠다고 말한다. 이렇게 되면 인간의 갖가지 기능이나 재간, 더 나아가서는 예술의 창조에 이르기까지 동물의 손길이 안 닿은 곳이 없는 것처럼 보인다. 더욱이 태고의 인간들은 동물들도 언어를 갖고 있다고 믿으면서 인간만이 문화를 소유하고 있음을 몰랐다. 인간이 언어를 갖고 있다함은 말함과 동시에 글로써 나타냄을 뜻하는데, 이러한 인간의 언어구사 능력이야말로 헤르더(J.G. Herder) 이래로 우주에 있어서의 인간의 위치를 확인해 주는 독특한 징표로 여겨진다. 그런데 우리는 오늘날에도 진화론적인 입장에 선 사람들에 의해서 동물에게도 인간과 같은 언어

구사 능력이 있다는 주장을 종종 보게 된다. 그러나 동물에게는 자신이 처한 상황을 전달하는 기능으로써의 전달(Kommunikation) 능력은 있을지 몰라도 인간처럼 모든 전개되는 상황을 글화시킬 수 있는 그러한 언어구사 능력은 사실상 없다.

우리는 현대를 살아가면서 동물을 포함한 신들에 이르기까지 모든 것을 의인화시키려는 태고인들의 의인주의적인 생활과는 전혀 다른 모습 속에서 삶을 영위하고 있다. 그럼에도 불구하고 우리가 과연 이러한 오래된 의인관으로부터 완전히 벗어났다고 볼 수 있겠느냐 하는 점인데, 고대의 의인관은 오늘날 우리들의 삶 속에 현대적인 모습으로 여전히 자리 잡고 있다는 사실이다. 일 예로, 우리는 사람이 잘못을 저질렀을 때 짐승만도 못한 인간이라고 말하는데, 이러한 언어사용을 통해 사실 비교 자체가 곤란한 동물이 인간에 대해 상대적으로 우위를 확보하고 있는 것처럼 보인다. 또한 우리의 실생활 중에 은연중 자리 잡고 있는 의인주의적인 모습으로는 오래된 소지품이 어느덧 나 자신과 동일성을 가진 나의 일부인 것처럼 애지중지 다루어지는 자연스러운 생활감정의 발로를 보게 된다. 이처럼 현대적인 모습으로 나타나는 의인주의적인 모습은 자기이해나 해석 속에서 삶을 영위하는 인간에게는 사회적인 현실 속에서 직접적으로, 또는 자연스럽게 형성되는 것이기에 의미 있는 현상으로 볼 수 있다.

❸ 종족중심주의에서는 인간이라고 다 인간이 아니다. 인간일 수 있는 가장 기본적인 요건은 그 자신이 자기종족에 속한 일원이라는 소속감을 지니는데 있다. 종족중심주의는 상대방인 개별종족이 갖고 있는 여러 특징들을 자기종족의 것과는 구별할 줄 알면서도 본질적으로 동일한 인간일반이라는 공통성을 알지 못하는데서 기인한다. 그러므로 종족중심주의의 주된 흐름은 다른 종족들도 과연 인간일까라는 전(前) 이해차원의 물음이 형성되는 속에서 자기종족에 속한 사람

들만이 우수하고 유일한 인간이라는 자기사랑이다. 자기사랑에는 이타심이 아닌 이기심이 작용한다. 이웃을 내 몸처럼 사랑할 가능성이 없다. 물론 자기사랑이 자기 방어적인 삶의 형성과 그에 따른 생산적인 삶의 위업을 이룩하기도 하지만, 그 근본은 나 밖의 타인에 대한 우월감 속에서 자기를 정당화하고 높게 평가하려는 것이다. 우리는 동·서양을 막론하고 자기사랑에 입각해서 자기종족에 속한 사람들만이 인간이라는 선입견에 사로 잡혀 있는 종족중심주의의 틀에서 벗어나기가 쉽지 않음을 역사적으로 보게 된다. 희랍사람들은 비록 소피스트 시대에 만인평등에 대한 진지한 통찰이 있기는 했지만 자기들 밖의 이방인들에 대해서 야만이라는 용어를 사용했다. 그 후 유럽인들은 문명인이요 그밖에 사람들, 일 예로 아프리카의 토인들, 아메리카의 인디안들, 동양의 아세아인들은 '좋은 미개인'(M.de. Montaigne), 또는 '미개인'(J. Burkhardt)이라는 구별 속에서 오늘에 이르기까지 타민족을 통한 진정한 인간의 모습을 찾는데 주저해 온 것도 사실이다. 우리 한국 사람들에게도 일상적인 언어사용에 있어서 타민족에 속한 사람들을 낮추어 평가하려는 경향이 습관화되어 있는 듯이 보이는데, 그 단적인 예로 '놈'자를 붙여서 왜놈, 양놈 등이 그것이다. 일찍이 중국인들은 전래적으로 자기들 밖의 사람들을 오랑캐라고 경멸하면서 사람취급을 하지 않았다. 또한 종족중심주의 속에는 선민의식이 함께 하면서 이미 서양 중세에는 기독교인만이 인간으로 이해되었다. 더욱이 유태인들 경우에는, 자기들만이 타민족을 향한 하나님으로부터의 구원의 사명을 받았다거나, 자기들은 성결한 사람들이요 이방인들은 부정한 사람들이라는 의식에 젖어 있음을 볼 수 있다. 오늘날 우리가 한편으로는 아무리 하나의 지구촌을 말하는 속에 이타적 차원의 인류공동체를 부르짖지만, 다른 한편으로는 여전히 이기적 차원의 종족중심주의적인 영향을 주고, 또한 받고 있음을 실감한다. 이상에서 본 것처럼, 철학함 이전의 인간의 자기이해가 어떤 형태를 보이든 인간만이 자기이해를 하는 유일한 존재자이며, 인간의 주어진 삶 속에는 그 삶을 지배하는 원초적인 자기이해의 틀이 이미 형성되어 있다는 사실이다.

흔히 우리는 인간의 자기 이해가 시간의 흐름 속에 형성된 문화적인 지평 위에서, 또는 내적인 자기 성찰이라 일컬어지는 철학적 반성의 지평 위에서 가능하리라 생각하기 쉽다. 그러나 인간은 자신이 신의 피조물이든 자연의 진화 산물이든 자신만의 삶을 형성할 세계 안에 거할 수밖에 없는 존재이다. 이것은 인간이 세계 안에 살면서 각자의 존재에 대한 자기이해는 물론이요, 더 나아가서는 인간존재 자체에 대한 이해를 갖고 있음을 뜻한다. 인간은 자신의 삶이 이러저러하리라는 의도된 계산을 하기에 앞서 그 자신이 이미 자기이해라는 지평 속에 거할 수밖에 없는 존재이다. 이처럼 우리 삶을 보이지 않게 지배하는 인간 자신의 자기이해야말로 삶 자체의 본질이다. 이러한 삶 자체와 함께 하는 인간의 자기이해는 그 어떤 추상적인 것들보다 더 풍요로움과 지혜로움으로 가득 차있다. 그러므로 딜타이(W. Dilthey)의 표현대로 삶 그 자체는 해석학적일 수밖에 없다. 이것은 인간이라는 존재는 자신의 입장이 어떻든지 자기 자신에 대한 이해 내지 해석을 내리지 않고서는 살아갈 수 없음을 뜻한다. 달리 말하면, 인간의 삶은 고정적인 것이 아니요 개방적이며, 따라서 형성과정에 있음을 뜻한다. 인간의 존재 방식은 이미 주조된 기성형의 것이 아닌, 이루어져야 할 미완성의 것이다. 그러므로 인간의 자기이해는 열려진 가능성 속에서 우리의 사람됨을 이루어가는 데 있어 결정적인 요체이다. 이렇게 볼 때, 인간은 란트만의 표현대로 결국에는 "그 자신이 하나의 인간학자"[1]라는 것을 인정할 수밖에 없다. 이미 앞장에서 밝힌 것처럼, 칸트는 그의 「논리학 강의」 속에서 이성의 한계에 대한 물음, 윤리적인 물음, 종교적인 물음은 모두 인간이란 무엇인가라는 한 가지 물음으로 요약됨을 말하고 있다. 이것은 철학의 탐구 대상이나 탐구 영역으로 삼는

---

1) M. Landmann, Philosophische Anthropologie (Berlin 1969), S. 10.

인간의 삶의 문제, 사고의 문제 등은 알게 모르게 인간에 대한 이해를 함축하고 있다는 사실을 보여주고 있다. 또한 인간자신의 행위나 그 결과로 나타나는 사태들 속에도 일정한 인간학적인 모습이 함축되어 있다. 그러므로 이러한 함축적인 인간의 자기이해에 대해 철학적 인간학은 적극적이고도 구체적인 관심 속에서 비판과 반성이 함께 하는 철학적 구명을 하려는 것이다.

인간학이란 용어는 anthropos와 logos의 합성어로 인간에 관한 탐구를 뜻한다. 인간학의 개념은 인본주의 시대인 16세기 개신교의 인본주의자인 카스만(Otto. Casmann)이 자신의 책 이름을 '인간학의 심리학(Psychologia anthropologica)'이라 부침으로써 최초로 등장한다. 이때 카스만은 인간학의 개념을 인간의 정신과 육체라는 이중적인 본성에 대한 논구의 의미로 폭넓게 사용하였다. 우리가 카스만이 인간학이라는 단어를 사용하기 이전을 고찰해 볼 때, 고대 희랍철학 때부터 기독교적인 중세 철학에 이르기까지 한 민족이나 시대에 의해 형성된 갖가지 종교, 예술, 국가, 법률, 도덕, 경제, 기술과 같은 문화적인 제 현상들은 다양성이 풍부한 인간의 자기이해, 즉 "함축적인 인간학(Implizite Anthropologie)"[2]을 담고 있다. 카스만은 인간학이라는 개념 아래 인간의 본성에 대한 새로운 형태의 구명 속에서 데카르트적인 의식만이 존재하는 인간이 아닌, 정신과 육체의 이중적인 성질로 구성되어 있는 전체적인 인간의 모습을 드러내려고 한다. 이러한 넓은 의미의 인간학은 18세기까지 일단 통용된다.

이처럼 인간에 대한 철학적 탐구는 카스만 이후로 계속되면서 일반적으로 인간의 육체적, 정신적, 도덕적, 문화적 삶의 특수한 본질에 관한 지식을 얻으려고 하였다. 따라서 이들의 인간의 관한 철학적 탐구는 사람들에 따라 윤리적, 인식론적, 종교적, 심리적 차원의 문제 설정과 연관되어 있기도 하다.[3] 그런데 인간

---

2) M. Landmann, De Homine, Der Mensch im Spiegel seines Gedankens (Freiburg 1961), XI.
3) G. Gadamar(hrsg.), Neue Anthropologie Bd. 6 (Stuttgart 1975), S. 5 참조.

학에 형성된 철학적 분위기는 19세기부터 일어나기 시작한 자연과학의 발달과 그에 따른 자연과학적 탐구의 지대한 성과로 인해 몹시 위축되었다. 인간학은 18세기로부터 19세기 말에 이르면서 불루맨바하(J.F. Blumenbach) 등에 의해 인간학이란 이름 아래 인간의 육체와 체질을 다루는 생물학적인 인간연구가 진행되었다. 인간을 신체적인 현상에서만 다루는 연구가 주관심사였다. 그것은 해부학자, 고고학자, 인종학자, 유전학자 등의 연구에서 얻어지는 인간에 관한 것이었으며 또한 인간의 기원에 대한 추정과 인종들이 분화과정에 대한 경험적 비교연구였다. 이 당시의 인간학은 어디까지나 자연과학적 입장에서 실증적인 방법으로 인간을 연구하는 것이다. 이것은 인간에 관한 순수한 생물학적인 연구로서 식물학 동물학과 더불어 제 3의 생물학으로 일컬어지면서 인간학은 자연과학적인 해석과 의미 규정 차원에서 이해되면서 인류의 자연사를 체계화하는 과제를 위임받은 것처럼 보였다. 또한 고고학의 발달과 진화론의 대두로 인한 인종에 관한 연구, 예컨대 두개골의 크기를 측정하여 인종과의 차이점을 찾으려하는 것 같은 연구가 진행되면서 오늘날 우리가 말하는 인간의 종족발달사나 인종학분야까지 포함하는 인간학이 되었다. 우리는 인간학을 포괄적으로 다루는 현상을 영·미 계통에서 볼 수 있는데, 우리말로는 인류학이라고 번역할 수 있는 것으로서, 이것은 인간에 대한 앎을 전제로 하여 인간의 육체적인 특징들과 인간이 이룩한 문화적인 것들을 고찰한다. 이때의 인간학은 지구상의 여러 종족, 또는 민족들에 대한 지속적인 관찰과 탐구의 성과에 힘입어 인간에 관한 인체학, 유전학, 인종학, 민속학, 선사학 등이 경험과학 차원에서 다루어진다.

그 후 인간학은 1920년대에 들어와서 자연과학적인 인간학에서 탈피하여 카스만이 추구했던 정신과 육체를 인간이라는 전체상 차원에서 다루는 인간학이 등장하였다. 이때부터 인간학은 다시 철학적 성찰의 영역으로 넘어와 독립된 철학의 분야로 자리잡게 되는데, 이것이 우리가 말하려는 철학적 인간학이다. 이처럼 인간의 본질구명을 독립적인 철학의 한 분야로 자리잡게 한 사람이 셸러 (M. Scheler)와 플레쓰너(H. Plessner)이다. 이들은 인간에 관한 종전의 자연과학적인, 또는 단순한 역사적인 고찰로부터 탈피하여 철학적 인간학을 독립된 학문분야로 우뚝 세웠다. 셸러는 현대철학의 인간학을 향한 강한 집념을 피할 수 없는 운명으로 진단하면서, 우리 시대가 유래 없이 긴급히 그 해답을 요구하는 철학적인 과제가 있다면 그것은 철학적 인간학의 과제라고 주장한다. 셸러는 1928년 갑작스러운 죽음을 맞이하기 얼마 전에 자신의 저서인 「우주에 있어서의 인간의 위치」의 서문에서 자신이 얼마나 인간학을 향한 철학적 소명감에 사로잡혀 있는가를 다음과 같이 말한다. "인간이란 무엇이며, 인간이 존재의 영역에서 차지하고 있는 위치는 무엇인가라는 물음이야말로 나의 철학적 의식이 눈뜨기 시작하던 바로 그때부터 다른 모든 철학적인 문제를 압도하는 본질적인 중심과제가 되어 왔다. 나는 검토가 가능한 모든 측면에서 이 문제에 오랜 관심을 기울여 오던 끝에 마침내 1922년부터는 이 문제를 집중적으로 다룬 독립된 저술을 내놓을 수 있게 되었다."[4] 셸러는 이미 제 일차 세계대전이 일어나기 직전인 1914년에 「인간의 이념에 관하여」라는 논문 속에서 철학의 모든 중심문제들이 인간은 무엇인가라는 물음에 귀속된다고 밝히고 있다. 셸러는 한편으로는 모든 동·식물을 포함한 생물계에 대한 종합적인 연구결과에 대해서는 폭넓게 수용하면서도, 다른 한편으로는 인간을 완전히 한갓 동물의 영역에다 넣고 보려는 소위 생물학적인 인간이해에는 반대하면서, 금욕의 원리로서의 정신을 내세워 인간만의 특수한 위치를 확인하려고 한다. 그는 인간을 모든 물음에 대해 최종적인 의미를 부여하는 존재로, 또는 모든 물음을 위해 요청되는 존재로 보려고 한다.

플레쓰너도 연장자인 셸러로부터 많은 자극과 영향을 받으면서 1928년에 「유기체의 단계들과 인간」이라는 책을 출간했다. 그는 이 책의 부제를 '철학적 인

---

[4] M. Scheler, Die Stellung des Menschen im Kosmos (Bern 1966), S. 5.

간학 입문'이라고 붙이므로, 역시 그도 셸러처럼 인간의 본질에 대한 근원적인 이해라는 목적 아래 인간의 문제를 철학의 과제로 삼고 있다. 철학적 인간학의 형성은 현대의 인간에 관한 갖가지 풍부한 지식에도 불구하고 오히려 인간의 본질에 대한 이해가 전체적으로 불투명해진데서 비롯되는데, 플레쓰너는 이러한 당면한 문제성을 자신의 철학적 인간학의 과제로 받아들인다. 그의 인간학적인 문제설정은 인간을 유기체세계 내에서 생물적인 존재로만 규정하려는 경향에 반대하면서 그는 인간을 내·외 전 계층에 걸쳐 하나의 인격적인 통일된 삶을 영위하는 존재로 본다. 그러므로 플레쓰너가 자신의 저서를 통해 인간만의 탈 중심성(Exzentrizität)을 밝힌 것은 주목할 만한 점이다. 인간은 탈 중심적인 위치확립으로 인해 본질상 동물의 영역에만 머무를 수 없는 존재며, 따라서 역사성과 문화성을 소유한 존재로 부각된다. 이러한 인간존재의 사회와 역사와의 관계설정을 그는 자신의 저서인 「힘과 인간의 본성」에서 문화적인 제 현상들에 대한 고찰을 통해 시도하고 있다. 그는 이 책에서 처음에는 생물학적인 관점에서 출발한 자신의 철학적 인간학의 문제설정을 딜타이적인 경향을 수용하면서 정신과학 및 문화과학적인 측면으로 확대시키고 있다.

2. 철학적 인간학의 형성근거

철학적 인간간학은 인간의 본질을 구명하려고 한다. 철학적 인간학은 1920년대에 독일을 중심으로 형성된 철학사조로, 만일 우리가 철학을 한다는 것이 시대적 배경을 지닌 속에서 가능하다는 사실을 인정한다면, 철학적 인간학은 같은 시기에 나타난 실존철학과 더불어 시대적인 특수성을 가장 잘 나타내고 있는 우리 시대의 철학이라고 말할 수 있다. 그러면 그 당시를 에워싸고 있던 현실적 상황들이나 또는 그 당시를 지배하고 있던 정신적 상황들이 어떠했기에 시대적인 필요로부터 발생했다고 볼 수 있는 인간에 관한 철학적인 물음이 형성되었느냐 하는 점이다. 즉, 셸러를 중심으로 한 그 시대의 철학자들로 하여금 철학적 인간학의 형성근거를 마련해준 동기가 무엇인가 하는 점이다.

이에 대해 우리는 우선 현대철학의 일반적인 경향을 살펴볼 필요가 있다. 헤겔과 더불어 최고 절정에 달했던 구라파의 사변철학은 그가 죽은 후 막을 내리면서 헤겔 철학에 대한 반동에 따른 현대철학으로의 이양의 징후가 나타나기 시작했다. 특히 독일을 중심으로 하는 현대철학의 특징 중의 하나는, 삶의 주체인 '인간'이 중심개념으로 자리 잡고 있다는 점이다. 삶의 주체인 인간, 그것이 삶의 철학에서는 삶으로, 실존철학에서는 실존으로, 또는 철학적 인간학에서는 인간으로 표현되던 간에, 이제는 인간 그 자체가 철학의 주체이자 대상이 되고 있다는 사실이다. 특히 삶의 철학은 당시의 상대적 가치만을 인정하려는 역사주의의 경향과 함께 인간의 삶을 모든 초월적인 원리들이 배제된 순수한 삶 그 자체로부터 이해하려고 한다. 또한 삶을 모든 철학적인 인식과 모든 인간의 활동들의 근간이 되는 최종적인 구심점으로 파악한다. 그런데 삶의 철학은 삶을 하나의 '흐름'으로 보려 하기 때문에 삶에 대한 의미규정이 실질적으로 불가능하며, 따라서 모든 것이 상대화의 경향을 띠게 된다. 사실 우리의 삶의 세계가 삶의 철학에서처럼 삶의 창조적인 생동성과 고유성을 강조하다보면 한편으로는 인간자신에 관한 갖가지 지식이 늘어남을 볼 수 있겠으나, 다른 한편으로는 복잡 다양한 인간에 관한 지식이 증가하면 할수록 보편적인 인간에 관한 개관이 상대적으로 부족해짐을 보게 된다. 오늘날 모든 시대와 민족과 문화형태에 대해 상대적 가치만을 인정하려는 흐름과 더불어 인간에 관한 개별과학들의 풍부한 지식들이 쌓이는 속에서 객관적 기준에 대한 신뢰가 흔들리게 되면서 인간에 관한 자기이해가 의문시되고 있다. 따라서 인간에 관해 정식화된 물음을 제기하는 철학적 인간학의 입장에서는 인간의 본질을 구명하기 위해 새로운 방법을 통한 새로운 자각이 필연적으로 일어나게 되었다는 주장이다. 셸러는 과거 어느 시대보다도 오늘날처럼 인간의 본질이 무엇인지를 모르는 시대는 없었다고 말하면서, 현대인은 지난 수십 년 동안 쌓아올린 인간에 관한 풍부한 과학적 지식에도 불구하고 인간에 관한 물음에 대해 대답할 그 무엇도 제대로 갖고 있지 않다는 것이다. 인간에 대해서 관심을 갖고 연구하는 특수과학들이 점점 다양하게 증가하고 있지만 그것들은 인간의 본질을 해명해주기보다는 오히려 은폐시키고 있다. 나아가서 오늘날 세 개의 전통적 사상권, 즉 천지창조와 에덴동산의 인간의 타락에 관한 유태·기독교적 사상권과, 인간의 자기의식을 최초로 일깨워준 희랍·고대적 사상권, 또 인간을 지구상의 진행과정에서 가장 뒤늦은 산물로 여기는 근대 자연과학 및 발생심리학의 사상권이 크게 동요되고 있으며, 특히 인류의 기원에 관한 문제에 대해 다윈의 진화론적 해결이 완전히 동요되고 있다는 점이다.[5]

또한 철학적 인간학의 창시자의 한사람인 플레쓰너도 긴박한 인간의 본질을 구명하기 위한 인간학적인 문제설정의 근거를 제시한다. 그는 인간의 본질에 관한 전통적 해석에 대한 의문과 더불어 인간의 내·외적인 모든 권위의 파괴에 따른 책임성이 결여된 인간정신세계의 황폐한 모습을 지적한다. 그런데 이러한 인간에게 닥친 위기는 플레쓰너에 의하면 특히 종교의 구속력 상실로부터 왔다는 점이다. "기독교와 고대문화로 점철되어온 세계체제의 해체는 인간으로 하여금 이제는 신을 완전히 떠나게 하였으며 그 결과 동물로 전락할 위험에 직면하게 됨으로써 이제 인간존재의 본질과 목적에 대해서 물음을 제거하게 된 것이다."[6] 또한 철학적 인간학의 가능성을 부인하지 않는 하이데거(M. Heidegger)도 셸러나 플레쓰너의 생각에 동조하면서 다음과 같이 말하고 있다. "그 어느 시기도 오늘날처럼 인간에 관한 지식이 이처럼 명쾌하고도 매료 있게 표출된 적이

---

5) 위 책, S. 6 참조.
6) H. Plessner, Zwischen Philosophie und Gesellschaft (Bern, 1953), S. 118.

없다. 그리고 그 어느 시기도 오늘날처럼 이러한 인간에 관한 지식이 이처럼 빠르고도 용이하게 두루 펴져 있는 시대도 없겠다. 그럼에도 불구하고 오늘날만큼 또한 인간이 무엇인가에 대해서 의문시되고 있는 시대도 없다."[7] 이처럼 현대의 철학자들이 인간학에 관심을 갖게 된 동기에 대한 설명은 철학적 인간학의 형성근거에 나름대로의 의미를 지니고 있다. 그러나 이러한 설명만으로는 그 자체 하나도 새로울 것이 없는 인간에 관한 물음이 왜 현대철학에서 시대적인 요청과 사명을 띠고 있는 모습으로 절박하게 제기되고 있는가에 대해 충분한 답을 주고 있지 못하다는 점이다. 왜냐하면 철학이 대상으로 삼는 모든 문제들은 인간이라는 현존재와 연관된 것들로서 사실 철학은 세계 내 존재로서의 인간의 위치와 본질에 관한 문제로 집중되어 있기 때문이다. 인간이란 무엇인가라는 물음이 오늘날의 철학에서 절박하게 물어진다면, 이는 또 다른 이유로 말미암을 터인데, 그것은 철학 외적인 요소로부터 오는 것이 아니라 철학 자체의 고유한 내재적인 전개로부터 생겨난 것이라는 점이다. 볼르노(O.F. Bollnow)는 이러한 이유야말로 분명히 드러나야 할 필요가 있음을 주장한다. 즉, 근대가 시작되면서 모든 철학적 관심의 중심점이 되어온 인식론에 대한 불만을 갖고 있었다는 사실이다. 데카르트 이래로 서구의 철학을 지배해 왔던 인식론은 모든 내용적인 지식을 형성하기에 앞서, 하나의 확실한 인식을 위한 방법적 원리를 찾아 제시하려는 것이다. 우리는 데카르트에서 모든 것이 인식 안에서만 형성됨을 보게 되는데, 그 후 의식의 다양성은 철저히 배제된 채 인식만이 모든 다른 철학적인 문제들의 기초와 출발점으로 자리 잡게 되었다. 그러나 19세기 말 이래로 인식 자체로부터 항상 확실한 출발점을 삼아서 한 걸음씩 밟아 올라가는 식의 그러한 인식은 불가능하다는 사실이 점점 더 분명해졌다. 오히려 모든 인식의 성취들은 광범위한 삶과 밀접한 연관이 있기 때문에 인식을 통해 성취되는 모든 것

---

7) M. Heidegger, Kant und das Problem der Metaphysik (Frankfurt/am Main 1963), S. 189.

들은 실제적으로 어떤 행동을 하느냐에 따라 달라지며, 또한 여러 가지의 기분, 감정, 충동에 의해 채색되거나 제약된다는 사실이다. 이렇게 볼 때, 인식은 철학이 응당 거기로부터 시작해야 하는 자율적인 절대적 기점이 아니라 광범위한 삶에 의해서 여러모로 제약을 받고 있음이 드러난다. 이제 인식은 여러 다른 의식 기능들 중의 하나에 불과한 것이다. 이처럼 인식세계라는 것이 직관형식과 범주들뿐만 아니라 문화세계의 창조자인 인간의 실제행위와도 연관되어 있음을 볼 때, 인식론은 더 이상 그 자체로부터 정초될 수 없고 전체적인 인간 속에서 보다 더 깊은 논거 정립이 요구된다.[8] 이처럼 모든 인식의 성취가 전체적인 인간의 삶과의 연관 속에서 비로소 정당한 위치와 의미를 갖게 되는데, 이는 곧 인간의 본질을 구명하려는 철학적 인간학의 영역으로 넘어오게 됨을 뜻한다. 왜냐하면 철학적 인간학이 설정하는 범위나 문제제기도 사실은 인식의 특별한 부분영역과 밀접한 연관이 있으며, 또한 인식의 성취가 전체적인 인간의 삶과 밀착되어 있기 때문이다. 그러므로 비록 인식의 문제가 철학적 인간학에서 제기하는 문제의 일부분에 지나지 않지만, 그러나 이 문제는 철학적 인간학의 결정적인 과제이기도 하다. 우리는 모든 철학의 출발점으로서의 인식론이 한때 차지하고 있었던 중심적인 위치를 이제 철학적 인간학이 그 자신 스스로 요청했다는 사실을 이해할 수 있겠다. 그러므로 철학적 인간학은 종래의 인식론을 심화하고 확장한 것이라고 말할 수 있다.[9]

우리는 철학적 인간학의 형성 근거를 이러한 종래의 인식론에 대한 불만과 더불어 보다 더 넓게는 삶의 철학(Lebensphilosophie)과의 연관 속에서 살펴볼 필요가 있다. 이미 삶의 철학에서도 우리는 철학적 인간학에서처럼 그때까지 철학함에 중요시 되어온 논리학이나 인식론에 대한 불만과 그에 따른 반동을 강하

---

8) O.F. Bollnow, Philosophische Anthropologie heute, hrsg.von O. Schatz (München 1972), S. 22 참조.
9) 위 책, 같은 쪽 참조.

게 볼 수가 있다. 삶의 철학은 19세기 말부터 20세기 초에 걸쳐 구라파를 지배한 철학 사조로서, 19세기 후반부터 일기 시작한 논리적이고도 수학적인 방법이 적용되는 학계의 일반적 경향에 대한 반동으로부터 발생한 것이다. 삶의 철학은 헤겔에 이르러 정점을 이룬 사변 철학적인 논리적 방법이나 자연과학적인 사고로는 다루지 못하는 삶이 형성한 생동적인 현실을 체험하고, 파악하고, 이해하려는 것이다. 그러므로 니체(F. Nietzsche)를 비롯한 베르그송(H. Bergson), 클라게스(L. Klages)와 같은 삶의 철학자들은 형식화된 틀 속에 갇힌 삶이나 현실과 동떨어진 사변적인 인식이나, 피상화된 인간의 모든 인위적인 모습에 반대하면서 주체적인 인간의 삶의 근원성과 직접성을 찾고자 하였다. 이러한 경향은 이미 18세기 말경의 낭만주의 시대에 나타나고 있는데, 루소(J. J. Rousseau)는 그의 작품인 「에밀」에서 창조적으로 샘솟는 삶의 고유특권을 인간 스스로 저버리는 가운데 삶의 모든 면을 피상적이고도 고식적인 틀 속에 가두어 버리는 인간의 인위성을 강하게 비판하고 있다. "창조주의 수중에서 나온 모든 것은 선하고 영원한데, 인간의 수중을 통해 나온 것은 모두 변조되어 있다. 인간은 농지를 경작해서 다른 생산물들을 산출시키고, 또한 한 나무로 하여금 인간의 구미에 맞는 과일을 맺게끔 한다. 인간은 기후와 환경과 계절의 바뀜을 혼란시키고, 더 나아가 개와 말 그리고 노예까지도 병신으로 만든다. 인간은 모든 것을 뒤엎으며, 모든 것을 찌그러뜨리는 속에서 모양 아닌 모양을 좋아한다. 인간은 정녕 자연이 창조한 것을 있는 그대로 좋아하지 않는다. 인간자신에게서조차도 자연적인 것을 없애버리고 인간은 자신을 인간을 위한 연습용 말처럼 훈련시키는가 하면 정원수처럼 시대의 유행을 쫓아 자신을 굽히고 변조한다."[10] 여기서 우리가 주목할 점은 인간 이외의 또 다른 실체인 창조주를 통한 인간의 창조성, 즉 생육과 번성이 보장된 활기찬 삶의 모습이다. 있으라 한즉 있게 되는 자연의 순리적이고

---

10) J.J. Rousseau, 「에밀」, 오등자 역 (박영문고 1982), P. 15.

도 지속적인 모습에 인간의 인위성이 개입되면서, 오히려 인간은 자유로운 자기실현을 향해 요구되는 자신의 본원적이고도 내적인 능동성과 창조성을 상실하게 된 것이다. 이처럼 삶의 주체인 인간을 철학함의 주제로 삼으려는 삶의 철학은 철학적 인간학에다 지속적인 자극을 주는 가운데 철학적 인간학의 이론적인 출발점이 되고 있는 것이다. 이렇게 볼 때, 철학적 인간학은 삶의 철학과 더불어 철학의 모든 다른 문제들이 거기에 근거하는 인간이라는 대상 자체를 다룬다는 측면에서, 이 둘은 같은 기반 위에서 있는 두 모습이라고 할 수 있다.[11]

이상에서 우리는 철학적 인간학이 어떠한 근거들로 인해서 형성되었는가를 살펴보았는데, 이를 다시 한 번 다음과 같이 정리할 수 있다. 셸러를 중심으로 한 20세기의 대부분의 철학자들은 데카르트 이래로 모든 철학적 관심의 출발점이요, 또한 철학함에 있어서 가장 기본적인 근거로 확인 받아온 인식론에 대해 더 이상 만족을 얻지 못하였다. 즉, 인간 문제를 포함한 모든 철학적인 문제에 대한 구명에 있어서 의식의 여러 기능들과 더불어 하나의 기능에 불과한 것으로 드러난 인식기능에만 더 이상 의존하지 않게 되었다는 점이다. 이제는 인식주체(Erkenntnissubjekt)로만 머무르지 않는 존재주체(Seinssubjekt)로서, 전체적인 삶의 주체(Lebenssubjekt)로서 인간이 드러내는 기분, 충동, 흥분과 같은 감정들과, 희락과 고뇌가 함께 하는 가운데 인식하고 행동하는 입장에 서서 문제들에 접근하는 새로운 방향이 모색되기 시작했다. 특히 생물학을 필두로 심리학, 의학, 사회학, 그리고 역사학, 선사학, 인류학 등, 우리가 인간학적 개별과학이라고 부를 수 있는 개별과학들은 각기 그들 나름대로의 특수한 방법으로 인간을 탐구하면서 인간에 관한 수많은 다양하고도 풍부한 개별적 지식을 쌓게 되었다. 이러한 개별과학들의 인간에 관한 지식을 바탕으로 해서 인간에 관한 학문은 전인적인 인간이라는 총체적 방향에서 새로운 인간해명을 요구하게 된 것이다.

---

11) O.F. Bollnow, Philosophische Anthropologie heute, S. 23 참조

그런데 셸러는 인간이라는 단어가 앞에서 언급된 세 가지 이념권, 즉 인간은 신의 형상대로 지음 받은 피조물이라는 기독교적인 인간상과, 인간을 인간자체로부터 파악하려는 고대 희랍시대로부터 유래한 이성적 존재로서의 인간상, 그리고 다윈으로 시작한 진화론에 입각한 현대의 자연과학적 인간상을 중심으로 도출되었음을 말한다. 그러나 셸러는 이 세 가지의 인간상은 서로 간에 아무런 공통점이나 상호보완적인 성격을 갖고 있지 않으며, 따라서 인간에 대한 통일적인 이념을 소유하고 있지 못함을 지적한다. 결국 새로운 인간해명의 요구에 부응하는 새로운 철학의 길은 다름 아닌 철학적 인간학이다.

3. 철학적 인간학의 의미

인간학의 개념은 인간에 관해 고찰되는 측면과 방법이 다양해짐에 따라 다음의 몇 가지 입장에서 그 의미가 내용적으로 달리하고 있다. 첫째로, 인류학의 입장이다. 이때의 인간학은 인간을 자연과학적인 입장에서 고찰한다. 특히 인간의 육체를 실증적인 측면에 입각한 생물학의 입장에서 고찰한다. 이 입장은 독일계통과 영·미 계통으로 갈라지는데, 전자는 인간학을 순수한 생물학적인 입장에서 식물학, 동물학과 더불어 제3의 생물학으로 일컬으며, 후자는 인간학을 좀 더 포괄적으로 다루어 유전학, 인간학, 민속학 등과 같은 특수 분야들을 포괄하는 인간에 관한 보편학을 일컫는다. 둘째는, 인성(人性)학의 입장이다. 이때의 인간학은 모든 세계관, 종교관 그리고 철학체계에 없어서는 안 될 구성요소로서의 인간의 본질을 탐구한다. 이로부터 각 분야의 인간학, 이를테면 기독교적 인간학, 실존주의적 인간학, 마르크스주의적 인간학 등이 파생된다. 그런데 이러한 인간의 본질에 관한 각 분야들의 구상들은 일종의 형이상학적인, 또는 믿음의 차원에서 형성되고 있음이 주목된다. 셋째로, 철학적 인간학의 입장이다. 이때의 인간학은 인간 일반에 관한 지식들이나, 인간에 관한 탐구 결과로 나타나는 여러 가지 특수한 제 현상들을 다른 것들과는 근본적으로 구별되는 인간만의 특수성을 통해 통일적으로 밝히려는 철학적 탐구이다. 현대의 시대적 변화는 곧 학문의 변화라고 할 정도로 인간에 관한 철학적 물음은 유별나게 생동적이다. 철학적 인간학은 인간에 대한 물음을 통해 인간의 본질구명과 우주에 있어서의 인간의 위치를 확인하려는 것이다. 오늘날 여러 철학의 분야들 중에서 철학적 인간학은 그의 생동성으로 인해 현대의 철학적 사고의 근간을 이루고 있는데, 이러한 의미에서 철학적 인간학은 현시대의 철학적 조명을 뜻한다 하겠다. 사실 철학이 대상으로 삼아 추구하는 모든 문제들이 알게 모르게 인간의 문제였음을 볼 때, 철학적 인간학이야말로 철학의 어느 분야보다도 인간이라는 존재를 근본 문제로 다루는 철학적 성찰이다. 란츠베르그(P.L. Landsberg)는 철학적 인간학이 하나의 특수한 분과적인 원리를 추구하는 차원을 넘어서야 하는 이유를 다음과 같이 밝히고 있다. "왜냐하면 철학은 인간이라는 현존재의 근거에 뿌리를 내리고 있으며, 따라서 이 뿌리를 탐구하지 않으면 안 되기 때문이다. 또한 이러한 탐구 속에서 철학이 어느 정도까지 우리를 위하여 인간학이 되어야 하는지가 밝혀져야 할 것이다."[12]

인간이 종전에는 사물들의 존재와 의미를 탐구해 왔음에 비해서, 이젠 인간자신의 해명에 몰두하고 있는 모습이다. 이제 철학의 과제는 인식론이나 논리학 대신에 인간학이 전부인 것처럼 보이며, 더 나아가서는 철학적 인간학이 곧 현대철학 그 자체인 것처럼 여겨진다. 이러한 경향은 인간이 자기 자신에 관한 본질구명을 문제로 삼는 한 드러나게 되는 함축성 때문일 것이다. 그러므로 철학적 인간학은 이러한 함축적인 인간 이해라는 배경을 가지고 인간 일반에 대한 학문적 탐구와 함께 인간에 관한 연구결과로 드러나는 여러 특수한 현상들을

---

12) P.L. Landsberg, Einführung in die philosophische Anthropologie (Fankfurt/a.M 1934), S. 49.

통일적으로 밝히려는 철학적인 탐구이다. 여기서 통일적으로 밝힌다는 것은 인간에 관한 연구 결과들을 단순히 해석하는 차원의 것은 아니며, 또한 그 결과들은 종합하는 것도 물론 아니다. 이 작업은 다른 것들과는 근본적으로 구별되는 인간만의 특수성을 통해서 이루어진다.

따라서 철학적 인간학은 한편으로는 이성론이나 기계론에 대한 비판과 함께 삶의 철학의 토양 속에서 성숙하면서, 다른 한편으로는 현대의 인간에 관한 연구결과에 대한 긍정적인 평가와 함께 인간과 다른 동물들 간의 근원적인 차이점을 드러내려고 한다. 그런데 인간학이 철학적 인간학의 입장에서 다루어질 때에는 인간과 연관되어 있는 갖가지 문제들이 인간이라는 통로를 통해 철학적으로 구명되어진다는 것이 전제된다. 이미 우리는 앞에서 인간에 대한 물음과 함께 인간에 관한 문제를 부각시키면서 인간학의 분위기를 조성한 사상가로 근대적 의미에서의 칸트와 현대적 의미에서의 포이엘바하를 보았다. 물론 이 두 사람 외에 니체나 딜타이도 철학적 인간학이 셸러에 의해 정초되기 이전에 인간의 문제를 부각시킨 사람으로 꼽을 수 있다. 이러한 인간학적인 토대 위에서 철학적 인간학을 철학의 독자적인 영역으로 확립시키기 위해 노력한 사상가로는 셸러, 플레쓰너, 겔렌(A. Gehlen) 등을 꼽을 수 있다. 셸러는 언어, 양심, 도구, 무기, 종교, 과학 등과 같은 인간만의 모든 특수한 전유물과 업적과 작업들이 어떻게 인간존재의 근본구조로부터 발생하게 되는가를 확실하게 드러내는 것이 철학적 인간학의 과제라고 말하면서, 철학적 인간학의 의미를 다음과 같이 밝히고 있다. "철학적 인간학은 인간의 본질과 본질 구조에 관한 하나의 기초 학문을 뜻한다. 즉, 무기물, 식물, 동물과 같은 자연의 제 영역들의 근거에 대한 인간의 관계, 또한 인간의 형이상학적인 본질적 기원과 세계에 있어서의 인간의 신체적, 심리적, 정신적 시초, 인간을 움직이고 인간에 의해서 움직여지고 힘과 세력들, 인간의 생물학적, 심리학적, 정신사적 사회적 발전의 기본 방향과 법칙에 관한 기본학문을 의미한다."13)

플레쓰너는 인간을 우리가 알고 있는 것들 중에서 차원상 그 어느 것과도 비교할 수 없는 풍부한 내용을 가진 대상으로, 무엇보다도 탈 중심성의 존재로 본다. 그가 말하는 탈 중심성이란 다른 동물들과는 달리, 인간만이 그 자신의 고유한 중심으로부터 벗어나 외부로부터 자기 자신을 볼 수 있는 능력을 뜻한다. 인간은 이러한 탈 중심성으로 말미암아 자기 자신과 관계를 맺을 수 있는 존재로 부각된다. 또한 이러한 사실은 그가 추구하는 인간의 본질구명은 주체적인 삶과 객체적인 삶이라는 종전의 구별을 뛰어넘어 인간의 삶 그 자체가 곧 대상이요 중심이라는 차원에서 시도되고 있음을 나타낸다. 그래서 플레쓰너의 철학적 인간학은 그가 스스로 말했듯이 인간 중심적(Anthropozentrisch)이다. 여기서 인간 중심적이라 함은 인간을 인간 그 자신 때문에 문제삼는 것으로써, 그것은 순수한 이론적, 추상적인 차원을 넘어서 삶 자체와의 접촉을 필연적으로 여긴다. 따라서 그는 자신의 인간에 관한 고찰을 인간에 관해 많은 것들을 제공하는 경험적인 특수과학들과는 구별하면서, 철학적 인간학을 "인간적인 것의 의미 법칙에 관한 학(Lehre von den Sinngesetzen des Menschlichen)"14)이라고 정의를 내리고 있다. 겔렌도 철학적 인간학을 자신의 철학의 주제로 삼는다. 그는 현대의 인간이 비합리적인 또는 감각적인 것들에 의해 자극을 받는 이성의 시대에 살면서 자기 자신을 주제화하고 문제삼고 있다고 보면서 이러한 인간의 자기와의 만남과 자기발전을 자신이 추구하는 철학적 인간학의 과제와 의미로 삼고 있다.

그런데 란트만은 철학적 인간학의 창시자인 셸러를 중심으로 한 인간학이 전통적인 개인의 자아해석에 중점을 둠으로써 인간의 사회성과 문화성을 제대로 파악하지 못했다고 비판한다. 또한 그는 종래의 인간에 관한 개별과학들이 인간

---

13) M. Scheler, Philosophische Weltanschuung, in : M. Schelers Gesammelte Werke Bd. 9, hrsg. von Manfred s. Frings (Bern und München 1986), S. 121.
14) H. Plessner, Zwischen Philosophie und Gesellschaft, S. 169.

이 무엇인지를 이미 알고 있음을 전제로, 인간의 육체와 같은 외면적인 특성이나 문화적인 성과들에 대한 조사를 통해 인간의 본질을 규정지으려는 태도를 비판한다. 따라서 철학적 인간학은 란트만에 의하면 과거로부터 현재에 도달해 미래에 이르기까지 삶을 영위할 인간과 그가 형성한 문화적인 제 모습들을 자리 매김할 결정적인 특징들에 관해서, 즉 인간을 인간으로 규정지을 수 있는 하나의 기준에 대해서 탐구할 필연성을 가진다.[15]

이처럼 철학적 인간학에 관한 다양한 표현들 속에서, 우리는 철학적 인간학에 대해서 다음과 같이 그 의미를 규정할 수 있다. 철학적 인간학은 인간의 본질을 구명함에 있어서 전체적인 인간구조의 모습을 보여주려고 하는데, 이것은 철학적 인간학이 하나의 고정된 틀 속에 자리 잡고 있는 불변적인 인간의 본질을 내세우지 않고 인간이 형성한 다양한 삶의 현상들에 대한 해석을 통해 인간의 본질을 이해하려는 것이다. 인간에 관한 포괄적인 이해를 뜻한다. 그런데 이러한 철학적 인간학의 태도는 인간에 관한 사실들을 여러 측면에서 분석하고 연구하는 개별과학들과 연관을 맺는 결과를 가져오게 된다. 그러나 이러한 다양한 인간에 관한 경험과학적인 성과들에 대한 인간학적인 해석은 서로 다른 경향을 나타내게 되며, 방법적인 측면에서도 철학적 인간학이 아르키메데스의 기점과 같은 확고한 토대 위에 정초시킬 수 없게 된다. 만일 우리가 여전히 철학함이 곧 그 어떤 불변적이고 고정적인 원리를 추구하는 것이라고 주장한다면, 철학적 인간학이 어떤 불변적인 형식의 원리나 이론을 통해 정의되는 인간의 본질을 내세우지 않으려는 근본태도에 비추어볼 때, 철학적 인간학을 하나의 독립된 원리로 정초시킨다는 것은 불가능한 것처럼 보인다.

그럼에도 불구하고 오늘날 인간이란 무엇인가라는 문제제기가 피할 수 없는 숙명적인 것으로 감지되는 것은 어떤 이유에서 일까하는 점이다. 물론 인간의

---

15) M. Landmann, Philosophische Anthropologie, S. 6 참조.

자기인식의 역사는 결코 짧은 것은 아니다. 가령 소크라테스가 받아드린 '너 자신을 알라'라는 말은 비록 델포이 신전의 개인운명을 가늠하는 신탁차원의 표현일 뿐, 인간의 본질인식을 통한 이론적인 물음제기는 아니라 할지라도 인간학의 주제임에는 틀림없다. 이것은 좁게는 희랍적인 인간에 관한 내용을 담고 있으나, 더 나아가서는 우주에 있어서 인간의 위치에 관한 전반적인 내용을 담고 있다 하겠다. 그러나 이미 셸러가 말한 것처럼, 오늘날 인간은 소크라테스 이래로 당연시 되어온 자기인식의 역사 속에서 그 자신에게서는 결코 문제시되어 보지 못했다는 사실을 주목할 필요가 있다. 따라서 오늘날 문젯거리로 등장한 인간자신을 향한 새로운 파악이 인간학적인 물음을 통해 활발히 시도됨은 그 자체 의미가 있다 하겠다. 오직 철학적 인간학만이 인간에 대한 포괄적인 이해차원에서 인간에 관한 기본적이고도 근본적인 물음을 비로소 제기하고 있는 것이다.

4. 철학적 인간학과 인류학의 관계

19세기부터 일기 시작한 자연과학의 전능시대는 인간에 관한 고찰이 더 이상 철학의 영역에만 머무르는 것을 허락하지 않았다. 개별과학들은 그들 나름대로의 문제 설정과 독자성을 유지하면서 인간을 여러 측면에서 고찰하게 되었고, 따라서 인간학의 개념은 인간에 관한 개별과학들과의 밀접한 관계를 맺게 되었다. 그 결과 인간학은 제한된 의미를 갖게 되는데, 내용적으로는 해부학, 인종학, 인류진화사 등으로 이해되었다. 영·미 계통의 인간학은 이러한 인간에 관한 실증적 학문의 지속적인 영향 속에서 나타난 인류학(Menschenkunde)이라고 불리어지는 분야이다. 먼저 영·미 계통의 인류학에 대한 고찰을 통해서 인간에 관한 철학적 탐구라는 본원적인 면을 드러내고 있는 철학적 인간학과의 관계를 고찰해 보기로 하자.

인류학은 영·미 계통에서는 인간에 관한 것을 총괄적으로 다루는 학문이라는 의미로 일컬어진다. 그것은 인류의 탄생 이후 현재에 이르기까지 사회적·문화적 진행발전 과정을 연구하는 것이다. 즉, 동물과 근본적으로 구별되는 인류의 본질에 대해서, 지구상의 여러 인류의 출현 및 역사적으로 지리적으로 어떻게 분포되고 발전해 왔는가에 대해서, 주위환경과의 관계 속에서 어떠한 문화적인 진화의 역사를 형성해 왔는가에 대해서 연구하는 학문분야이다. 그래서 인류학은 인종학(Ethnologie), 선사학(Prähistorie)의 의미로 사용되기도 한다. 여기에서는 각 인간들의 다른 점들과 차이점들에 대해서 관심을 가진다. 이러한 입장에서 인류학은 다음과 같은 탐구방향을 설정한다. 첫째로, 인류의 전 역사진행 과정을 통해 유사점과 상이점을 지녀온 지구상의 각 민족들의 행동양식을 통해 파악하고자 한다. 둘째로, 그러한 점들을 찾아내기 위해서 인류학은 발굴과 같은 고고학적인 측면을 통해서 지난날의 인류에 의해 형성된 문화적인 유산을 추적한다. 셋째로, 찾아낸 문화적인 유산을 토대로 인류학은 각 민족들의 예절, 관습, 제도, 언어 또는 개인의 심리적 요구나 사회적인 삶을 충족시켜줄 여러 가지 기술의 발달과정과 전수과정을 탐구한다. 요컨대, 인류학은 "지금까지 덜 탐구된 민족 집단에 대한 문화비교, 고고학, 사회심리학, 종교사회학, 언어학, 또는 가족 집단의 사회생활 측면에서 인간문제를 고찰하는 것이다."16) 그런데 인류학은 무엇보다도 인간의 문화적인 영역에 대한 유사점과 상이점에 대해 관심을 갖는다. 따라서 1920년대 말에 들어오면서 이러한 인류학의 입장은 미국을 중심으로 문화인류학(cultural anthropology)이라는 용어의 등장과 더불어 더욱 뚜렷이 부각된다. 사실 우리말로 인류학이라고 번역하는 영·미 계통의 인간학(anthropology)은 내용적으로 인간의 육체적인 면과 더불어 그 문화적인 면에 더욱 관심을 갖고 있기 때문에 미국에서는 곧 문화인류학으로 불리어지기도 한다. 문화인류학은

---

16) W. Eichhorn, Wörterbuch der marxistischen Soziologie (Köln 1969), S. 19.

문화의 인간학적인 근거를 고찰함에 있어서 민속학과 더불어 심리학, 사회학, 사회심리학 등과의 연계를 중요시한다. 이러한 인접과학들과의 연계를 전제로 할 때만이 문화를 통한 공동사회의 구성원들이 행하는 행동양식을 부분에서가 아닌 전체로서의 파악이 가능하다. 문화는 한 생활 집단의 동질성과 단일성을 파악할 수 있는 첩경이다. 이러한 의미에서 쿨룩혼(C. Kluckhohn)은 다음과 같이 말한다. "인류학은 문화 속에서 한 민족의 전체적인 생활방식과 개인이 집단으로부터 위임받은 사회적 유산을 이해한다. 그러므로 문화는 인간에 의해서 형성된 주위 환경과 같은 구분으로 간주될 수 있다."[17]

문화란 말은 생물학의 진화론이나 물리학의 중력이라는 단어처럼 개념화된 가운데, 인간의 삶 속에 작용하는 확고하고도 결정적인 힘을 갖고 있다. 그런데 쿨룩혼은 문화의 인간의 삶에 대한 결정적인 작용을 인정하면서도 그러나 문화를 어디까지나 인간에 의해서 형성되고 변형되는 것으로 본다. 따라서 인류학에서의 문화개념은 주로 칸트의 종합적 판단과 같은 인식의 확장을 꾀하는 목적을 담고 있다고 볼 수도 있다.

문화인류학에서의 문화 분석은 문화의 구성요소들에 관한 서술, 분석, 설명과 함께 그에 따른 비교와 체계화를 위해 매우 유용하다. 그러나 인간이 형성하는 삶의 세계에 대한 철학적·연역적 사고방식의 결여로 인해 세계의 의미문제, 삶의 가치문제를 소홀히 하게 되며, 이와 더불어 상대화의 문제가 대두된다. 이처럼 문화인류학에서의 문화 분석은 긍정적인 면과 부정적인 면을 함께 갖고 있다.

그러면 철학적 인간학과 인류학의 차이점은 무엇인가라는 점이다. 인류학은 구체적으로 인종학, 선사학, 민족학, 문화인류학으로 일컬어지면서 그것은 지구상의 종족과 민족들에 관한 여러 지식들을 얻기 위한 경험과학적인 노력의 일환으로 창안된 집합개념이다. 이에 대해서 철학적 인간학은 인간에 관한 고찰을

---

17) C. Kluckhohn, Spiegel der Menschheit, (Zürich 1951), S. 31.

좁은 전문분야에서 전개하지 않고 인간이 자기 자신을 스스로 문제삼는다는 전인(全人)적인 틀 속에서 전개한다. 철학적 인간학과 인류학의 차이점은 란트만의 다음과 같은 이 둘에 대한 의미규정을 통해 잘 드러나고 있다. "신체적 인간학과 인종학적 인류학은 인간이 무엇인지를 이미 알고 있음을 전제로 하고, 따라서 단지 인간의 외면적인 특징들이나, 또는 인간의 문화적인 성과들을 조사할 뿐이다. 그러나 철학적 인간학은 이와는 달리 저들에게서 자명한 것으로 전제된 인간에 관한 지식들을 문제로 삼는다. 철학적 인간학은 인간 전체에 관해서, 인간의 본질에 관해서, 인간의 원리에 관해서, 근본적으로 다른 것과 구별되는 특수성에 관해서 묻는다."[18]

그런데 이러한 둘 간의 차이점에도 불구하고 이 둘의 긍정적인 만남이 불가능해 보이지만은 않다는 점이다. 즉, 철학적 인간학은 인간의 문제를 각기 다른 각도에서 다루고 있는 심리학, 사회학, 생물학, 과학, 언어학 등과 더불어 인류학에 나타난 연구결과의 도움 없이는 인간의 본질문제를 직접 대상화해서 다룰 수 없다. 또한 인류학은 경험과학에 의존한 결과 드러나는 상대화의 문제도 등장하면서, 인간이 형성한 삶의 의미와 가치문제에 대한 해결모색에 있어서 인간의 삶의 의미와 법칙들을 근원적으로 구명하려는 인간학의 철학적 사고를 필요로 한다. 물론 철학적 인간학의 근본 입장은 인류학과 같은 개별과학적인 위치정립과는 다른 철학적인 독자성과 특수성을 갖고 있다. 철학적 인간학이 다양한 삶의 현상들로부터 인간의 본질에 대한 구명을 시도하려고 할 때, 그 현상들에 대한 인류학을 위시한 경험과학들의 연구와 지식들에 의존한다고 할지라도, 그것들을 단순히 수집해서 체계화하거나, 또는 무비판적으로 받아드린다는 것을 뜻하는 것은 아니다. 철학적 인간학은 인류학과 같은 인간에 관한 경험과학들이 분석하여 얻어낸 사실들이 인간의 본질구명을 위해 무엇을 알려주고 있는지를

---

18) M. Landmann, Philosophische Anthropologie, S. 6.

묻고자 하는 것이다. 그래야만 단편적일 수밖에 없을 인간에 관한 경험과학들의 연구 성과가 인간의 본질을 이해하는데 유용하다.

그러므로 인간에 관한 전인적인 고찰은 플레쓰너에 의하면 개별과학들과의 공동작업의 지평 위에서 자동적으로 이루어지는 것이 아니다. 그것은 철학적 인간학의 지평 위에서만이 가능한 것이다. 왜냐하면 철학적 인간학은 인간에 관한 개별과학에게 덧붙여진 학문이 아니라, 개별과학들의 근거와 한계에 대해 비판적인 생각을 지속적으로 더하는 것이기 때문이다.[19] 이젠 인간에 관한 개별과학들도 이전과는 달리 그들의 연구 성과에 대한 실증적인 고찰에 머무르지 않고 그들이 분석한 사실들의 인간학적인 의미를 밝히려는 철학적인 영역으로 넘어오려는 경향이다. 포르트만(A. Portmann)은 동물발생학자로서, 그의 연구는 인간에 대한 포괄적인 이해라는 인간학적인 경향을 가장 잘 보여주고 있는데, 그는 생물학적인 현상을 통한 인간만의 특수성과 전문성이 얼마나 인간학적인 사실을 드러내고 있는가를 다음과 같이 말하고 있다. "누구든지 인간에 관해서 언급하는 사람은 비록 그가 동조학자라 할지라도 이미 인간학적인 영역에 발을 드려놓게 되며, 그 사실을 의식해야 한다. 확실히 인간의 여러 가지 생물학적인 특이성은 여러 단계적으로 드러나 있다. 인간의 신진대사의 대부분과 감각적인 기능들은 다른 동물들과 일치한다. 그런데 우리가 그 기관들과 기능들이 인간의 전체적인 행동, 특히 주위환경과 세계와 어떻게 연관되어 있는가를 살펴보면 인간만의 특이성이 분명하게 드러난다."[20]

여기서 우리는 생물학적인 연구가 인간에 관한 실증적인 사례수집에 머물지 않고, 곧 인간학이 됨을 보게 된다. 왜냐하면 생물학은 인간에게서 다른 식물과 동물의 조직을 뛰어넘는 하나의 생활양식을 발견할 뿐만 아니라 모든 다른 생

---

19) H. Plessner, Über einige Motive der philosophischen Anthropologie, in : Studium Generale 9 (1956), S. 453 참조.
20) A. Portmann, Zoologie und das neue Bild vom Menschen (Reinbeck 1962), S. 13.

물체와는 비교할 수 없는 인간만의 조화롭고도 독특한 생활양식을 발견하기 때문이다. 인간만의 특수한 생활양식이 인간의 삶의 전체적인 모습을 특이하게 만드는 것이다. 그러므로 인간의 삶은 그것이 아무리 고등동물의 것에 가깝다고 할지라도 역시 전체적으로 독특한 현상임에는 틀림없다. 우리가 인간과 다른 동물을 비교할 때, 특히 유인원과의 부분적인 비교를 통해서 관찰해 보면, 과연 인간과 동물과의 차이는 양적인 것에 불과한 것이 아닌가 할 정도로 유사하고 일치하는 점이 많음을 보게 된다. 그런데 주목할 점은 인간을 전인적으로 관찰하면 질적인 차이를 나타내면서 인간만의 특이성이 드러난다는 사실이다. 이러한 인간에 대한 전인적인 관찰과 이해가 철학적 인간학의 본 모습이다.

역시 인간은 주어진 전래적인 환경의 틀 속에서 이미 내려진 삶에 대한 처방전에 따라 생활해 가는 존재가 아니다. 물론 그는 주어진 환경에 순응해 가는 능력도 있지만 그를 구속하고 결정지으려는 주위의 모든 여건을 뛰어 넘어 그 무엇을 향한 많은 가능성을 현실화시킬 수 있는 능력을 소유하고 있다. 그러기에 그에게는 무엇보다도 그가 할 수 있는 선택과 결정의 자유가 속해있다. 이처럼 가장 다양성을 지녔고 모든 차원에 걸쳐 있는 인간이기에 철학적 인간학이 인간의 본질을 구명하기 위해서는 인간의 문제를 다루는 인류학을 위시한 개별 과학과의 적극적인 공동 작업이 모색되어야 함은 필수적이다. 그러므로 인간의 본질구명이라는 하나의 과제는 철학적 인간학과 인류학과의 상호간의 접촉을 정당화시킨다. 인간이란 무엇인가라는 물음은 현대가 인간학의 시대에 처해 있다 할 정도로 그 물음의 파장이 넓고 강렬하다. 따라서 현대의 철학적 차원에서 추구하는 바 근본목표가 있다면 그것은 곧 인간에 관한 전인적인 탐구이다. 인간에 관한 물음은 임의적인 성격을 띤 것이 아니요, 피할 수 없는 성질의 것이다. 왜냐하면 모든 철학적인 진술 속에는 이미 인간에 관한 언표가 함축되어 있기 때문이다. 따라서 철학은 곧 인간학이라고 말할 수 있다.

제3장 현대의 철학적 인간관의 제 모습들

1. 셸러(M. Scheler)의 인간관: 정신적 존재로서의 인간

1-1 개관

오늘날 현대철학에서 인간학이라는 명제 하에 '인간에 관한 학(Die Wissenschaft vom Menschen)'을 정립하고자 시도하는 사람들에게 인간학은 판넨베르그(W. Pannenberg)의 표현대로 현대의 지성이 추구하는 근본목표로서, 이것은 하나의 새로운 철학적인 분야도 부분적인 존재론도 아닌 철학적인 근본문제 자체에 대한 이 시대의 조명을 뜻한다. 셸러는 전통적으로 전해 내려온 인간에 관한 이념이 철학 내에서는 물론 개별과학들에 있어서도 몹시 의문시되면서 이젠 인간성이 위협받게 되는 상황에 이르렀음을 지적한다. 그러므로 인간의 본질과 우주에서의 인간의 위치를 새롭게 정립시킬 필요가 있음을 역설하고 있다. 그는 그가 죽기 전의 마지막 강연에서 '인간과 역사'라는 제목 하에 인간문제에 대한 시대적 상황을 다음과 같이 진단하고 있다. "우리는 대략 1만년의 역사 속에서 인간이 완전히 여지없이 문젯거리가 된 최초의 시대에 살고 있다. 즉, 인간이 이미 그 자신이 무엇인가를 이젠 알지 못하면서, 또한 알고 있는 시대에 거한다는 말이다. 그러나 이젠 일단 이러한 물음에 관한 모든 전통을 완전히 백지화하려고 마음을 먹을 때, 또한 극단적인 방법상의 생소함과 의아심 속에서 인간이라 불리는 존재를 바라볼 줄 알게 될 때만이 사람들은 다시 지지 받을 수 있는 통찰에 도달할 수 있을 것이다."[1)]

셸러는 자신의 철학을 전개함에 있어서 후설(E. Husserl)의 철학적 사고의 영향 속에서 본질직관이라는 후설의 철학적 관점을 따른다. 후설의 현상학적인 처방은 그의 철학에 중추신경을 이루고 있다. 그래서 셸러는 본질직관이라는 현상학적인 관점을 자신의 가치론이나 종교철학에도 확대해 적용하고 있다. 우리가 셸러의 현상학적인 입장에서 주목할 점은 그의 현상학 운운이 어떤 하나의 방법모색이 아니라는 사실이다. 다시 말하면 객관적인 현상세계에 대한 현상학적인 규정은 이미 고정되어 있는, 틀에 박힌 어떤 하나의 도식이 아닌 하나의 정신적인 조망의 자세라는 사실이다. 이러한 본질을 직관하는 정신적인 조망을 통해서만이 사실 자체에 대한 그 무엇을 인지할 수 있는 것이다. 그러므로 셸러에 있어서 현상학은 어디까지나 사실 자체에 대한 의식으로 말미암은 관조이지 방법 그 자체는 아니다.[2)] 사실 우리가 개별과학들에 동원되는 학문적 방법이라는 단어를 생각할 때 그것은 이미 얻고자 하는 사실들에 초점이 맞추어져 있음을 보게 된다. 이처럼 인식방법이 이미 규정된 범위에 제한되어 있기 때문에 어찌

---

1) M. Scheler, Philosophische Weltanschuung, 같은 전집 Bd.9 (1986), S. 121.
2) M. Scheler, Schriften aus dem Nachlaβ, 같은 전집 Bd.1(1986), S. 380 참조.

보면 다양한 개별과학들만큼 다양한 방법들이 동원된다고 말할 수 있다. 그러므로 현상학적인 태도는 개별과학들이 행하는 사물에 대한 관찰의 태도와는 구별되어야 한다. 일 예로, 물리학이나 심리학과 같은 개별과학들이 행하는 관찰은 어디까지나 개개의 경험적인 사실에 근거하며, 또한 관찰대상을 일정한 측면에 입각해서 보려고 한다. 이와 달리, 현상학에서의 현상(Phänomen)은 실재의 나타난 외적인 모습(Schein)이 아니요 의식된 실재의 나타남 그 자체이다. 현상학이 추구하는 바는 어디까지나 의식을 통해 사물이 자기 자신을 드러내 보이는데 있다. 따라서 현상학이라는 단어는 셸러에 있어서 소위 현상론(Phänomenalismus)과는 확실히 구별되는데, 현상론이 사실 그 자체에 대한 인식보다는 나타난 외적현상에 대한 인식을 추구하려함에 대해서, 그의 현상학은 현상 곧 본질을 직관하는 하나의 새로운 의식형태로써 은폐된 진리를 비 은폐성으로 드러내는 작업이다.

  모든 현상은 원초적으로 그 무엇에 귀속되어 있다. 이때의 그 무엇이 바로 의식이다. 인간의 의식은 백지화된 상태나 빈 그릇으로 파악될 성질의 것이 아니다. 우리가 의식한다 할 때는 이미 '그 무엇에 관한 의식'을 뜻한다. 물론 이때의 의식은 직관적인 사물을 경험적으로 분석하고 정리하는 경험적인 측면에서의 의식은 아니다. 현상학적인 측면에서의 의식은 사실 자체의 의미를 추구하는 초월적인 순수한 의식을 뜻한다. 그러므로 현상학은 사물 자체를 추구하되 어디까지나 그 사물이 인간의 의식 속에 구성되어 있는 한에서이다. 이처럼 셸러의 현상학에서는 의식과 사물이 피차간 의존하는 본원적인 구조를 지니고 있다. 셸러는 인간의 본질과 기원에 관한 전통적인 철학의 입장이 추리나 논증적인 사고를 따른 나머지 인간의 본질에 관한 순수한 사실을 논리적인 확정을 통해 잃게 되었음을 지적한다. 그는 인간에 관한 통일적인 이념을 얻기 위한 최선의 방법으로 의식 또는 정신 속에 대상이 직접 스스로 주어지며, 이에 따라 정신은 대상 자체를 인지할 수 있는 상호간의 본질연관이라는 현상학적인 입장을 내 세운다. 셸러는 의식의 순수성과 대상지향성을 정신에도 똑같이 적용하고 있는 가운데 의식과 정신의 개념을 동일하게 취급하고 있다. 인간은 셸러에 있어서 이젠 세계의 단순한 일부도, 또는 세계의 단순한 구성원도 아니다. 인간은 자기 자신을 사유하고, 바라보고 느끼면서 자기 자신이 존재의 질서 속에 자리 잡혀 있음을 바라보는 이른바 자기의식(Selbstbewuβtsein)과 세계의식(Weltbewuβtsein)과, 더 나아가서는 신의식(Gottesbewuβtsein)과의 구조상 본원적인 연관성을 지니고 있는 존재이다. 인간의 본질은 그 자체가 곧 파악 대상이요 기준이다. 그러므로 그 이상의 파악 근거를 필요로 하지 않는다.

1-2 생물계 내에서의 인간의 위치

인간이란 무엇인가라는 물음에 대한 대답은, 서양의 전통적인 사상에 입각해 볼 때, 일반적으로 다음의 세 사상권에서 나온다고 본다. 즉, 유태·기독교적 인간관, 희랍적 인간관, 그리고 근대 자연과학과 발생심리학에 입각한 인간관이다. 셸러에 의하면 이러한 인간관들은 인간에 관한 통일된 이념을 제시하기는커녕 오히려 신학적 인간학, 철학적 인간학, 자연과학적 인간학으로 분리되었을 뿐이다.

셸러는 자신의 철학적 인간학의 과제는 종래의 서양의 전통적 사상에 입각한 인간관이 각기 다른 모습을 보인 것과는 달리, 인간에 관한 새로운 통일된 이념을 제시하는데 있다고 밝히고 있다. 이를 위한 작업으로 그는 먼저 자연과학의 새로운 성과, 특히 동·식물을 종합한 생물계에 관한 연구결과와 그에 따른 지식을 받아 드린다. 일 예로, 그는 쾰러(W. Köhler)의 동물에 관한 연구결과를 수용하고 있다. 그러나 생물학이 인간을 순전히 동물로 보려는 생물학적인 인간이해를 거부한다. 셸러는 인간의 형이상학적인 특수 지위를 정신적 존재로서의 인간 속에서 찾고자 한다. 그러므로 그에게는 '인간'이란 단어가 다음과 같은 두 가지 의미를 갖게 된다. 하나는, 형태학적인 측면에서 본 인간개념으로 인간 이외의 다른 생물들과 비교해서 인간만의 특수한 징표들을 찾고자 하는 것이다. 다른 하나는, 형태학적인 인간개념과는 전혀 다른 의미에서의 인간의 본질개념 (Wesensbegriff des Menschen)이다. 이 두 번째의 개념이 셸러 인간학의 중심개념이다. 우주에 있어서의 인간의 특수한 위치는 셸러에 있어서 인간의 정신적인 본질개념에서 찾아진다. 그러나 인간의 정신적인 본질개념은 형태학적인 존재로서의 인간과의 관계 속에서 파악되어질 성질의 것이라는데 문제가 있다.

셸러는 이 문제를 해결하기 위해서 고전적인 계층설(Schichtenlehre)을 다시 수용한다. 그는 이 계층설을 통해 생물계 내에서의 인간에 관한 관찰과 그에 따른 인간의 특수한 위치를 추론해낼 수 있다고 보았다. 셸러는 생물계의 전체구조를 각 생물에 상응하는 계층으로 나누고 각 계층에 알맞은 그 나름대로의 징표를 부여한다. 첫째 것은 식물의 감정충동(Gefühlsdrang)[3]의 단계요, 둘째 것은 동물의 본능(Instinkt)단계요, 셋째 것은 고등동물의 연상적 기억(Das assoziative Gedächtnis)의 단계요, 넷째 것은 고등동물의 실천적 지능(Die praktische Intelligenz)의 단계이다. 이처럼 셸러는 우주에 있어서의 인간의 특수한 위치를 밝히기 위해서 "자기운동, 자기형성, 자기분화, 시·공간에서의 자기 한계"[4]를 감당할 수 있는 생명체들을 계층 짓고 특징들을 부여하고 있다.

---

[3] Gefühlsdrang이 감각충동으로 번역되기도 하나, 우리가 감각한다 할 때는 일반적으로 대상이 주어지고 그 대상을 통한 인지기능을 뜻한다. 여기서 셸러가 말하고자 하는 바는, 대상과는 관계없이 생명체의 살아 있는 심적(Psychisch) 상태에서 밖을 향하고 있는 상태라는 의미에서 감정충동, 또는 감정동향이라 할 수 있겠다. 그러나 감정충동이 무엇을 의미하는지는 불투명하다. 다만 셸러가 그것을 감정과 충동이 서로 분리되어 있지 않은 것이라고 말한 것을 보면, 그것은 생명체에 들어 있는 그 어떤 내적인 충동적인 힘이 아닐까 생각된다. M. Scheler, Die Stellung des Menschen im Kosmos, S. 12 참조.
[4] 위 책, 11.

(1) 식물과 감정충동(Gefühlsdrang)

　식물은 의식, 감각, 표상 등이 없는 감정충동이라는 최하계층에 속한다. 흔히 우리는 생물내면의 가장 기초적인 요소로서 감각(Empfindung)과 의식(Bewuβtsein)을 생각하게 되나, 셸러는 또 다른 요소로서의 감정충동을 생물계의 심적인 최하단계로 인정하고 있다. 이러한 감정충동은 서로 분리되어 있지 않는 상태, 즉 자신의 쾌·불쾌를 위해 객체를 필요로 하지 않는 상태 속에 자리 잡고 있다. 감정충동으로서의 식물은 다음과 같은 양상들을 나타낸다. 첫째로, 식물에는 동물에서와 같은 감각과 의식이 없고 다만 감정충동만이 있을 뿐이다. 우리는 식물에게도 심적인 상태가 있다는 것을 식물이 위와 아래로, 빛과 땅을 향해 있다는 사실을 통해 알 수 있다. 식물은 매개 방향에 대해 저항할 수가 있고 자신의 실재성을 지킬 수 있다는 뜻이다. 우리가 식물을 무기물처럼 심적인 내면의 상태가 없는 것으로 보려는 것은 식물의 생명적 활동이 상대적으로 느리다는 사실을 간과하기 때문이다.

　둘째로, 모든 동물에서 볼 수 있는 전달 기능이 없다. 다만 감정충동을 통한 표현 기능이 있을 뿐이다. 표현은 식물의 근원적인 현상으로써, 그 식물이 왕성하다, 빈약하다 등의 감정충동의 상태를 나타내 준다. 이것은 식물이 동물처럼 영양물을 얻고자 특별한 장소로 이동한다거나 또는 자발적으로 영양물을 택하는 것이 아니라, 어디까지나 수동적으로 얻고자 하는 결실을 얻음을 뜻한다. 식물에게는 동물유기체가 소유하고 있는 다양성이라는 것이 없다. 이에 대해서, 동물은 전달기능을 통해 동물들 상호간의 관계를 이룩하고 집단생활을 가능케 한다. 따라서 우리는 동물에서 볼 수 있는 개척과 추종, 시범과 모방과 같은 이중원리를 식물에서는 찾아볼 수 없다. 셸러는 식물이야말로 모든 유기체적 생명의 근원적인 충동이 영양과 성장, 번식과 죽음임을 가장 분명하게 드러내 주고 있다고 주장한다.

셋째로, 식물에는 집중화 현상이 결핍되어 있다. 특히 신경조직이 없기 때문에 주위 환경에 대해서 적극적인 적응을 할 수가 없다. 식물에는 셸러에 의하면 특수한 감각, 특수한 충동, 연상, 조건반사, 신경계통 등이 없다. 따라서 기관간의 의존도가 본래적으로 더욱 밀접하다. 이것은 동물에서 볼 수 있는 신경조직의 집중화를 통한 주위에 대한 반작용과 개체화 현상이 동물에서 보다 훨씬 적다는 것을 뜻한다. 우리는 코끼리, 기린, 들소와 같은 초식동물들이 사자, 호랑이, 치타와 같은 육식 동물에 비해 상대적으로 시·공간적인 폐쇄성이 적고, 또한 얻을 수 있는 먹이가 덜 제한되어 있음을 보게 된다. 더욱이 식물은 무릇 동물과 비교해서 자기를 살게도 하고 죽게도 하는 주위세계에 대한 적극적인 적응력이 떨어진다. 그러나 셸러는 식물이 자신의 생명을 주위에 흔한 흙과 같은 무기물과의 합성이나, 또는 새나 곤충 같은 것을 이용하여 지속적으로, 점진적으로 지속시킬 수 있음을 주목하면서 "식물 잎의 대단히 왕성한 모습들은 동물의 다양한 모습과 색깔보다도 더 뚜렷하고, 미지의 생명의 뿌리에 있는 환상적인 유희의 원리와 심미적 지배의 원리를 보여주고 있다"[5]고 말한다.

그런데 주목되는 점은 이러한 식물에서의 감정충동이 모든 동물에는 물론이요, 인간에게도 있다는 사실이다. 셸러가 인정하는 연구에 의하면, 인간의 감정충동은 인간 뇌의 중심부에 위치해 있고 이것은 육체와 정신의 일들을 매개하는 내분비선 기능의 중추가 되는 듯하다고 한다. 감정충동은 인간에 있어서도 역시 원초적인 저항을 체험케 하는 주체로서 "이 주체는 실재와 현실을 모두 소유케 하는 근본이요, 특히 현실을 통일하는 근본이며, 모든 표상기능에 선행하는 현실에 대한 인상의 근본이다."[6] 여기에서 흥미로운 사실은, 셸러가 아세아적 가치의 한 면을 장식하고 있는 것으로 보여지는 농경사회를 이룩한 아세아

---

5) 위 책 S. 16.
6) 위 책 S. 17.

의 여성들을 식물적인 원리에 입각해 산다고 말한 점이다. 식물의 모습, 그것은 셸러에 있어서는 환경에 대한 적극적인 적응이 불가능함에도 불구하고 자신의 생명을 몰아적인(沒我, Ekstatisch) 감정충동에 의해 서서히 생성시키는 모습이다. 이러한 식물의 온유하고 은근한 모습이 곧 아세아적 여성의 모습이라는 셸러의 주장은 여성의 주위환경에 대한 자연발생적인 것처럼 보이는 적응상태를 놓고 볼 때, 일면 수긍이 가는 점이기도 하다.

(2) 동물과 본능(Instinkt)

동물은 본능이라는 생물계의 심적인 둘째 계층에 속한다. 우리가 동물의 동작이 본능적이라고 말할 때, 그것은 동물의 심적인, 또는 신체적인 상태와는 관계가 없는 내면상태를 나타낸다. 동물의 본능적인 행동에는 다음과 같은 특징들이 함축되어 있다.

첫째로, 동물의 본능은 의미 적절한 것이다. 이것은 후천적인 현상이나 훈련을 통하지 않고 선천적으로 응당 의미 있게 행동하는 것을 뜻한다. 이에 따라 동물의 본능은 확고하고 불변적인 리듬에 따르고 있다. 이것이 곧 본능적인 율동이다. 이것은 개별반사와 연쇄반사의 결합이 아니다. 동물은 그의 본능으로 인해 주변 일에 대해 의미 있는 적절한 조치를 미리 취할 수 있다. 이 사실은 동물도 역시 미래를 준비하고 있음을 뜻한다. 일 예로, 아프리카의 초식동물인 어미 누들은 수많은 자연재해와 맹수들의 습격을 통한 손실을 메우면서 일정한 종족의 수를 유지하기 위해 거의 동시에 새끼를 출산한다고 한다. 이것은 본능이라는 선물을 동물에게 선사한 놀라운 자연의 섭리이다. 그러므로 우리가 본능적이라고 할 때, 그것은 확실히 훈련이나 연상이나 습관들을 통해 후천적으로 얻어지는 것은 아니다.

둘째로, 동물의 본능은 그들의 활동에 유용하고 의미가 있는 그러한 유형적으로 반복하는 상황에서만 나타난다. 이것은 훈련이나 학습을 통해서 얻어지는 개별동물의 특수 경험에 대해서는 무의미한 것이다. 그러므로 동물의 본능적인 행동은 "각 개체에 따라 교차하는 환경의 특수한 내용들에 대한 반응이 아니고, 언제나 오직 가능한 환경 부분들의 특수한 구조에 대한 반응이다. 즉, 가능한 환경 부분에 대해서 종의 유형이 지시하는 것에 대한 반응이다. … 환경의 구조가 조금만 변해도 본능은 혼란에 빠질 것이다."[7] 따라서 동물의 본능은 길들이기와 지능에 의존하는 조형적인 행동방식과는 구별되는 가운데 굳어져 있고, 본유적이며, 유전적이다.

셋째로, 동물의 본능은 동작에 있어서 동물이 주위의 상황에 대처하기 위해 반복하는 횟수와는 무관하다. 그것은 이미 완성된 것이다. 그러나 이 말은 동물의 본능이 경험이나 습득을 통해 성공적으로 특수화될 수 없다는 의미에서가 아니다. 일 예로, 잘 훈련된 침팬지의 영리한 동작들인 줄에 걸린 바나나 따먹기, 공굴리기, 자전거타기, 구멍 속의 먹이 꺼내기 등은 필요한 부분적인 운동을 지속적으로 반복해서 생겨난 결과라고 할 수 없을 정도로 본능적인 것으로 보이기까지 한다. 그러나 침팬지의 능숙한 기술적인 행위는 경험과 습득의 반복을 통한 특수화 현상일 뿐 본유적이라 할 수는 없다. 그러므로 본능이라 할 때, 그것은 이미 생명체의 체내에 형태 발생적으로 잠재해 있다는 뜻에서이다.

넷째로, 동물의 본능은 그것의 활동과 기억에 있어서 감각기관과 깊은 연관을 맺고 있음에도 불구하고 감각경험을 통해서 비로소 발생하는 것은 아니다. 오히려 동물이 감각하고, 표상하고, 기억을 되살릴 수 있는 것은 동물의 본능에 따라 정해진 임무와 범위 내에서만이 가능할 뿐이다. 그러므로 동물의 기억재생도 "항상 동물의 탁월한 본능임무와 이 임무의 상부(上部)적 결정의 범위와 의미 내에서 생기며, 연상적 결합, 조건반사, 훈련 등의 횟수가 많아지는 것이 이차적으

---

[7] 위 책 S. 19ff.

로 비로소 중요하게 된다. 볼 수 있고 들을 수 있는 동물은 그의 본능적 행동에 유익한 것만을 보고 듣는다."[8] 이러한 사실은 본능이 습관이나 훈련 또는 기억의 반복을 통해서 생긴 것이 아닌, 한 종의 순수한 혈통에 있어서 변화할 수 없는 원초적인 형식임을 뜻한다. 그런데 셸러에 의하면, 인간에 있어서는 지능과 더불어 연상적 기억이 최고도로 발달되어 있으나 퇴화한 본능도 소유하고 있다.

(3) 고등동물과 연상적 기억(Das assoziative Gedächtnis)

인간을 포함한 고등동물은 연상적 기억이라는 생물계의 심적인 셋째 계층에 속한다. 이 계층에 속해 있는 연상적 기억 능력은 식물에는 없는 것으로서 동물의 연상, 재생, 조건반사 등의 사실들을 총괄한 것이다. 그런데 연상적 기억의 기초적인 것은 파블로프(Ivan P. Pavlov)가 말한 조건반사이다. 가령 개는 음식이 위에 들어가면 특정한 위액을 분비할 뿐만 아니라 먹이를 보기만 해도, 심지어는 자기에게 자꾸 먹이를 가져다주는 사람의 발소리를 듣기만 해도 벌써 위액을 분비하게 된다. 이러한 조건반사와 유사한 것이 소위 '연상 법칙성'이다. 셸러에 의하면, 우리가 연상적 기억 능력을 갖고 있다고 인정하는 동물은 그 동작이 동일한 종의 이전의 동작을 근거로 해서 그 생명에 유용함과 의미를 풍부히 줄 수 있도록 자발적으로 운동을 반복하는 생명체이다. 이러한 동물의 반복경향이야말로 타고난 반복충동이라고 할 수 있다. 연상적 기억원리에는 다음과 같은 양상들이 나타나고 있다.

첫째로, 연상적 기억원리는 동일한 종의 애정 표현과 신호에 근거한 행동모방과 운동모방에 밀접하게 연결되어 있다. 동물에 있어서의 모방과 복사는 "타자의 동작과 체험에 적용된 이전의 반복충동의 특수화한 것일 따름이다."[9] 그런데 모

---

8) 위 책 S. 21.
9) 위 책 S. 29.

방과 복사의 두 현상이 결합되었을 때 비로소 인습(因襲)이라는 중요한 면이 형성된다. 셸러는 이러한 인습이 이미 동물들의 집단 속에 등장함을 지적하면서, 상징과 자료와 사료에 근거한 모든 역사적 지식이 담겨져 있는 인간사회의 전승과는 구분 짓는다. 모든 형태의 전승은 인간만이 소유하고 있는 독특한 것이다.

둘째로, 연상적 기억원리는 그 작용에 있어서 굳어진 동물적인 본능에서 고등동물들을 해방시킬 뿐만 아니라, 그에 상응하는 생동감이 넘치는 새로운 차원을 형성해 준다. 고등동물에는 본능으로부터 해방된 충동, 감정, 애정 등이 나타난다. 연상적 기억원리는 어느 정도까지는 모든 동물에 이미 활동하고 있는데, 특히 인간의 경우에 최대로 확장되어 활동하고 있다.

(4) 고등동물과 실천적 지능(Die praktische Intelligenz)

인간을 포함한 고등동물들은 실천적 지능과 함께 생물계의 마지막 계층에 속한다. 이 계층은 생명체의 최고의 형태로서 행동에 관한 구체적이고도 뚜렷한 통찰 속에서 생산적이고 예시적인 사고를 통한 활동을 전개한다. 그런데 셸러가 지능을 실천적이라고 할 때, 그것은 지능의 궁극적인 의미가 유기체의 충동목표를 달성 혹은 실패를 유발하는 그러한 행위일 때를 가리킨다. 고등동물에 있어서의 실천적 지능은 재생적인 연상의 기억원리와는 달리 생산적이요, 예측적인 사고이다. 이에 대한 셸러의 설명은 다음과 같다. "한 생물이 종적인 유형에도, 또한 개인적인 유형에도 맞지 않는 새로운 상황에 직면해서 행동할 때, 그러면서도 이전에 했던 수많은 시도의 횟수로부터 갑자기 독립해서 충동적으로 규정된 과제를 해결하기 위해서 행동할 때, 이러한 행동이 곧 지능적인 행동이다."[10] 셸러는 쾰러(W. Köhler)의 침팬지의 지능에 대한 실험결과를 토대로 하여 고등동물에 있

---

10) 위 책 S. 32.

어서의 실제적 지능이 인간만의 전유물이 아니라, 인간 이외의 고등동물에도 있음을 인정한다. 다만 동물에는 가치문제에 있어서 어떤 가치를 먼저 선취해야 할까에 대한 선취능력과 같은 것이 없고, 또한 가치에 밀접히 속해 있는 성향이 없다는 사실이다. 오직 인간만이 정신적 존재로서 가치를 추구하려고 노력한다.

위에서 본 바대로, 셸러는 우주에서의 인간의 특수한 위치를 찾고자 하는 인간학의 출발점으로 먼저 인간을 포함한 모든 생명체들 간의 상호연관성을 규명하려고 한다. 셸러의 규명결과가 우리에게 보여주는 바는, 동물들은 심적 생명의 본질형식을 네 계층에 걸쳐 두루 소유하고 있다는 사실이다. 이것은 인간만이 유일하게 소유할 생명의 본질형식이나, 그만이 속해야 할 계층이 따로 존재하지 않음을 뜻한다. 쾰러의 연구 결과는 물론이요 브이텐딕(F.J.J. Buytendijk)의 주장에 의하면, 연상적인 기억이나 실제적인 지능은 결코 고등한 젖먹이동물에만 존재하는 것이 아니라 이미 원생동물에까지 있다는 것이다.

이로부터 다음과 같은 심각한 물음이 제기된다. 즉, 동물에게 지능이 부여되어 있다면, 인간과 동물 사이의 차이가 단지 양적인 것이냐, 또는 본질적인 것이냐 하는 점이다. 셸러는 인간과 동물과의 차이가 정도 차이로 규정되어서는 안 되고, 또 그리될 수 없다고 주장한다. 왜냐하면 만일 그렇다면 "하나의 현명한 침팬지와 기술자로서의 에디슨 사이에는 물론 매우 큰 차이기는 하지만 다만 정도 차이만이 있게 된다."[11] 그런데 셸러는 지능과 선택능력이 인간에게만 있고 다른 동물에게는 없다고 주장하는 편이나, 또는 동물의 지능을 인정함을 통해 인간과 동물의 본질적 차이를 거부하는 편이나, 그 어느 편의 주장도 다 거부한다. 셸러는 우주에 있어서의 인간의 위치와 그에 따른 본질은 한갓 지능이나 선택능력보다는 훨씬 높은, 전혀 다른 차원에 놓여 있음을 주장한다. 그러므로 인간을 비로소 인간으로 만드는, 인간과 동물을 본질적으로 차이 나게 할 그

---

11) 위 책 S. 37.

어떤 '새로운 것'이 발견되어야 한다. 셸러는 인간의 탁월한 본질로서 '정신'을 요청한다. 정신만이 인간에게 우주에 있어서나 생물계에 있어서나 특수한 위치를 부여할 수 있다.

1-3 정신(Geist)과 충동(Drang)의 원리

(1) 정신의 원리

인간은 생물학적인 측면에서나 자연적인 인간으로서나 '자연의 막다른 골목(Sackgasse der Natur)'에 처한 모습이다. 니체의 말대로, 인간은 '병든 동물'인지도 모른다. 해부학적으로도 인간은 유기적인 적응능력에 있어서 그와 유사한 다른 동물들보다 뒤떨어져 있다. 인간은 파스칼(B. Pascal)의 표현대로 자연계에서 가장 약한 갈대에 불과하다. 그런데 그에 의하면 인간의 위대함은 자기 자신이 이처럼 비참하다는 사실을 아는 데 있다. 나무는 자기 자신이 비참하다는 것을 모른다. 바로 '생각함'이야말로 인간을 위대하게 만드는 것이다. 그러므로 인간을 오로지 인간으로 만들 수 있는 새로운 것이 있다면, 그것은 "우리가 넓은 의미로 생명이라고 부를 수 있는 모든 것 밖에 존재하며, 생명의 새로운 단계가 아니요 … 모든 생명 일반에, 또는 인간 안에 있는 생명에도 대립하는 원리이다. 이 원리는 결코 자연적인 생명의 진화과정으로 환원시킬 수 없는 새롭고도 참된 본질적인 사실이다. 이것이 바로 정신이라는 새로운 원리이다."[12]

인간의 본질에 관한 셸러의 탐구는 정신의 원리 위에서 더욱 확대 내지 심화되고 있다. 정신은 지능보다 상위개념으로 희랍인들이 말한 이성의 능력을 뜻한다. 우리는 고대 희랍 철학자들이 인간을 동물과 구별짓는 가운데 인간만의 본질을 드러내기 위한 개념으로 정신(nous, ratio) 또는 영혼(anima, psyche)을 사용

---

12) 위 책 S. 37ff.

했음을 본다. 그래서 아리스토텔레스가 인간을 '이성적 동물'로 정의하면서, 인간에 관한 학적 탐구는 곧 인간의 정신만을 다루는 것으로 이어져 왔다. 그런데 셀러가 말하는 정신은 더 나아가서는 단지 논리적 사고나 인식 또는 판단만이 아닌, 정서적인 작용까지도 포괄하고 있다. "정신은 물론 이성의 개념을 포함하되 이념적인 사고와 함께 또한 근원적인 현상이나 또는 본질적인 내용에 관한 일종의 직관과, 더 나아가서는 호의, 사랑, 후회, 경탄 … 등과 같은 특정한 계층에 대한 의욕적이고도 정서적인 작용을 포함하는 것이다."[13] 이렇게 볼 때, 작용과 기능과 힘을 포괄하는 개념이 정신이다. 우리는 셀러가 말하는 정신의 근본 특성들을 다음과 같이 열거해 볼 수 있다.

첫째로, 정신은 모든 생명이 속해 있는 유기적인 것으로부터 해방되어 있다는 점이다. 이것은 정신이 모든 충동적이 것을 멀리할 수 있음을 뜻한다. 바로 이 속에 정신의 자유스러움이 깃들어 있다. 따라서 정신적 존재로서의 인간은 충동이나 주위세계에 얽매여 있지 않으며, 거부할 수 있는 그의 본래적인 능력으로 말미암아 환경에서 자유롭다. 그는 환경(Umwelt) 대신에 세계(Welt)와 세계의식(Weltbewuβtsein)을 갖고 있다. 이에 반해서, 동물은 그의 환경을 가지되 그 환경에 정신 없이 몰입해 있기 때문에 환경을 대상화할 수 없으며, 그런 의미에서 동물은 대상을 가지지 않는다. 그의 환경은 닫혀진 꼴이다. 일 예로, 아마존의 한 지류인 네그로강의 작은 거북은 건조기에 드러난 모래사장에다 알을 낳고, 우기에 강물이 불기 전 거의 정확한 시기에 새끼들은 알에서 부화되어 강물로 들어간다. 이것은 동물이 그 환경세계에 관해 알고 파악할 수 있는 모든 것은 어디까지나 그 환경세계가 형성하고 있는 확실한 구조의 틀 범위 내에 있음을 뜻한다. 그러므로 만일 주어진 알맞은 환경에 변형이 일어난다면, 동물은 환경에 대한 적응은커녕 삶 자체가 빈사상태에 빠지게 됨이 분명하다. 그런데 셀러

---

13) 위 책 S. 38

에 의하면 고등동물이든 하등동물이든 간에 그 모든 행동과 반응은 본능이나 충동발동, 또는 감각적인 지각들이 속해 있는 신경조직의 생리학적인 상태에서 유래한다. 그런데 인간의 정신은 동물들과는 달리 주위 환경을 세계를 향해 탈바꿈시켜 그것을 대상화할 수 있다. 정신은 환경에서는 자유요, 세계에 대해서는 개방적이다. 그래서 셸러는 인간은 정신으로 말미암아 "한없이 세계에 대해서 개방적이면서 행동할 수 있는 X이다"[14)라고 말한다.

둘째로, 정신은 주위 환경과 자극들에 대해서 일정한 거리를 둘 수 있는 능력이 있다는 점이다. 동물은 그 나름대로의 의식을 갖고 있음에도 불구하고 충동과 본능이 예시하는 범위 내에서만 행동하게 되고, 또한 머물게 된다. 이에 대해서, 인간의 정신은 환경에 얽매어 있지 않다. 그는 순간적인 욕구충족도 스스로 가능하면서도, 더 나아가서는 대상에 대한 정신적인 내용도 끌어낼 수 있는 존재이다. 이러한 동물과 인간과의 비교 현상을 우리는 겔렌에서도 유사하게 볼 수 있다. 겔렌은 동물이 그의 전문화된 기관으로 말미암아 그가 적응하고 있는 조건들의 조직 속에 거할 수 있다고 보면서, 인간을 주위 환경에 대한 적응성의 결여로 인한 결핍된 존재(Mängelwesen)로 규정짓는다. 그는 인간이 자신의 이러한 결핍성으로 말미암아 자신의 삶을 영위하기 위해서 정신을 필요로 한다고 주장한다. 우리는 겔렌의 이러한 입장이 셸러에 근거하고 있음을 다음과 같은 셸러의 표현을 통해서 알 수 있다. "인간은 주위환경에 대한 기관적인, 기능적인 측면에서의 그와 같은 특수한 적응성의 결여에 근거해서 비로소 자의적인, 자유롭고 활발한 적응, 즉 오성이나 선택이나 언어나 도구형성과 같은 근본적인 조건들을 개발시킬 수가 있었다."[15)] 인간이 감각적 충동이나 주위 환경에 대해서 거리를 둘 수 있다는 사실은 정신이 그것들을 여러 대상으로 삼아 고찰하고 파

---

14) 위 책 S. 40.
15) M. Scheler, Vom Umsturz der Werte, 같은 전집 Bd.3 (1986), S. 192.

악할 수 있음을 뜻한다.

셋째로, 정신은 인간으로 하여금 자신을 지배할 수 있게 한다는 점이다. 인간은 정신적인 작용에 힘입어 자신을 자기 자신에게로 집중시킬 수 있는 자의식의 형성이 가능하다. 인간이 자신을 의식화하거나 자신과 거리를 유지할 가능성을 가진 존재라는 사실은 인간만이 사물에 대한, 실체에 대한 범주를 갖게 되며, 또한 하나의 동일한 종류의 공간을 소유할 수 있음을 뜻한다. 인간의 존재구조는 참으로 특이해서 인간에게만 자신의 환경은 물론이요, 자신과 부딪치는 내·외의 모든 것들과, 이런 것들과의 관계성까지도 대상화하는 능력이 주어져 있다. 그런데 인간의 정신은 자기 밖의 주위의 것들에 대해서만 대상화하는 것이 아니라 인간의 고유한 육체적·심적인 특성들도 대상화할 수 있고, 또한 그렇게 하려고 한다. 그러므로 인간만이 자살의 가능성을 갖게 된다. 왜냐하면 인간은 언제나 자신의 목숨을 자유로운 결정 속에 내맡길 수 있기 때문이다. 이러한 자기지배의 결정이 동물에게는 불가능하다. 동물도 인간처럼 사물을 보고 또 듣기도 하지만, 그것을 보고 듣는다는 것을 알지 못한다. 기능적인 측면에서만 살아있다고 말할 수 있다. 동물은 셸러에 의하면 의식을 가지고는 있으되 자기를 소유한다거나 지배하지 않으며, 따라서 자기라는 것을 의식함이 없다.

넷째로, 정신은 자기 밖의 다른 것들은 대상화할 수 있으면서도 자신만은 결코 대상화시킬 수가 없다는 점이다. 정신은 "그 자신을 대상화할 수 없는 유일한 존재이다. 그것은 순수하고 깨끗한 활동(Aktualität)이요, 자신의 존재를 오직 그 작용의 자유로운 실행 중에서만 가진다."[16] 정신의 중심인 인격(Person)도 정신이 작용하는 중에서만 있는 것이요, 작용을 통해서만 있는 것이다. 그렇다고 작용을 통한 인격의 대상화를 생각해서는 안 된다. 인격은 셸러에 있어서 나의 인격이든 타인의 인격이든 객관화, 또는 대상화할 수 없는 성질의 것이다. 다만

---

16) M. Scheler, Die Stellung des Menschen im Kosmos, S. 48.

우리는 자신을 인격존재에로 모을 수 있고, 또한 우리를 집중할 수 있다. 셸러는 정신을 대상이 아닌 활동성으로 파악함으로써 정신에다 초시간적·초공간적인 성질을 부여하고 있는데, 이것은 결국에는 생물학적으로는 규명될 수 없는 세계근거와의 구조적인 연관성을 찾으려는 시도이기도 하다. 셸러는 정신의 초월적인 모습을 다음과 같이 묘사하고 있다. "인간만이 그가 인격인 한에 있어서, 생명체로서의 자기 자신을 넘어서 위로 치솟을 수 있으며, 공간적·시간적 세계의 저편에 있는 하나의 인격의 중심체 속에서 인간 자신도 포함한 모든 것들을 인식의 대상으로 삼을 수 있다. 따라서 정신적 존재로서의 인간은 생명체로서의 자기 자신과 세계를 넘어서고 있는 존재이다."[17]

다섯째로, 정신은 이념화의 작용능력을 지니고 있다는 점이다. 정신의 독특성은 이념화의 작용을 통해서 가장 잘 드러난다. 셸러는 정신의 이념화의 작용을 모든 기술적인 지능과 구분 짓는다. 일 예로, 내가 몸에 아픔을 느낄 때, 이 아픔은 어떻게 해서 생겼으며, 또한 어떻게 그것을 없앨 수 있을까 라고 물을 수 있을 것이다. 이에 대해서는 의학과 같은 실증과학을 통해서 치료의 해답을 얻을 수 있을 것이다. 그런데 나는 한 걸음 더 나아가서 몸의 아픔문제를 이념화시킬 수 있다. 즉, 나는 개체적인, 구체적인 아픔의 현상을 세계가 온통 질병과 고통으로 얼룩져 있다는 상황에 대한 실제적인 예로서 확대 적용하면서, 도대체 고통자체란 무엇인가라는 고통의 본질에 대한 물음을 제기할 수 있는 것이다.

생명체로서의 인간은 언젠가는 지상에서 죽음으로 말미암아 시체가 될 수밖에 없다. 그럼에도 불구하고 만일 인간의 정신이 그의 순수한 활동성으로 말미암아 유기체로서의 현존재로부터 본질적으로 독립해 있을진대, 인간은 정신적인 인격체로서 죽음을 극복할 수 있다. 실제적으로 우리는 일상의 경험 중에 얻어지는 것들을 단어나 표현을 통해 초월하고 있다. 우리는 그것들이 지금 현장

---

[17] 위 책 S. 47.

에 없을지라도 그것들을 이해한다. 하나의 정신적인 의미를 갖게 된다는 뜻이다. 이것은 정신의 이념화의 작용능력을 통해 일상인의 삶을 형성하는 갖가지 계기들을 내포하고 있는 사실적인 것들은 지양되며, 또한 이 지양을 통해 세속적인 것의 불안이 제거됨을 뜻한다. 이처럼 인간의 정신은 이념화의 작용을 통해 부단히 사물의 현실적 특성을 지양해 보려고 한다. 이러한 시도 속에서 사물은 그의 현실적 특성이라는 껍질이 벗겨져서 본질성이 드러나게 된다. 정신만이 탈 현실화의 작용을 할 수 있다. 정신의 형식만이 억제작용을 통해 감각충동이라는 중추를 활동하지 못하도록 할 수 있는 것이다. 정신의 이와 같은 탈 현실화는 부정과 제한과 같은 작용을 통해서 일어난다. 달리 표현하면, 탈 현실화라는 금욕작용은 곧 생명충동(Lebensdrang)의 지양을 뜻하는 것인데, 정신이 이처럼 그 어떤 힘과 활동을 얻기 위해서는 금욕(Askese)이나 억제(Verdrängung), 또는 순화(Sublimierung)가 불가피하다. "동물은 현실존재에 대해 긍정하기만 하지만, 인간은 아니라고 말할 수 있는 자요(Neinsagenkönner), 생명의 금욕자(Asket des Lebens)이며, 단순한 모든 현실에 반대하는 영원한 항거자(Ewiger Protestant)이다."[18]

셸러는 초자연적인 본질로서의 정신을 정의하기 위하여 생명충동과의 극단적인 분리를 시도한다. 그런데 이와 같은 정신과 생명의 분리는 곧 정신의 무력을 낳게 한다. 셸러에 있어서 인간의 특수한 위치는 인간 이외의 모든 생명체와의 비교에서 그의 정신으로 말미암아 규정되며, 또한 정신은 역사적인 현실성의 힘과 직면하여 그의 무력함으로 말미암아 재차 규정된다. 이처럼 정신은 셸러에 있어서 그 나름대로의 고유한 본질과 법칙성을 가지고 있다. 그러나 그것은 어떤 형태의 원초적인 에너지를 가지고 있지 않다.

---

18) 위 책 S. 55.

(2) 충동의 원리

우리는 앞에서 생명계층의 최하 단계에 감정충동이 자리 잡고 있음을 보았다. 감정충동은 모든 동물에게 뿐만 아니라 인간에게도 있는 것으로서 모든 감각과, 지각과, 표상의 근거가 됨은 물론이요, 또한 모든 원초적인 저항체험의 근거를 이루고 있다. 이런 의미에서 그것은 배후의 짙은 충동이다.

자연에 거하는 모든 생명체들은 각기 나름대로의 지속성과, 차이성과, 내적인 힘을 보이면서 각 계층별로 통일성을 이룩하고 있다. 그 중에서도 특히 심적·생리적인 양면을 지닌 인간이라는 유기체는 우주에 있는 모든 생명 계층들이 집중되어 있는 곳이다. 인간은 셸러에 의하면 모든 생명체의 본질적인 계층들을 자신 속에 담고 있으며, 적어도 본질적인 영역이라는 점에서 말한다면 전 자연이 인간에서 그 존재의 집중적인 통일을 이룩하고 있다. 그렇다면 이 우주에는 모든 생명체들을 포용하고 있는 오로지 하나의 생명과 하나의 생명가치가 있을 뿐이다. 그런데 인간은 생물체로서는 다른 생물들처럼 충동과 정욕, 또는 생명과 같은 원리들에 의해 철저히 지배되고 있다. 인간의 생명충동은 셸러에 의하면 "악마와 같은 것"[19]으로서 그것은 사랑이나 이성에 의해서 이끌림을 받는 것이 아니기 때문에 무분별한 전개를 꾀한다. 따라서 그것은 모든 도덕적인 범주들과는 거리가 멀다. 그것은 도덕적으로 선한 것도, 그렇다고 악한 것도 아니다. 인간의 생명충동이야말로 인간에 있어서 원초적인 저항을 체험케 하는 주체이다.

셸러는 인간의 심·신 문제를 다룬 연구 결과를 토대로 하여 생명의 모습을 다음과 같이 나누어 보고 있다. 즉, 생명을 밖으로 향해서 보면 그것은 활기에 찬 생리적인 모습을 보이게 되며, 그의 내적인 모습에서 보면 그것은 생기에 찬

---

[19] M. Scheler, Vom Ewigen im Menschen 같은 전집 Bd.5 (1986), S. 227.

심적인 모습을 형성하고 있다. 그러므로 "생리적인 생명과정과, 심적인 생명과정은 존재론적으로는 완전히 동일하고 다만 양자가 현상학적으로 다를 뿐이다. … 따라서 우리가 생리적, 심리적이라고 말하는 것은 동일한 생명현상에 대한 관찰의 두 측면일 따름이다."[20] 셸러는 데카르트(R. Descartes)가 인간과 동물의 충동원리를 전혀 간과했음을 지적하면서, 데카르트적인 심·신 분리를 극복하기 위해 심·신의 문제를 다룬 현대의 연구 결과를 수용하고 있다. 그 결과, 그는 생명의 생리적·심리적 진행 과정을 동일한 생명현상의 양 측면으로 봄으로써 인간의 생명에 통일성을 부여하는 데는 일단 성공했다. 그러나 우리는 셸러에게서 육체와 영혼이라는 심·신 이원론의 극복과 더불어 그대신 생명과 정신이라는 더욱 날카로운 대립물을 발견하게 된다.

(3) 정신과 충동의 순환 관계

정신과 충동은 인간을 구성하는 구성 요소들이요, 또한 인간의 기본 범주들이다. 이 둘의 입장은 서로 간에 적대적인 대칭관계가 아닌, 보완관계 속에서 피차 의존해 있다. 생명과 정신이 본질적으로 다른 것이라 하더라도 이 두 원리는 인간에서 서로 의지하고 있다. "정신은 생명을 이념화한다. 그러나 정신의 가장 단순한 작용에서부터 우리가 정신적인 의미가 담긴 내용을 귀속시키는 일을 수행함에 이르기까지, 정신을 활동케 하고 실현케 하는 일은 생명만이 할 수 있다."[21] 이처럼 두 원리는 서로의 대립 양상에도 불구하고 서로가 의존해 있음을 드러내 보인다.

우리는 정신의 특성에 대해 정확히 알기 위해서 정신의 작용 가운데 가장 근원적인 이념화의 작용, 곧 충동의 정신화(Vergeisterung des Dranges)를 다시 한

---

20) M. Scheler, Die Stellung des Menschen im Kosmos, S. 74.
21) 위 책 S. 81.

번 살펴볼 필요가 있다. 인간은 이념화의 작용으로 말미암아 세계와, 모든 대상들과, 더 나아가서는 자기 자신과도 거리를 둘 수가 있다. 이와 함께 그는 나타난 현실에 대해서 좋고 나쁨의 태도를 취할 수도 있다. 이에 대해서, 동물은 마치 금붕어가 그가 들어 있는 유리어항의 벽에 부딪칠 수밖에 없듯이 현실자체 속에서 살 뿐이다. 인간의 현실에 대한 거부태도야말로 정신 작용의 최고의 발로인 것이다.

그러면 어떻게 인간은 자신을 포함한 모든 대상들이 이념화 내지 탈 현실화 될 수 있을까 하는 점이다. 그것은 인간으로 하여금 원초적인 저항을 체험케 하는 생명충동 자체가 제거될 때 가능한 것이다. 오직 정신만이 이념화 내지 탈 현실화의 작업을 시행할 수가 있는데, 그 이유는 정신은 그 자체 무엇을 위한 대상이 될 수 없는 유일한 것으로, 순수한 활동성이 그의 전부이기 때문이다. 정신의 작용으로 말미암아 충동은 억제 내지 차단된다. "인간은 그의 정신에 힘입어 격동하는 자기생명에 대해 원칙적으로 금욕적인 태도를 취할 수 있는 존재이다. 즉, 인간 고유의 충동을 억압하고, 배제할 수 있다."[22] 이처럼 충동억제는 정신을 통해서 이루어진다. 이러한 정신의 작용을 위해서 인간은 자신의 충동에너지를 정신적인 작용에로까지 순화할 수가 있는데, 그 이유는 정신이 이 순화과정을 통해서만이 힘을 얻을 수 있기 때문이다. 그러므로 정신자체는 근본적으로 하등에 고유한 힘을 갖고 있지 못하다. 정신은 힘과 능력을 오로지 충동영역으로부터 금욕과 순화를 통해서 얻게 된다. 즉, 충동에 내재해 있는 에너지가 배제됨으로 말미암아 그 힘이 정신에로 이양되는 것이다.

여기에서 우리가 한 가지 주목할 점은, 이미 위에서 언급한대로 비록 정신이 작용을 위해서 생명충동을 억제하는 의지의 활동으로 말미암아 힘을 얻는다 할지라도, 이로 인해 정신이 비로소 생기는 것이 아니라는 사실이다. 정신은 어디

---

[22] 위 책 S. 55.

까지나 근원적으로 먼저 있어온 원리이기 때문에 이념과 가치의 실현에 적합하도록 생명충동에 대한 인도(Leitung)와 조종(Lenkung)이 가능한 것이다. 다시 말하면, 정신은 스스로 어떤 충동 에너지를 생산하거나 폐기한다든지, 또는 증대시키거나 감소시키는 것과 같은 것을 할 수는 없지만 상이한 충동형태들로 하여금 그것들이 유기체를 움직이면서 정신이 추구하는 바를 곧바로 성취하도록 한다. 요컨대, 정신이 충동을 억제할 과제를 갖고 있다면, 충동은 정신에게 그에게는 없는, 그러나 필요한 작용을 위한 에너지를 준비해야 한다. 왜냐하면 정신은 충동을 이념화하지만, 정신을 활동하게 하고 실현케 할 수 있는 것은 생명충동뿐이기 때문이다. 정신에게는 충동에 비해서 더욱 처방적이요, 수동적인 면이 있는가 하면, 충동에게는 정신에 비해서 더욱 원초적이요, 능동적인 면이 드러나 있다.

셸러의 철학사상은 그의 사상적인 시기에 따른 많은 내용적인 변화에도 불구하고 처음부터 인간문제를 중심으로 다루고 있다. 셸러는 우주에서의 인간의 특수한 위치를 찾기 위해서, 먼저 인간 이외의 생명체들과의 비교를 통해 인간만의 본질을 찾고자 한다. 정신과 충동, 이 두 원리는 셸러가 인간문제를 다루면서 내 놓은 획기적인 것이다. 이미 윗부분에서 언급된 것처럼, 인간의 정신은 그 자체 대상화할 수가 없고 다만 순수한 활동 또는 작용으로 규정되어진다. 이 사실은 세계 내에 정신이 근거할 곳의 상실을 뜻하며, 그 결과로 정신의 무력함이 원초적으로 따르게 마련이다. 정신은 그의 힘을 언제나 금욕과 충동억제를 통해서 얻게 된다. 이와 같은 정신에 관한 규정과 함께, 셸러는 정신에 관한 고전적인 주장이나 관념론자들의 주장에 반기를 들고 있다. 이들의 주장에 의하면, 정신은 근본적으로 힘을 소유하고 있고 매사를 결정할 수 있으며 창조적이기까지 하다. 또한 높은 존재 형식을 가질수록 힘과 능력이 상대적으로 더욱 증가되는 것이다. 이러한 주장에 대한 셸러의 반론은 다음과 같다. "낮은 것일수록 근원적으로 힘이 있고, 최고의 것에는 힘이 없다. 높은 존재형식은 낮은 존재형식에 비해서 상대적으로 무력하다. 그러므로 높은 존재형식은 자신의 고유한 힘을 통해 실현되지 않고 낮은 존재 형식의 힘에 의해서 실현된다."[23] 연약한 정신의 원리에 대응하는 강력한 충동의 원리가 주목된다. 즉, 이념이냐 실재냐, 또는 정신이냐 충동이냐는 두 원리간의 긴장과 대립이 확연히 드러난다.

이처럼 셸러는 정신과 충동의 관계규정을 그의 인간학의 구심점으로 삼고 있다. 정신은 하나의 근본 원리로서 생명 외부로부터 나타나 생명의 문을 두드리는데, 그의 원초적인 모습에는 문을 두드릴 힘이 없다. 그러나 그는 충동 에너지를 자신 속에 수용하고, 그 힘을 자신의 정신적 작용을 위해 순화시킴으로써 힘을 얻게 된다. 그리하여 원초적인 정신의 무기력은 생동적인 힘의 순화를 통해 제거되는 것이다. 정신과 충동은 그들의 각기 다른 출처와, 피차간의 부정적인 관계에도 불구하고 서로 간에 얽혀 있다. 이에 대해 셸러는 다음과 같이 말한다. "근원적으로 무력한 정신과 근원적으로 악마적인 충동, 즉 모든 정신적 이념과 가치에 대해서 모르는 맹목적인 충동이라는 양자가 서로 침투하는 것, 다시 말해서 사물의 형상의 배후에 있는 충동들이 이념화되고 정신화되는 것과, 그와 동시에 정신이 힘을 얻는 것, 즉 정신의 생명화가 유한한 존재와 사건들의 목표요 종착이다."[24] 인간은 셸러에 있어서는 세계의 단순한 일부도, 단순한 구성원도 아니다. 인간은 자기 자신을 사유하고, 바라보고, 느끼면서 자신이 존재의 질서 속에 자리 잡고 있음을 아는 자기의식, 세계의식, 더 나아가서는 신에 대한 의식과 구조상 본원적으로 연관성을 지니고 있는 존재이다. 인간의 본질은 그 자체가 곧 파악 대상이요, 기준이다. 그러므로 그 이상의 파악 근거를 필요로 하지 않는 존재이다.

---

23) 위 책 S. 66.
24) 위 책 S. 71.

2. 하이데거(M. Heidegger)의 인간관: 현존재로서의 인간

2-1 개관

현대 철학의 흐름들 중의 하나인 실존철학은 1920년 후반에 셸러를 중심으로 한 철학적 인간학과 함께 독일을 중심으로 일어난 철학운동이다. 이미 철학적 인간학의 형성 근거에서 밝힌 바대로, 실존철학도 철학적 인간학과 함께 시대적 배경을 지닌 속에서 그 당시의 현실적 상황 전개와, 또한 지배적인 정신사적 사고를 통해 이해되는 철학사조이다.

먼저, 두 번에 걸친 세계대전은 이미 니체가 예고했던 허무주의의 실질적인 도래를 실감할 정도로, 종전의 안정과 자신에 차 있던 인간의 생활감정을 송두리째 흔들어 놓았다는 사실이다. 특히 독일을 중심으로 한 제 1차 세계대전 당시의 실존철학자들은 그들의 사상전개에 있어서 드러나는 차이에도 불구하고, 그들의 공통적인 특성은 전쟁에 대한 근본적인 체험을 통해 그들의 철학적 사색에 깊은 충격들을 받았다는 점이다. 하이데거는 인간 현존재를 가리켜 죽음의 면전으로 나간다고 했는데, 우리는 이 표현 속에서 실질적으로 현존재인 인간이 현존의 의미를 완전히 상실 당한 듯이 보일 정도로 총탄 앞에 무수히 죽어 가는 현실적인 상황을 감지할 수가 있다.

다음으로, 각 민족들이 각각의 시대에 형성한 문화형태들에 대해, 상대적 가치만을 인정하려는 소위 역사주의의 경향으로 말미암아 하나의 객관적인 기준이나 진리에 대한 신뢰가 근본적으로 흔들리게 되었다는 점이다. 볼르노는 철학에서의 상대주의적인 흐름은 삶의 철학이라고 하는 새로운 경향의 결과라고 단정한다. 삶의 철학이 지향하는 목적은 "인간의 삶을 모든 초월적인 원리들이 배제된 순수한 그 자체로부터 이해하려는 것이다."[25] 삶의 철학은 삶이야말로 모

---

25) O.F. Bollnow, Dilthey (Stuttgart 1955), S. 12.

든 철학적인 인식과 나아가서는 모든 인간의 활동들이 뿌리를 박고 있으며, 또 연관되어 있지 않으면 안 되는 마지막 중심점이라는 것이다. 여기에서 사람과 객관적 대상으로서의 세계가 하나를 이루는 삶의 철학의 독특한 면이 드러난다. 그런데 삶의 철학은 삶(Leben)이란 개념에 이성론자들이 인간과 세계의 본질 파악에 즐겨 사용하는 이성(Vernunft)과 같은 확실한 아르키메데스적인 기점을 부여하지 않는다. 그들은 삶을 하나의 흐름으로 파악하기 때문에, 삶은 수없이 많은 모습과 의미를 가지고 있는 것으로 나타난다. 따라서 삶의 철학에서는 삶에 대한 의미규정이 실질적으로 불가능하며, 따라서 상대화의 경향을 띠고 있다.

실존철학은 제1차 세계대전 후 독일을 지배한 이러한 어둡고 불안한 정신적 상황 속에서, 이를테면 지금까지의 모든 사회질서와 안정이 무너지고, 객관적인 가치와 진리가 의심스러워지고, 상대화되어 가는 시대적 상황 속에서 "그 자체는 모든 상대화의 가능성을 초월한 그 어떤 절대적이며 무조건적인 것"[26]을 찾으려는 철학운동이다. 실존철학은 이러한 확고하고 절대적인 그 어떤 것을, 인간 자신이 지금까지 의존해온 외부세계가 확고한 지주를 잃은 마당에 이젠 고독한 인간자신 속에서 찾으려고 한다. 이러한 인간의 가장 고유한 내면적인 핵심을 실존철학은 실존(Existenz)이라는 말로 표현한다. 실존이라는 개념은 철학사상 본질(essentia)이라는 개념과 대립되어 사용되어 왔는데, 19세기에 들어오면서 오로지 인간에게만 국한시켜 사용되고 해석된다. 실존이라는 개념은 실존적인 체험을 토대로 하여 형성되는 일정한 해석 아래서의 인간적인 현존재를 의미한다.

실존철학의 성립에 결정적인 영향을 준 사상가는 키에르케고르(S. Kierkegaard)이다. 니체가 삶의 철학의 근본개념인 삶에 독특한 의미를 부여한 것처럼,[27] 키

---

26) O.F. Bollnow, Existenzphilosophie (Stuttgart 1964) S. 12.
27) 니체나 딜타이는 삶의 철학자들로 다같이 삶을 모든 객관적인 것들이 그로부터 나오는 창조적 원천이요, 힘으로 파악하면서도, 딜타이와는 달리 니체는 삶을 그 자체는 어떤 형태로든 객관

키에르케고르는 현대 실존철학의 중심개념인 실존에 독특하고도 결정적인 의미를 부여하였다. 그의 실존은 인간을 대상화 내지 체계화시키려는 모든 추상적인 사고에 물들지 아니한 직접 체험되는 인간의 모습인 이른바 "적나라한 실존(Nackte Existenz)"[28]이다. 키에르케고르의 실존개념은 볼르노에 의하면 누구보다도 헤겔과 같은 추상적이고도 체계적인 사상가에 반대하는 투쟁개념이다. 키에르케고르의 사상 가운데 나타나는 불안, 죄, 결단, 시간성과 같은 개념들은 하이데거에서 다시 발견되는데, 그는 니체와 함께 하이데거에게 지속적인 영향을 주었다.

2-2 현존재(Dasein)에 대한 분석

하이데거는 그의 저서인 「존재와 시간」의 서두에서 존재의 의미를 향한 물음에 대한 구체적인 완결이 이 책의 의도임을 밝히면서, 그의 근본의도가 하나의 보편적인 새로운 형이상학의 성립에 있음을 말하고 있다. 하이데거는 자신의 철학에서 존재(Das Sein)란 도대체 무엇인가라는 존재를 향한 물음을 제기한다. 이러한 존재의 존재를 향한, 존재의 의미를 향한 문제제기는 하이데거에 의하면 플라톤과 아리스토텔레스 이래로 오늘날까지 망각되어 왔다. 하이데거는 우리가 일상적인 말과 생각, 또는 이러저러한 태도 속에 존재에 대한 일상적인 이해, 즉 '이다', 또는 '있다'의 형태가 주어져 있다는 것이다. 이러한 존재에 대한 철학적 의미규정 이전의 일상적인 이해태도는 우리로 하여금 사색함에 있어서 존재의 보편성, 절대성, 자명성을 편견 가운데 유추하게 되며, 그 결과 존재에 대해 물어보아야 할 필요성을 느끼지 못한다는 사실이다. 그렇기 때문에 전통적인 서구철학은 하이데거에 의하면 오늘날에 이르기까지 존재자 일반에 대한 생각

적으로는 파악될 수 없는 것으로 본다.
28) A. Diemer, Elementarkurs Philosophie (Wien 1978), S. 125.

에 머물러 왔을 뿐, 존재의 본질과 의미에 대해서는 묻지 못했다는 것이다. 따라서 하이데거는 자신의 철학적 과제가 새롭게 제기되어야 할 존재물음에 대한 설명과 이해에 있음을 말한다.

그런데 존재는 하이데거에 있어서 존재자에 관한 존재(Sein von Seiendem)를 말함인데, 존재에 관해 물음을 제기하기 위해서는 먼저 존재자로 하여금 존재자의 자리매김을 할 그 존재에 대해 물어보아야 할 것이다. "그러면 어떠한 존재자로 말미암아 존재의 의미는 파악되어져야 하며, 존재해명을 위해서 어떠한 존재자로부터 시작해야 하는 것일까? 따라서 존재물음에 대한 완결은 하나의 존재자, 즉 물음을 던지는 존재자들 그의 존재에 있어서 꿰뚫어 보는 것을 의미한다. … 그때마다 우리들 자신인 이 존재자를, 무엇보다도 물음의 존재가능성을 소유하고 있는 이 존재자를 우리는 술어상 현존재(Dasein)라고 표현한다."29) 후설의 의식의 지향성 원리에서 보면, 이 세계나 존재는 인식하는 주체로서의 인간을 통해서 비로소 구성되며, 따라서 인간존재에 대한 구명을 통해서만이 존재물음에 대한 해답을 줄 수가 있다. 하이데거는 후설의 현상학적 입장에서 존재의 본질에 관한 물음제기에 인간이라는 현존재의 구명을 전제로 내세운다. 왜냐하면 인간이라는 현존재만이 자신의 존재 속에서 존재와 존재관계를 맺고 있는 존재자이기 때문이다. 현존재는 존재가 애초부터 선험적으로 밝혀져 있는 "존재의 진리의 장소이다."30) 그러므로 새로운 형이상학의 성립은 직접적으로는 불가능하며, 먼저 인식주체로서의 인간에 관한 존재규명을 통해서만이 가능한 것이다. 하이데거는 존재란 무엇인가라는 물음을 인간이라는 현존재와의 필연적인 관련 아래서 제시한다. 따라서 그의 철학은 근본적으로 존재의 의미를 묻는 존재론(Ontologie), 또는 형이상학이지만 이 존재론을 위해 인간존재의 분석이

---

29) M. Heidegger, Sein und Zeit (Tübingen 1967), S. 7.
30) M. Heidegger, Was ist Metaphysik? (Frankfurt/a.M. 1965), S. 185ff.

전제되고 있기 때문에 기본존재론(Fundamentalontologie)이기도 하다.

이처럼 하이데거에 있어서는 존재의 의미를 향한 물음이라는 새로운 형이상학의 성립을 위해서 인간의 본질을 향한 물음이 근본적인 의미를 가지는데, 그 결과 인간학에 있어서 형이상학의 가능근거에 관한 물음이 나타나게 된다. 하이데거에 의하면, "인간학이란 단어는 자기 자신에 관계하려는 오늘날의 인간의 태도에 대한 근본경향을 나타내는 것이며, … 인간학은 이젠 인간에 대한 진리를 탐구하는데 그치지 아니하고, 도대체 진리가 의미하는 바는 무엇이겠는가에 대한 결정까지 요구한다."[31] 하이데거는 철학적 인간학에 대한 긍정적인 반응과 함께 그 가능성을 부인하고 있지 않지만, 그럼에도 불구하고 그는 자신의 현존재분석은 인간학적인 문제방향과는 차이가 있음을 강조한다

인간은 하이데거에 있어서 현존재로 불린다. 현존재는 다른 존재자들 사이에서 자신을 드러내는데 지나지 않는 그러한 존재자가 아닌 "그 자신의 존재에 있어서 그의 존재 자신이 문제가 되는 그러한 존재자이다."[32] 이 존재자의 고유한 면으로는 자신의 존재와 더불어 자신의 존재를 통해 존재자가 자기 자신에게 드러나 있다는 사실이다. 이처럼 자신의 존재 속에서 존재와 존재관계를 맺고 있는 존재자를 하이데거는 현존재라고 부른다. 하이데거는 이 현존재의 본질이 그의 실존에 있음을 말한다. "현존재가 이러저러한 태도를 취할 수 있고, 또한 항상 어떠한 방법으로든지 관계를 맺고 있는 존재자체를 우리는 실존이라고 부른다."[33] 이처럼 인간은 그의 본질에 따라 자신의 존재에 태도를 취하고, 또한 자신을 자신의 실존에서 이해하는 현존재이다. 다시 말하면, 이 현존재가 관계하고 있는 존재는 다름 아닌 나의 것이다. "현존재라는 존재자에게 그의 존재에 있어 관심거리가 되고 있는 존재는 그때마다 나의 것이다."[34]

---

31) 위 책 S. 189.
32) M. Heidegger, Sein und Zeit, S. 191.
33) 위 책, S. 12.

있음은 곧 나의 있음이다. 하이데거는 그때마다 나의 것(Jemeinigkeit)이라는 용어를 쓰면서 오직 내 자신에게 태도를 취하는 나를, 내 자신만이 관심거리인 실존을 강조한다. 그런데 나의 있음인 현존재는 이 세계 내의 존재로 이러저러한 나의 가능성으로 자신의 존재에 있어 자기 자신을 선택할 수 있거나, 또는 자기를 상실할 수도 있다. 이러한 현존재의 존재양식을 하이데거는 본래성(Eigentlichkeit)과 비본래성(Uneigentlichkeit)으로 구분해 부른다. 이것은 인간이 현존하는 두 가지 방식들로써 본질적인 차이가 있다.

우리는 보통 세계 내의 삶에 있어서 본래적인 나로 산다기보다는 평균화된 일상성 속에서 일상인(das Man)으로 살고 있다. "우리는 사람들이 즐기는 것처럼 즐기며 좋아한다. 우리는 문학이나 예술에 대해서 사람들이 보고 판단하는 것처럼 그렇게 읽고 보고 판단한다. 또한 우리는 사람들이 물러서는 것처럼 그대로 무리로부터 물러난다. 우리는 남들이 격분하면 그대로 따라 격분한다. 일상인은 특정한 사람도 아니면서, 비록 총계로서는 아닐지라도 모든 사람들인데, 그러한 일상인 일상성의 존재양식을 규정하는 것이다."[35]

이처럼 본래적인 나는 평범한 일상적인 삶 속에 휩싸인 체 호기심, 잡담, 애매함 등으로 은폐되어 있다. 우리의 일상적인 삶은 본래적인 나를 잊은 나머지 누구나 알 수 있고 손쉽게 파악할 수 있는 유용한 것들에 사로잡혀 있고, 또 그런 곳에 안주하려는 모습이다. 따라서 우리는 일상적인 생각 속에서 우리 자신이 내려야 할 결단을 타자에게 내맡기게 되는 위험에 처하게 된다. 즉, 우리라는 현존재 자체가 존재하는 것이 아니라, 타자가 우리로부터 우리의 존재를 탈취해 간다는 사실이다. 이렇게 되면 현존재의 모든 일상적인 존재 가능성은 타자의 의향대로 임의대로 처리된다. 그런데 이 타자는 특정한 타자가 아니고 "일상적

---

34) 위 책, S. 42.
35) 위 책 126ff.

인 상호공존에 있어서 대개는 현재 거기에 있는 바로 그 당사자인 것이다. 누구인가 하는 것은 이 사람도 저 사람도 아니고, 또 그 사람 자신도, 몇몇 사람도, 모든 사람들의 총계도 아니다. 누구인가(das Wer)는 중성적인 것, 즉 일상인이다."[36] 우리는 어느덧 일상인의 지배 속에서 그에게 모든 것을 맡기고 있는 처지가 된 것이다.

하이데거는 일상인의 존재양식으로 평균화, 균등화를 말하는데, 이것들은 '공공연함'(Öffentlichkeit)의 성격을 띠고 있다. 공공연함은 하이데거에 의하면 현존재가 본래적인 모습을 드러내려고 애쓴 흔적을 임의대로 지워 버리면서 모든 것을 불투명하게 만든다. 이러한 일상성의 분위기 속에서 우리는 평균화된 일상적인 존재의 모습을, 책임성이 사라진 현존재의 모습을 보게 된다. 하이데거는 실존을 상실한 대중적인 존재를 일상인이라 표현하는데, 이제 현존재는 결단을 내릴 필요가 있다. 왜냐하면 일상인이 모든 판단과 결단을 챙기기 때문이다. 더욱이 일상인은 어떤 일을 위해 책임질 필요를 느끼는 사람이 아니기에 손쉽게 모든 일의 책임을 떠맡기 때문이다.

그러면 어째서 우리 인간은 비 본래적인, 하등의 구체적인 의미도 없는 일상인의 모습으로 살아가는 것일까? 하이데거에 의하면, 우리의 일상적이고 대중적인 존재 속에는 '나'라는 주체는 없고 그저 일상인이 있기 때문에 진실 이외의 모든 것이 지껄임 속에서 양해되어 있고, 따라서 모든 심각한 문제들은 피해갈 수가 있다는 것이다. "일상인은 그의 일상성에 있어서 그때 그때의 현존재의 책임을 덜어준다. 그뿐만이 아니다. 이러한 존재부담 해소로 인해 일상인은 쉽게 수용하고 쉽게 처리하는 경향 속에서 현존재에 영합한다. 또한 일상인은 존재부담 해소로 인해 그때 그때의 현존재에 끊임없이 영합하기 때문에 그는 스스로의 집요한 지배를 유지하며 강화하는 것이다."[37] 그러면 인간 현존재가 어떻게

---

36) 위 책, S. 126.

그 자신의 고유한 본질을 파악할 수 있겠는가에 대해서, 하이데거는 후설의 현상학적 방법에 의존한다. 여기서는 오로지 인간의 본질 파악을 달성하기 위해 사실적인 것들, 구체적인 것들, 우연적인 것들을 다 제거하는 것과 같은 표피적인 인간 현존재로부터의 완전한 전향과 이탈이 요구된다. 현상학적 방법을 통해 드러나는 하이데거의 실존은 "삶의 내용과는 상관없는 형상적이고, 최종적이고, 절대적인 인간에 있어서의 존재핵심(Seinszenturm)"[38]이다.

2-3 염려(Sorge)에 대한 분석

하이데거는 인간을 주위 사물들이나 환경과 관계를 맺고 있는 '세계 내의 존재'(In-der-Welt-sein)로 규정짓는다. 실존철학에서의 현존재는 그 무엇과의 관련이 필연적인데 이미 자기 자신에 관계하면서, 또한 자신을 넘어서 타자들과의 근원적인 관계를 맺고 있다. 하이데거의 「존재와 시간」 속에 나타나는 초월(Transzendenz)이라는 개념은 언제나 세계를 향한다는 의미에서 사용된다. 우리가 이곳저곳에 있다고 할 때, 우리가 처해 있는 '거기'라는 세계는 인간이라는 현존재에게 그의 실존의 장소로서 속해 있다. 이 세계는 단순히 인간의 의식의 지평 속에 나타나는 객관적인 세계만이 아니라, 우리 인간이 거하는 장소이며 활동하는 무대이기도 한다. 따라서 이 세계는 하이데거에 있어서 활동의 주역인 현존재 자체가 이미 자리잡고 있는 장소로서 인간존재와 구조적으로 연관되어 있다.

인간은 그의 활동장소인 세계 속에서 여러 행위의 모습을 나타내는 존재이다. 이를테면 대상세계 속의 사물들과 관계하며, 이웃들과 관계하며, 자기 자신에 관계하는 존재이다. 하이데거는 이 모든 인간의 행위 가운데 나타나는 관계를

---
37) 위 책 127ff.
38) 이규호, 현대철학의 이해 (진영사 1977), P. 170.

넓은 의미의 염려현상으로 본다. 먼저, 하이데거에 있어서 인간은 주위 환경세계(Umwelt)와의 관계에 있어서 배려적인 염려를 하는(Besorgend) 존재로 나타난다. 일상적인 인간이 제일 먼저 부딪치는 세계는 환경세계인데, 이 세계 속에서 인간은 일상적인 도구를 생산하고, 주문하고, 사용하는 등 계속해서 사물들과 관계를 맺는다. 따라서 세계는 단순히 현존하는 것(Das Vorhandene)이 아니라 인간의 실천의 대상으로 제공되는 도구적인 것(Das Zuhandene)의 성격을 지닌다. 다음으로, 하이데거에 있어서 인간은 이웃들과의 공존세계(Mitwelt)와의 관계 속에서 고려적인 염려를 하는(Fürsorgend) 존재로 나타난다. 인간은 실질적인 사회를 구성하는 존재로 상호간에 고려적인 염려의 관계 가운데 있으며 이때의 고려적인 염려는 인간존재의 본질적이고 필연적인 구조를 말한다. 마지막으로, 하이데거에 있어서 인간은 자기 자신과의 관계 속에서 염려하는(Sorgend) 존재로 나타난다. 그는 로마의 히기누스의 염려(cura)의 우화를 인용하면서 염려가 존재적으로 볼 때, 현존재의 가장 내적인 고유한 본질을 이루고 있음을 시간성(Zeitlichkeit)과의 관계 속에서 밝히고 있다. 그 우화의 내용은 다음과 같다. "옛날 염려의 신이 강가를 거닐다가 찰흙덩이를 발견하고 그것을 한 덩이 취해서 하나의 형상을 만들었는데, 만든 형상을 어떻게 할까 생각하던 중에 주피터가 오기에 정신을 넣어 달라고 청했다. 그는 기꺼이 그 소원을 들어주었다. 그런데 염려의 신이 자기가 만든 형상에 자기의 이름을 붙이려 하자, 주피터는 자기 이름을 붙여야 한다고 서로가 승강이를 하는 가운데, 대지의 신인 텔루스가 나타나 그 형상에다 흙인 자기의 육체의 한 부분을 제공한 것이니 자기 이름을 거기에 붙여야 한다고 주장했다. 그들은 마침내 시간의 신인 사투른에게 판정을 내려줄 것을 부탁하자, 그는 다음과 같은 명쾌한 판결을 내렸다. 주피터여, 그대는 정신을 넣어 주었으니 이 형상이 죽으면 그 정신을 다시 취해갈 것이며, 텔루스여, 그대는 흙으로 된 육체를 되돌려 받도록 하라. 하지만 소르게(Sorge)여 그대는 이 형상을 애당초 만들었으니 그것이 살아 있는 동안에는 그것을 소유하도록 하라. 그런데 그 이름에 대해서는, 그것은 분명히 흙(humus)으로 만들어진즉, 인간(homo)라고 이름을 붙여주는 것이 옳을 것이다."39)

염려라는 개념은 다른 현상들과의 관계 속에서 나타나는 고려적인 염려나 배려적인 염려를 자신 속에 갖고 있는 "현존재의 존재론적인 칭호"40)이다. 하이데거의 염려는 인간적인 현존재에게 수시로 나타나는 특성이 아니고, 이미 현존재의 기본구조로 자리 잡고 있는 하나의 존재파악이다. 따라서 하이데거는 염려의 개념을 선험적이면서 존재론적(Apriorisch-ontologisch)인 것으로 보편화시키고 있다. 이처럼 하이데거에 의해서 염려가 인간의 영원한 불변적인 본질로 규정됨으로써 세계내의 존재인 현존재는 염려가 떠나지 않는 존재양식을 갖게 된다. 인간은 그의 특수한 존재방식으로 말미암아 단순히 존재하는 것이 아니라 자신의 존재를 이룩해 나가야만 하고, 그 사실이 자기에게 짐 지워져 있는 존재이다. 따라서 그는 "존재해야 함(Das Zu-sein)"41)으로 규정되는데, 언제나 자신의 현존재에게 관심을 기울여야 하는 존재이다. 현존재는 자기를 실현시켜 나가야 할 존재로서 독자적인 기획(Entwurf)을 가진다. 여기에서 현존재의 본질인 염려가 지닌 두 가지 의미가 나타나는데, 현존재가 세계 안에 내던져져 얽매여 있다는 사실에 대한 염려와, 그 구속을 벗어나 스스로 기획하고자 하는 미래적인 존재가능에 대한 염려이다. 현존재의 본질로 파악되는 염려의 개념 속에는 현존재의 자기 기획, 시간성, 미래를 향한 기획이 다 포함되어 있다. 따라서 현존재가 염려로 특징 지워진다는 사실은 현존재의 일부분이 아닌 현존재의 전체에 해당됨을 뜻한다.

---

39) 위 책 S. 198.
40) J. Hessen, Existenzphilosophie (Essen 1947), S. 33.
41) W. Biemel, 「하이데거의 철학이론」, 백승균 역 (박영사 1980), P.58.

2-4 죽음(Tod)에 대한 분석

위에서 본 것처럼, 하이데거는 현존재의 본질이 그의 실존에 있음을 말하면서 인간이 자신의 행위와 인식에 있어서 세계와의 폭 넓은 관계를 맺고 있긴 하지만 최종적으로는 자기 자신과의 관계 속에서 자신의 존재, 바로 그 존재 자체가 문제인 것이다. 우리는 하이데거가 후설의 '지향성'을 존재적으로 적용하여 현존재의 기본구조를 인간자신의 세계와의 관계에서 찾으려는 것을 볼 수 있다. "자신의 존재에 있어서 이 존재 자체가 문제가 되는 그 존재자는 자신의 존재에 대해 자신의 가장 고유한 가능성으로서 관계한다."[42] 이처럼 자신의 근본 가능성으로부터 자신을 이해하는 현존재는 자기 자신과의 관계 속에서 비로소 자신을 실현해 나가야 할 존재이다.

이러한 근원적인 존재이해나 자기 실존을 얻게 하는 최종적인 가능근거가 다름 아닌 죽음이다. 죽음이라는 개념은 하이데거에 있어서 중요한 철학적 의미를 갖는다. 왜냐하면 죽음은 현존재로 하여금 죽음이라는 최종적인 절대성 앞에 자신의 전체를 드러내게 하는 선험적인, 불변적인 사실이기 때문이다. 볼르노도 현존재에 대한 이해는 죽음을 통해서 최종적인 확실성을 얻을 수 있기 때문에, 죽음이야말로 인간존재를 파악하는 결정적인 중심점이라고 말한다. 그러므로 현존재 전체성에 대한 파악 가능성에 관한 물음, 즉 가능한 존재 전체에 대한 실존적인 물음과 해답은 죽음에 대한 존재론적인 입장을 통해서 주어진다. 하이데거는 죽음에 대한 실존적인 해석과 더불어 생물학적인 의미부여의 가능성도 인정은 한다. 그러나 자신이 말하는 실존론적·존재론적인 죽음과 일상적인 죽음, 또는 생물학적인 의미에서의 죽음과는 근본적으로 일치하지 않는다고 말한다. 일상적인 죽음으로 드러나는 다른 사람의 죽음은 하이데거에 의하면 죽음에 대한 경험적인 사실들은 얻게 해줄지는 몰라도 내 자신의 고유한 죽음에 대한

---
42) M. Heidegger, Sein und Zeit, S. 42.

실존론적인 분석은 주지 못한다. 그러기에 나의 고유한 죽음과 이웃사람의 죽음은 비록 동일한 세계 안에서 더불어 사는 존재이지만 전혀 다른 것이다.

우리는 타인인 이웃의 일상적인 사망을 통해 죽음에 관한 경험을 얻는다. 사실 타인의 사망을 통해 얻어지는 경험이라는 것은 타인의 죽음을 경험할 수도 없는, 그 죽음이 의미하는 존재양식에 미치지도 못하는 표피적인 경험이다. 그저 부고를 통해 타인의 죽음이 알려질 때 그 자리에 애도함으로 입회할 뿐이다. 그럼에도 불구하고 그러한 경험은 죽음을 통한 세계 내 존재의 상실이라는 강렬한 인상과 더불어 우리로 하여금 아직 살아있음에 대한 사실과, 죽음의 불가피성은 인정하되 아직은 나의 것이 아니라는 사실을 인식하게 한다. "매일 서로가 살아가는 세상에서 죽음은 항상 발생하는 흔한 사건, 즉 사망사건으로 알려진다. 이리저리 잘 아는 사람이 또는 잘 모르는 사람이 죽어간다. 매 시간마다, 매일 사람이 죽어간다. 이제 죽음은 심정적으로 잘 알려진 가운데 나타나는 현상이다. 일상인은 이 사건에 대해 분명하게 또는 머뭇거리면서 다음과 같이 말하려고 한다. 사람은 언젠가는 한번 죽는다. 그러나 아직은 나 자신과는 관계가 없다고."[43]

여기에서 우리는 타인의 죽음을 통한 죽음에 관한 일상적 존재의 존재양식을 보게 되는데, 그것은 나의 고유한 존재가능성인 현존재의 독특한 실존적인 모습을 드러내는 깊은 생동성을 나타내지 못한다. 하이데거는 어느 누구도 경험할 수 없는 나의 고유한, 그때마다의 나의 것인 죽음이기에 어느 누구도 타인으로부터 그의 죽음을 빼앗을 수 없다고 말한다. 죽음은 그것이 있는 한, 원초적으로 언제나 나의 것이기에 모든 현존재는 죽음을 각기 그때마다 자기의 것으로 받아 들여야 한다. 이처럼 우리가 죽음을 통해서 알 수 있는 것은, 죽음이 현존재라는 실존에 의해 존재론적으로 구성되어 있다는 사실이다. 이것은 현존재가 그

---

[43] 위 책, S. 252ff.

때마다 자기의 가능성으로서, 그때마다 나의 것이라는 성격에 의해 규정되어 있다는 사실 속에 그 근거를 가지고 있기 때문이다.

죽음으로 말미암아 현존재는 세계로부터 사라진다. 그런데 하이데거는 현존재가 세계로부터 사라진다는 것과 단지 생명이 있는 것이 세계를 떠난다는 것과를 구분하면서, 그는 현존재의 죽음과 구별하는 의미에서 한 생물체의 끝남을 술어적으로 종언(Verenden)이라고 표현한다. 이것은 실존론적인 현상에 근거한 죽음에 대한 존재론적인 구명이 사망에 따른 죽음에 대한 생물학적·생리학적인 차원의 탐구와 혼동해서는 안 된다는 사실을 보여준다. 사람의 사망에 따른 생물학적인 진단은 실은 한 생명의 사라짐(Ableben)에 대한 진단일 뿐이다. 또한 전기(傳記)적·인종학적인 차원에서의 죽음에 관한 탐구도 매일반이다. 그것들은 죽음의 사실만을 드러낼 뿐, 인간이라는 현존재를 함께 구성하고 작용하는 죽음의 의식에 관한 것은 아니다. 그러므로 죽음에 대한 실존적인 해석은 자신의 존재에 대해 자신의 이해가 가능한 현존재 속에 함께 하는 죽음이라는 사실에 입각해서, 죽음이 그것이 있는 한 선험적으로 언제나 '나의 것'이라는 인식을 통해서만 가능하다. 우리는 하이데거가 자신의 존재론적인 입장에서 죽음에 대한 구명을 선입견 가운데 구성된 '현실'이라는 모든 사실적인 것들을 배제시키는 현상학적인 방법을 통해 새로운 차원에서 전개시키고 있음을 본다.

하이데거는 현존재에 대한 실존분석을 통해 염려를 현존재의 선험적인 구성요소로 여기면서, 현존재를 자신의 존재를 이어 나가야 할 과제를 떠맡고 있고, 또한 끊임없이 가능 존재로 이행해 나가야 할 존재로 본다. 이처럼 자신을 존재 가능에로 기획, 투사해 나간다는 뜻에서 현존재의 본질을 "자신을 앞당겨 있음(Sich-vorweg-Sein)"[44]으로, 또는 아직 이루어지지 아니한 것(Ein Noch-nicht)으로 규정한다. 이러한 하이데거의 염려를 통한 현존재의 존재구조는 현존재의 죽음

---

44) 위 책, S. 193.

에 관한 분석을 통해 더욱 분명히 드러난다.

항상 자신의 존재가능이 문제인 현존재에 있어서 죽음은 그때 그때에 현존재 자신이 과제를 떠맡아야 할 하나의 존재 가능성인 것이다. 그래서 하이데거는 죽음을 앞에 다가와 있는 것, 더 이상 거기에 존재할 수 없다는 절박한 가능성의 것으로 파악한다. 죽음이 아직은 도래하지 않았기 때문에, 현존재는 항상 더 이상 존재할 수 없다는 가능성의 기대 속에서 실존하고 있다. 존재가능성으로서의 현존재는 죽음의 가능성을 초월할 수 없다. 죽음 속에서 절박한 현존재의 유한성이 드러난다. 죽음은 현존재에 있어서의 절대적인 불가능성으로서의 가능성인 것이다. 이처럼 죽음은 현존재에 있어서 어떤 막연한 가능성이 아닌 "가장 고유하고 가장 몰교섭적이며 앞지를 수 없는 가능성"[45]으로 드러난다. 현존재의 삶 속에 함께 하는 죽음은 간혹 있다가 사라질 그러한 우연적인 것이 아니다. 죽음이 갖는 이러한 절대적·극단적인 가능성을 넘어설 그 어떤 다른 것도 현존재에게는 없다. 이제는 더 이상 현존재일 수 없다는 최종적인 가능성으로서의 현존재의 죽음은 그가 형성해온 다른 현존재와의 모든 관계설정을 해체시킨다.

하이데거는 죽음을 현존재 자신이 떠맡아야 할 가장 고유한 존재가능성으로 보기 때문에 현존재의 죽음과의 관계를 운명적·필연적인 것으로 규정한다. 그는 피투성(Geworfenheit)이라는 표현을 통해 현존재를 죽음 속에 내 던져져 있다고 말한다. 그런데 죽음이 현존재에 있어서 절대적인 한계점을 드러내게 하는 최종적인 가능성이라는 사실에 대한 인식은 불안이라는 정조(Stimmung)에 처해 있음(Befindlichkeit)으로 말미암는다. 불안은 다름 아닌 죽음에 대한 불안이다. 이것은 "가장 고유하고, 몰교섭적이며, 앞지를 수 없는 존재가능성에 직면할 때의 불안 바로 그것이다."[46] 하이데거는 죽음에 대한 불안과 사라짐에 대한 두려움을 구별하면서, 죽음에 대한 불안은 "개개인에게 나타나는 멋대로의 우연적인

---

45) 위 책, S. 250.
46) 위 책, S. 251.

나약한 정조가 아니고, 그것은 현존재의 근원적인 상태를 나타내는 것으로 현존재가 자신의 종말에로 피투된 존재로 실존하고 있음을 알려 준다."47) 우리는 하이데거가 불안과 두려움을 구분하는 속에서 두려움이 어디까지나 자연세계나 인간세계를 통해 나타나는 개별적인, 우연적인, 사실적인 성격을 띠고 있음을 본다. 이에 대해 불안은 현존재의 전체구조를 드러내 보이는 근원적인 현상이다. 따라서 불안은 제거되어야 할 두려움과는 달리 본질적인 것을 드러내는 값진 것이다. 불안은 현존재를 나의 고유한 본질에로 접근케 하는 가능성을 드러내며, 또한 나를 나되게 하는 존재가능을 고려하는 존재로 드러나게 한다. 불안 속에서 죽음은 현존재에게 자기 자신을 드러내 보임으로 현존재도 죽음을 통해 자신의 본질을 드러낸다. 이처럼 죽음에 대한 불안은 현존재의 존재핵심이다. 그것은 현존재를 충만케 한다.

    현존재는 불안이라는 근원적인 정조를 통해 현존재 자신이 스스로의 죽음에 맡겨져 있다는 죽음에 관한 의식 속에서 실존하고 있다. 그러므로 현존재는 죽음에로의 존재로 불리어진다. 우리는 프로이드(S. Freud)에서도 삶 속에 함께 하는 죽음을 본다. 그는 문화의 불안에서 주로 성적충동으로 묘사된 생명충동과 더불어 파괴충동으로 죽음의 충동을 말한다. 프로이드는 이 두 충동이야말로 의식적으로, 무의식적으로 인간의 삶을 지배하는 막강한 힘 그 자체로 본다. 현존재는 죽음을 의식하기에 자신을 죽음에의 존재로 선취하며 실존한다. 그러므로 현존재가 죽는다는 것은 존재론적인 가능성에 대한 관심과 이해 속에 그 근거를 가지고 있기 때문에 떠오르는 기분적인 것도 아니다. 더욱이 그러한 기분을 통해서 생겨난 것도 아니다. 그것은 근원적인 정조 속에 이러저러하게 드러나 있는 현존재의 피투성에 본질적으로 속해 있는 것이다. 그렇다면 죽음은 남들이 존재하듯 그렇게 존재하는 일상적인 현존재에게 어떻게 나타날까? 사실 대부분

---

47) 위 책, 같은 쪽.

의 사람들은 죽음에 대한 의식이 함께 하는 자신의 존재에 대한 이해라는 실존적 차원에서 볼 때, 죽음에 대한 불안을 갖고 있지 못하다. 일반적으로 대개는 퇴락(Verfallen)의 존재양식 속에서 죽음을 맞이한다. 이것은 일상적인 현존재가 세계 안의 존재로 거할 때, 대개는 남들이 있듯이 그렇게 있으면서 자신이 관계 맺고 있는 것들에 깊숙이 빠져 있음을 뜻한다. 그러므로 일상성의 존재양식 속에 거하는 세인에게 죽음은 그 자체 존재가능성이라는 신비성이 은폐된 채 나의 것이 아닌, 타인의 것으로 나타난다. 즉, 내가 죽는 것이 아니라 사람이 죽는다는 사실이다. 죽음이 모든 이에게 해당되는 분명한 그 어떤 것이기는 하되, 그렇다고 나의 것은 아니라는 것이다. 사실 우리의 일상적인 삶은 본래적인 나를 잊고 있는 속에서 누구나 알 수 있고 손쉽게 파악할 수 있는 갖가지 도구적인 것들에 사로잡혀 있고, 또 그런 것들과 더불어 안주하려는 모습이다. 따라서 우리는 일상적인 생각 속에서 우리 자신이 내려야 할 결단을 타자에게 내 맡기게 되는 그러한 위험에 처하게 된다.

이러한 세인의 일상성은 죽음에 관련되는 일상적인 존재양식에도 그대로 드러난다. 세인이라는 표현 속에는 '그 누구도 아닌 자'라는 의미가 담겨있다. 따라서 사람이 죽었다고 말할 때, 그 죽음은 누군가에게 특별히 귀속되는 것은 아니다. 또한 그것은 사람은 언젠가는 죽는 것이지만 우선 나 자신과는 관계가 없음을 드러내고 있다. 죽음은 본질적으로 대리 불가능한 나의 것임에도 불구하고 세인의 삶 가운데서는 흔히 볼 수 있는 하나의 사건이요, 사례로 치부된다. 세인의 죽음에 대한 이러한 태도는 현존재가 죽음을 통해 본래적인 모습을 드러내려고 애쓴 흔적인 죽음이 지니고 있는 존재가능성의 성격이나, 가장 고유하고, 몰교섭적이고, 앞지를 수 없는 요소들을 불투명하게 하거나 은폐시킨다.[48]

하이데거는 실존을 상실한 대중적인 존재를 세인이라고 부르는데, 세인은 그

---

48) M. Heidegger, Sein und Zeit, 253 참조.

의 일상성에 있어서 집요하게 죽음을 은폐하고 회피하려고 한다. 우리는 흔히 임종을 맞이하는 사랑하는 사람에게 당신은 죽지 않고 건강을 다시 찾아 우리와 더불어 안온한 삶을 살게 될 것입니다 라는 배려적인 관심을 나타낸다. 사랑하는 자의 죽음이 피할 수 없는 공공연한 비밀인데도 죽음을 생각한다는 그 자체가 소심한 두려움으로 현존재를 불확실하게 하는 요소로 간주된다. 더욱이 세인은 "죽음 앞에서의 불안에 대한 용기가 일어나지 않게끔 한다."[49] 그래서 세인이 권하고 부추기는 죽음에 대한 태도는 그저 냉정한 침묵 속에 있으라는 것이다. 이러한 죽음에 대한 냉정한 무관심은 하이데거에 있어서 현존재를 그 가장 고유하고 몰교섭적인 존재가능성으로부터 소외시키는 일종의 도피이다. 그러나 이러한 도피가 일상적인 현존재의 죽음과의 조우를 차단하지는 못한다. 타인의 죽음소식이 세인으로서의 나는 아직 살아 있다는 것을 확인해 주기도 하지만, 또한 일상인 자신도 그때마다 이미 죽음과 관련된 존재라는 것을 알려주는 것이다. 이처럼 죽음에 관련된 일상적인 현존재는 죽음을 은폐하면서 경험하기에 죽음에로의 비 본래적인 존재라고 규정지을 수 있다. 따라서 실존의 본래성에 도달하는 기반으로서의 죽음은 그 자체 실존적인 가능성으로, 탁월한 가능성으로, 앞지를 수 없는 가능성으로 파악될 성질의 것이다.

　죽음은 현존재로 하여금 죽음 앞에서의 불가능성에 대한 내적인 인지, 즉 현존재 자체가 유한성이요, 또 죽음은 필연적이라는 현존재의 존재방식에 대한 근원적인 이해를 가능케 한다. 죽음은 현존재 자체를 이루고 있어야 할 가능성의 것으로, 언제나 인간의 삶 속에 실현될 수 있는 가능성으로 인간 현존재를 구성한다. 이처럼 죽음을 현존재에 있어서 가능성으로 파악하려는 태도를 하이데거는 가능성 그 자체인 죽음 속으로의 선행(先行)이라고 부른다. 하나의 가능성으로 주어진 실존이기에 우리는 이것을 성취할 수도 있고 못할 수도 있다. 그래서

---

49) 위 책 S. 254.

하이데거는 앞서 달려감의 뜻인 선행(Vorlaufen)의 개념을 최종적인 가능성으로서의 죽음에 자기 자신을 내던짐으로 실존의 성취가 가능하다는 뜻에서 사용하고 있다. 죽음에로의 존재는 그 존재양식이 선행 그 자체이기에, 선행은 "가장 고유하고 최후적인 존재가능에 대한 이해의 가능성, 다시 말하면 본래적인 실존의 가능성으로 알려진다."50) 이처럼 죽음 속으로의 선행의 구체적인 구조가 밝혀짐으로써, 현존재는 죽음 속으로 선행하면서 스스로를 그때마다 일상적인 세인으로부터 분리시킬 수 있는 것이다. 달리 말하면, "피할 수 없는 죽음의 선행에 있어서 이해된 죽음의 몰교섭성은 현존재로 하여금 자신을 현존재 자체로 단독화한다."51) 이것은 죽음 속에 현존재의 기존의 모든 관계는 다 해체되고 오직 가장 고유한 존재가능인 자기 자신만이 있을 뿐임을 뜻한다. 그러므로 현존재가 참으로 자기 자신일 수 있기 위해서는 현존재가 자기 자신으로부터 스스로를 그 같은 존재로 만들 때만이 가능한 것이다.

그런데 죽음 속으로 앞서 달려간다 함이 현존재로 하여금 이웃세계와의 관계에서 나타나는 고려적·배려적인 염려와의 단절을 의미하는 것은 아니다. 세계 내 존재라는 상황에 처해 있는 인간 현존재는 사물과의 관계에서, 이웃과의 관계에서, 염려가 떠나지 않는 존재양식을 갖고 있음은 숙명적이다. 그러므로 하이데거가 현존재의 세계는 함께 하는 이웃세계(Mitwelt)라든지, 현존재는 본질적으로 함께 하는 공존(Mitsein)이라는 표현을 통해서 알 수 있듯이, 고려적·배려적인 염려는 현존재의 내적인 고유한 본질로서 현존재의 근원적인 구조를 이루고 있다. 다만 현존재가 본래적으로 자기 자신일 수 있음은 그것이 사물과의 고려적인 관계이든, 또는 이웃과의 배려적인 관계이든 현존재 자신을 일상적인 세인을 향해서가 아닌, 근본적으로 자신의 가장 고유한 존재가능을 향해 기획, 투

---

50) 위 책, S. 263.
51) 위 책, 같은 쪽.

사할 경우에만 그런 것이다. 그러므로 "죽음이라는 몰교섭적인 가능성으로의 선행은, 선행하는 바로 그 현존재의 가장 고유한 자신의 존재를 현존재 자신으로부터, 현존재 자신에 의거해서 떠맡을 가능성 속으로 현존재를 강제하는 것이다."[52] 이처럼 죽음이라는 불가피한 가능성으로의 선행은 현존재로 하여금 죽음을 앞지를 수 없는 최후적인 가능성으로 확신하게 한다.

또한 우리는 가장 고유하고 앞지를 수 없는 확실한 가능성으로의 죽음의 때가, 실존의 절대적인 불가능성이 확실해지는 죽음의 때가 불확정적이라는 사실을 주목할 필요가 있다. 죽음의 때가 불확정적이라 함은 인간 현존재에 있어서 그 죽음이 언제든지 나타날 수 있음을 뜻한다. 우리는 지금 죽을 수도 있고 몇 년 후에 죽을 수도 있는, 확실하면서도 그러나 불확정적인 죽음을 향해 질주하고 있는 모습이다. 그러나 죽음의 이러한 불확정적인 가능성으로 말미암아 현존재는 늘 함께 하는 죽음의 의식 속에서 자신의 존재에 대한 자기이해, 설계, 기획이 가능한 것이다. 하이데거가 현존재를 실존을 성취할 수 있는 존재가능으로 말할 때, 거기에는 대치될 수도 없고 거부할 수도 없는 불확정적인 죽음의 가능성이 뒷받침되고 있는 것이다. 이처럼 본래적인 실존은 하이데거에 있어서 죽음을 불확정적인 가능성으로 자신 속에 지니고 있다.

현존재는 자신의 죽음 속으로의 선행에 있어서 언제 죽을지 모른다는 끊임없는 위험에 처하게 된다. 그런데 이 위험은 밖으로부터 오는 것이 아니라 죽음을 자기 자신 안에 간직하고 있는 열려진 '거기'(Da)인 현존재 자신으로부터 나타나는 것이다. 그러면 이러한 위협이 어떻게 현존재에게 드러나 보이는가? 그것은 불안의 정조(情調)로 말미암는다. 불안이야말로 현존재의 가장 고유한 존재로부터 솟아오르는 끊임없는 절대적인 위협 그 자체를 현존재로 하여금 간직하게 할 수 있는 정조이다. 그러므로 현존재가 불안의 정조 속에 있다함은 "자기

---

52) 위 책, S. 263.

실존에 있어서 가능적인 불가능성이라는 무(Nichts)"[53])에 직면해 있음을 뜻한다. 현존재는 불안으로 말미암아 무 앞에 자신의 실존을 드러낸다. 이처럼 무 앞에 자신의 실존을 드러내는 모습은 현존재의 가장 극한적 가능성인 죽음 앞에서의 불가능성을 드러냄이다. 볼르노도 죽음을 무조건적인 한계상황으로 규정하면서 죽음에 대한 실존철학적인 이해를 다음과 같이 밝히고 있다. "죽음과의 관계는 참다운 실존에 도달하기 위한 필수적 조건이며, 인간의 삶은 죽음을 깨달음으로써 비로소 진정한 실존의 높이에까지 이르게 된다. 최후적이며 넘을 수 없는 가능성으로서의 죽음과의 관계를 통해서 인간의 모든 미래와의 연관들도 그들의 적당한 위치를 얻게 된다."[54] 그러므로 죽음이 하이데거에 있어서 가장 고유하고 추월할 수 없는 확실한 가능성으로 드러날 때, 그 가능성은 "빈 것이 아닌 그 어떤 차 있는 것, 어떤 살아 있는 능력과 같은 것, 가능성 속에 하나의 호흡과 본질이 있는 것"[55]이다.

죽음은 하이데거에 있어서 인간 현존재의 비본래성에서 실존의 본래성에로 되돌아가게 하는데 결정적으로 작용하는 존재양식이다. 그러므로 죽음이 현존재의 삶에 적극적으로 작용해서 삶을 구성하는 요소일진대, 이처럼 불가피한 최종적인 가능성으로서의 죽음을 향해 자기 자신을 내던지는 "선행적인 결단(Vorlaufende Entschlossenheit)"[56] 속에서 일상성으로 점철해진 현존재의 본래성을 회복할 수가 있다. 실존은 하이데거에 있어서 존재가능이다. 그런데 죽음은 언젠가는 다가올, 그러나 절대적으로 피할 수 없는 가능성으로 인간실존 속에 함께 자리 잡고 있다. 그런 의미에서 죽음도 인간 현존재에 있어서 항상 실현될 수 있는 가능성이다. 죽음은 일상성에 물들어 있는 세인 자신에게 원래 소유하

---

53) 위 책, S. 266.
54) O.F. Bollnow, Existenzphilosophie, S. 75.
55) W. Kroug, 'Das Sein zum Tode bei Heidegger', in : Zeitschrift für philosophische Forschung, Bd7 (1953), S. 392.
56) M. Heidgger, Sein und Zeit, S. 329.

고 있었을 직접적이고도 본원적인 삶의 고유한 빛을 발하라고 호소한다. 하이데거가 현존재를 죽음에로의 존재, 또는 종말에로의 존재라고 함은 불확정적인 가능성을 지닌 죽음에 대한 의식과 이해를 통해서만이 독자적인 자기 실존을 획득케 하는 나의 고유한 죽음이라는 최종적인 확실성을 얻을 수 있음을 뜻한다. 그러므로 하이데거에 있어서는 죽음을 떠난 실존이해란 있을 수 없다. 죽음이 함께 하는 실존이해가 있을 뿐이다.

2-5 역사성에 대한 분석

하이데거는 현존재의 한 구조형식으로 역사성을 말한다. 그는 종전의 철학의 관심이 객관적인 역사로 향한 것과는 반대로, 역사를 형성하는 현존재의 독특한 구조형태인 역사성에 대한 고찰을 전개함으로 실존철학의 특수한 입장을 밝히고 있다. 하이데거가 이해하려는 역사(Geschichte)라는 개념은 역사에 관한 과학이나 대상으로서의 역사가 아니다. 하이데거는 현존재의 움직임 자체가 역사적인 면을 띠고 있다고 보면서, 현존재는 그 자신이 움직이고 있기 때문에 근본에 있어서 역사적이라는 것이다. 그런데 현존재의 움직임(Bewegung)은 단순히 현존하는 것들의 움직임이나 인간밖에 대상들의 움직임과는 구별되어질 성질의 것이다. 하이데거는 현존재에 있어서만의 이러한 특수한 움직임을 현존재의 생기(生氣 · Geschehen)라고 말한다.

우리는 이러한 현존재의 생기구조를 통해서만 현존재의 역사성을 파악할 수가 있다. 하이데거가 강조하는 바는 현존재자의 존재가 역사성에 의해서 구성되어 있기 때문에 현존재는 사실상 언제나 자신의 역사를 가지고 있고, 또 가질 수가 있다는 것이다. 따라서 그는 역사과학이나 세계역사를 통한 역사성의 본질 파악을 거부한다. 하이데거는 인간 현존재를 철저히 역사적인 존재로 파악하고 있는

데, 삶의 철학도 이와 같은 입장을 취한다. 삶의 철학자인 딜타이도 인간을 그 근본에 있어서 역사적인 존재로 파악하는데, 그가 말하는 객관적인 역사는 하이데거에 있어서 볼르노에 의하면 인간의 주관적인 역사성(Subjective Geschichtlichkeit)으로 환원될 성질의 것이다.

그런데 인간의 주관적인 역사성은 현존재의 또 다른 존재구조인 시간성 속에 근거하고 있다. 하이데거는 그의 「존재와 시간」에서 앞에서 본 것처럼, 히기누스의 우화를 통해 인간의 일생이 염려의 지배 아래 있다는 것과, 인간의 근원적인 존재의미를 향해 이러한 운명적인 심판을 내린 것이 시간(saturn)이었음을 밝히고 있다. 하이데거에 있어서 현존재가 역사적인 존재로 불리어지게 됨은 인간의 존재의미가 이처럼 시간적으로 규정됨으로 말미암는다. "현존재의 역사성에 대한 분석은 이 존재자가 역사 속에 있기 때문에 시간적인 것이 아니라, 그 반대로 그 현존재의 존재가 근본적으로 시간적이기 때문에 그로 말미암아 그 존재자는 역사적으로 실존할 수 있다는 사실을 보여 주려는 것이다."[57] 개인의 고유한 실존적인 시간성은 현존재가 피할 수 없는 최종적 가능성인 죽음에 자기 자신을 내던짐으로써 온전하게 드러난다. 시간성은 하이데거에 있어서 개별적인 현존재의 구조형식으로 파악된다. 바로 이러한 고유한 시간성이 현존재에 있어서 숙명적인 고유한 역사성을 가능하게 한다. 하이데거는 현존재의 역사성이 담고 있는 의미들을 다음과 같이 밝히고 있다.

먼저, 현존재의 역사성은 개별적인 인간이 함께 거할 공동체나 민족과의 연결을 필연적으로 전제하고 있음을 지적한다. 현존재가 세계 내 존재임이 숙명적일진대 "타인과의 공존(Mitsein)은 본질적인 것으로, 자기의 사건은 곧 공존의 사건이며, 이것은 하나의 운명(Geschick)으로 규정되어 있다."[58] 하이데거는 현존재의

---

57) M. Heidegger, Sein und Zeit, S. 376.
58) 위 책, S. 384.

역사성이 타인과의 공동운명체의 성질을 띠므로 인간이 물려받고 있는 유산(Erbe)도 필연적으로 공동적인 것으로 본다. 볼르노도 "인간은 하나의 공동적인 역사에 의해 결합된 그의 이웃과 더불어 이미 공동적인 유산 속에 놓여 있음을 발견한다"[59]고 말한다. 하이데거는 공동적인 유산 속에 놓여 있는 인간의 역사성 속에 역사의 진보나 발전이 아닌 유산의 전승을 통한 인간의 자기충실성을 보려고 한다. 그러므로 실존적 인간은 이 유산 속에 담겨져 있는 정신적인 내용들을 자기 것으로 소화시켜 그것들과 동화하려고 노력함으로써 변화하는 역사 안에서 최후적인 확고한 입장을 획득할 수가 있는 것이다. 다음으로, 따라서 현존재의 역사성 속에서 유산 속에 면면이 이어오는 실존적인 가능성을 각각의 현존재의 마음속에 새롭게 실현시키는 방법이 요구되는데, 그것은 반복(Wiederholung)이다. 하이데거는 이 반복이라는 개념을 통해 현존재의 역사성에 대한 포괄적이 이해를 얻고자 한다. "가능적인 것의 반복은 과거의 것을 다시 가져오는 것도 아니요, 현재를 앞질러 간 것에 다시 매어 두는 것도 아니다. 반복은 어떤 결단된 자기 기획으로부터 나온 것이기 때문에 과거의 것에 설복되어서 이전의 현실적이었던 이 과거의 것을 오직 되돌아오게 하는 것도 아니다. … 반복은 과거의 것에 자기를 위탁시키는 것도 아니요, 어떤 진보를 목표를 하는 것도 아니다. 이 두 가지는 순간의 진정한 본래적 실존에 있어서는 아무래도 좋은 것이다."[60] 끝으로, 현존재의 역사성은 현존재의 시간성에서처럼 미래 지향적이다. 오직 미래(Zukunft)만이 현존재의 역사성을 나타낸다. 하이데거는 미래를 본원적이고 본래적인 시간성의 근원현상이라고 본다. 미래는 현존재의 존재를 성취할 수 있는 가능성으로, 불가피한 동시에 불확정적인 죽음이라는 최종적인 가능성이 그를 뒷받침하고 있다. 따라서 시간성과 불가분의 관계를 맺고 있는 현존재의 역사성

---

59) O.F. Bollnow, Existenzphilosophie, S. 113
60) M. Heidegger, Sein und Zeit, S. 385ff

에 있어서의 미래는 곧 종말(Endlichkeit)을 뜻한다. 이 사실은 "죽음에로의 본래적인 존재, 즉 시간성의 종말이 현존재의 역사성의 숨은 근거임"[61]을 뜻한다. 하이데거는 역사를 인간의 유한성이 표현된 것으로 보고 있다.

하이데거는 그의 「존재와 시간」에서 인간 현존재의 분석을 순수하게 존재론적으로 시도하고 있다. 다시 말하면, 현존재는 그가 종국에 추구할 보편적 존재론의 근거로 분석되고 있다. 왜냐하면 모든 존재자 중에서 인간만이 나름대로 자기 자신의 존재에 대해서 구명할 유일한 존재이기 때문이다. 따라서 하이데거가 원하는 존재문제에 대한 해답은 그 전제로서 현존재로 불리어지는 인간존재의 양상이 먼저 탐구되어야 한다. 이에 따라 현존재에 대한 형식적인 구조해명이 일단 그의 철학의 목적이 된 것이다. 따라서 하이데거는 존재해명에 불가피하게 등장하는 것이 인간문제임에도 불구하고 자신의 철학이 인간학적인 방향으로 취급되는 것과는 거리가 멀다는 것을 강조한다. 그는 일단 현존재분석을 인간에 관한 모든 경험과학들, 인간학, 심리학, 사회과학 등과 대립시키면서 인간에 대한 존재론적인 본질규정을 시도한다. 이에 대해 란츠베르크는 하이데거를 인간학적으로 규정된 사상가로 인정하면서, 하이데거가 그의 철학의 근거를 적어도 인간학적인 근본문제 속에서 찾고자하는 경향을 볼 수 있다고 말한다.[62] 또한 디머(A. Diemer)도 하이데거의 인간에 관한 철학을 "실존철학적인 인간학"[63]이라 부른다. 그러나 하이데거는 현존재를 분석함으로써 분명히 실존철학의 문제영역에 포함되어 있음에도 불구하고 그의 철학적인 노력이 실존철학이라 칭함을 받는 것을 거절한다. 자신의 현존재분석은 실존철학의 근본적인 삶의 결단과는 아무런 관계가 없다고 강조한다. 하이데거의 철학적 관심은 철학적 인간학이나 실존철학의 완성에 있는 것이 아닌, 오직 존재 자체에만 있다.

---

61) 위 책, S. 386
62) L. Landsberg, Einführung in die philosophische Anthropologie (Frankfurt/a.M. 1960), S. 49 참조
63) A. Diemer, Elementarkurs Philosophie, S. 61.

우리는 하이데거의 현존분석을 통해서 드러나는 특징들을 다음과 같이 열거해 볼 수 있다. 첫째로, 하이데거에 있어서의 현존재는 어디까지나 인간적인 현존재(Das menschliche Dasein)를 뜻한다. 이런 면에서 그의 사상은 휴머니즘적인 면이 있다. 그러나 하이데거가 인간분석을 어디까지나 형식적인 존재구조를 밝히려 하는 점에서는 비 휴머니즘적이기도 하다. 둘째로, 하이데거의 현존재는 인간일반이 아닌 각기 독특한 존재방식을 갖는 개인적인 현존재이다. 이런 면에서 그의 사상은 주관주의적이기도 하다. 셋째로, 하이데거의 현존재는 개인적인 현존재임에도 불구하고 고립된 개체주의적인 것이 아니라 어디까지나 세계내의 존재요, 따라서 이웃과의 공존의 존재이다. 넷째로, 하이데거의 현존재는 불변적인 존재가 아닌 동적인 존재다. 그의 현존재는 본질적으로 시간과 시간성에 의존해 있다. 다섯째로, 하이데거의 현존재는 그 본질에 있어서 실체적인, 사물적인 것이 아니다. 그는 인식하는 주체인 인간을 실체나 연장으로 본 데카르트적인 입장에 반대한다. 현존재는 비물체적이다. 현존재는 오직 그만이 소유하고 있는 독특한 방법인 실존적 방법 속에서 살아가는 존재이다. 그의 실존적이 모습이 그를 다른 생명체들과 구별짓게 하는 점이다.

3. 겔렌(A. Gehlen): 결핍된 존재로서의 인간

3-1 개관

겔렌은 자신의 인간에 관한 탐구를 철학적 인간학이라고 부른다. 이것은 인간학이 철학적이어야 함을 뜻한다. 왜냐하면 인간학은 심리학, 생물학, 형태학 등과 같은 개별과학들이 고찰한 인간에 관한 부분적인 면들을 비판적으로 되물음과 동시에 이것들의 연구결과를 포괄적으로 종합하려 하기 때문이다. 이처럼 겔렌은 자신의 인간에 관한 철학적 탐구를 통해 인간에 관한 통일적이고도 전체적인 이해를 얻고자 한다. 그러므로 인간학이 '하나된 인간'이라는 차원에서 인간을 대상으로 삼기 위해서는 존재자로서의 존재자를 파악하는 형이상학적인 고찰방식과 같이 철학적이어야 한다는 사실이다. 물론 겔렌은 인간에 관한 전통적인 형이상학적 고찰방식을 거부한다. 왜냐하면 자신의 철학적 인간학이 인간에 관한 전인적인 이해를 목표로 하고 있다는 차원에서, 형이상학적 고찰은 인간의 육체와 영혼이라는 이원론의 입장에 서 있다는 사실과, 또한 정신과 영혼 같은 형이상학적 개념들은 경험과는 무관하게 자의적으로 설정된 것들이라는 사실 때문이다. "정신, 의지, 영혼 등과 같은 모든 추상적, 보편적 개념들은 경험적인 것들과 어느 곳에서건 충돌을 피할 수 없는 형이상학적 개념들이다."[64]

우리는 여기에서 겔렌이 경험적으로 명증하기도 어렵고 잘못 확인될 수도 있는 그러한 추상적 개념들을 자신의 인간학적 구상에서 배제시키려는 노력을 볼 수 있다. 따라서 겔렌은 셸러처럼 인간에 관한 문제제기와 그 해답을 철저히 생물학적인 입장에서 추구한다. 겔렌이 전개하는 인간학은 방법론적 기초의 차이로 인해 셸러와 근본적인 차이점도 드러난다. 일 예로, 겔렌은 셸러가 자신의 인간학 전개에 도입한 계층설을 부인한다. 그러나 셸러의 인간학적 문제제기의 출발점이 된 인간과 동물의 비교와 그 결과에 대한 고찰방식은 서로 일치한다. 그는 생물계 내에서의 인간의 특수한 위치를 확인하는 속에서 인간에 관한 보편적인 이해를 얻고자 시도한다. 겔렌은 자신의 주저인 「인간」에서 "인간을 신의 피조물로 생각하느냐, 또는 원숭이로부터 특출하게 발전된 것으로 생각하느냐에 따라 실제적으로 인간에 관한 해석이 달라진다."[65]고 말한다. 인간이라는 현존재를 어떻게 해석하느냐 하는 결정에 따라 인간에 관한 문제들이 뚜렷하게

---

64) A. Gehlen, 'Zur Systematik der Anthropologie, in : Studien zur Anthropologie und Soziologie (Berlin 1971), S. 14.
65) A. Gehlen, Der Mensch, Seine Natur und seine Stellung in der Welt (Frankfurt/a.M. 1971), S. 9.

밝혀질 수도 있고 은폐될 수도 있다. 인간에 관한 종래의 해석들은 그에 의하면 서로 간에 어떤 통일 점을 발견했다기보다는 서로 간에 뒤엉킨 상태이며, 또한 인간을 인간자신으로부터 파악하려하기보다는 인간 밖의 어떤 다른 범주들의 도움 속에서 파악하였다. 겔렌은 신학적 인간학의 출현도 그러한 결과의 하나로 본다. 이러한 주장과 더불어 그는 인간에 관한 새로운 해석의 필요성이 요청됨을 강조한다.

겔렌은 딜타이처럼 인간을 철두철미하게 그 자신으로부터 이해하려고 한다. 그가 자신의 저서인 「인간학적 탐구」의 부제를 '인간의 자기와의 만남과 자기발견'으로 삼고 있음을 볼 때, 그의 철학적 인간학의 과제와 방향을 알 수 있다. 인간의 자기이해나, 인간본질에 대한 자기해석은 삶의 필수적인 기능이다. 겔렌에 있어서 인간은 자신을 과제로 삼는 존재이며, 또한 자신과 타인에게 자신의 입장을 취하는 존재이다. 따라서 그는 인간을 신의 아들이나 진화된 원숭이로 파악하려는 생각을 불충분한 생각이라고 판단한다. 그는 자신의 생물학적인 입장은 자연주의적·진화론적인 입장도 아니며, 그것은 동물과는 근본적으로 구분되는 "자연의 특별한 기획"[66]으로서 인간만이 소유하고 있는 입장이라고 말한다. 니체는 인간을 '아직 고정되지 아니한 동물'로 규정짓는데, 겔렌은 이러한 니체의 인간에 관한 정의 속에 들어 있는 양면성, 즉 인간이 정녕 무엇인지 아직 확정되어 있지 않다는 점과, 인간은 아직 고정된 확고한 위치에 도달해 있지 않다는 점을 지적하면서, 인간의 양면성을 자신의 인간에 대한 인간학적인 해석의 출발점으로 삼고 있다. 그는 자연에 있어서의 인간의 위치를 다음과 같이 폭넓게 확인하고 있다. "자연은 인간에게 하나의 특수한 위치를 부여하였다. 달리 말하면, 자연은 인간 속에 그 외의 것에는 있지 아니한, 또한 아직은 결코 충분히 음미하여 보지 않은 진화의 방향을 설정하였다. 인간이 다음 해에도 역시 살

---

[66] A. Gehlen, Der Mensch, S. 15.

수 있다는 것 자체가 이미 그에게 있어서는 놀라운 업적이다. 이 업적을 이룩하기 위하여 인간은 그의 모든 능력을 자기 자신을 통해 사용하지 않으면 안 된다. 그리고 인간이 확고한 위치에 도달해 있지 않다는 것은, 그가 살아남기 위해서는 아직은 자신의 고유한 소질과 재능을 발휘할 수 있음을 뜻한다."[67] 이처럼 겔렌은 아직 확고한 위치를 갖지 못한 인간의 자연에서의 특수한 위치에 대한 규정을 통해 인간을 타자뿐만 아니라 자신에 대해서도 일정한 태도를 취하는 존재로 본다. 인간이 자기 자신의 태도를 취한다는 것은, 그렇게 하지 않으면 생존할 수가 없는 상황이 예견되기 때문이다. 이러한 사실은 동물이 특수한 생활조건과 환경에 꼭 들어맞게 생활하는 것과는 달리, 인간은 결핍된 존재임을 나타낸다. 이러한 겔렌의 주장은 일단은 셸러에 근거하고 있다. 셸러는 겔렌의 주장을 뒷받침할 견해를 다음과 같이 피력하고 있다. "인간은 주위환경에 대한 기관적·지능적 측면에서의 그와 같은 적응성의 결여에 근거하여 비로소 자의적인 자유롭고 활발한 적응, 즉 오성, 선택, 언어, 도구제작과 같은 근본적인 조건들을 개발시킬 수가 있었다."[68]

겔렌이 인간을 결핍된 존재로 규정함은 동물계 내에서의 인간의 특수한 위치에 대한 해부학적인 해석에 근거하고 있다. 인간학이 인간을 보편적이면서 통일적인 대상으로 다루려면, 인간이 다른 동물과 비교해볼 때 결핍된 존재라는 해부학적인 연구결과를 받아들여야 한다는 것이다. 겔렌은 이러한 측면에서 "해부학이 인간육체의 구조에 관한 보편적인 과학일진대, 인간에 관한 전체적인 파악도 가능해야 한다"[69]고 말한다. 특수과학인 해부학의 성과는 겔렌에 있어서 간접적으로 철학 속에 받아들여지면서, 이제 해부학은 종래의 특수과학의 범위를 벗어나 인간에 관한 철학적 탐구영역으로 넘어오게 된다.

---

67) 위 책, S. 17.
68) M. Scheler, Vom Umsturz der Werte, 같은 전집 Bd.3 (1986), S. 192.
69) A. Gehlen, Der Mensch, S. 11.

그런데 겔렌은 해부학에 대한 긍정적인 수용과는 달리 다른 특수과학들, 예를 들면 생물학, 심리학, 언어학, 생리학 등의 인간에 관한 탐구 성과에 대해서는 부정적이다. 이것들의 인간에 관한 연구 성과는 그에 의하면 인간의 외적인 면과 내적인 면을 전체적으로 고려하지 못했다. 따라서 인간에 관한 개개의 특성들은 파악되자마자 인간만의 독특한 것은 아무것도 발견할 수 없게 되었다는 것이다. 그러므로 인간에 대한 개별과학들은 인간에 관한 전체직관이 없는 한, 개개의 특징들을 고찰하고 비교하는 데 그칠 수밖에 없다. 또한 그러한 상태에 머무는 한, 뚜렷한 인간에 관한 철학적 탐구란 없게 된다. 이것은 인간에 관한 분명한 본질파악은 불가능함을 뜻한다. 정신과 신체를 함께 가진 인간의 전체성에 대한 인식추구 없이는 인간의 본질에 대한 구명은 불가능하다.

겔렌은 인간에 대한 인식방법으로 인간생물학(Anthropo-Biologie)적 고찰을 말한다. 그는 이 방법을 통해 매우 복잡한 내면성을 소유하고 있는 인간의 특수체질이 밝혀질 수 있다고 주장한다. 그러나 이러한 고찰방식이 단순히 인간의 신체적인 것에만 해당되어서는 안 되며, 정신적인 것도 함께 설명할 수 있어야 한다는 것이다. 그러면 겔렌의 인간생물학 차원에서 문제설정의 가능근거는 무엇인가? 그는 동물과 인간의 비교가능성을 통해 드러나는 동물계 내에서의 인간의 특수한 위치를 살피면서, 인간을 결핍된 존재라고 규정지을 수밖에 없는 인간의 실존조건들(Existenzbedingungen) 속에 자리 잡고 있다고 본다. 형태학적으로 볼 때 인간은 다른 모든 동물과는 달리 생물학적인 의미에서 비규정적·비전문적·비적응적인 단순하고도 미숙한 존재이다. 인간은 자신의 삶이 위태로울 정도로 진정한 의미의 본능을 소유하고 있지 않을 뿐더러, 젖먹이 기간 동안 보호양육성이 오랫동안 절대적으로 필요한 미숙한 존재이다. 그러므로 인간은 자연 그대로의 조건들 아래에서는 자기 자신의 본능적인 감각기능, 신체적인 공격능력 또는 방어수단이 거의 없기 때문에 다른 맹수들 틈에서 살아남는다는 것은 거의 불가능

했을 것이며, 벌써 지구상에서 멸종되었을 것이다. 인간은 형태학적으로 볼 때 자연에 있어서 예외의 경우에 속하는 존재의 모습이다. 그러면 이처럼 본래적으로 미완성된 존재로, 결핍된 존재로 규정되는 인간이 주어진 자연적인 조건들 속에서 하등의 보호도 받지 못할 만큼 기능적인 빈곤을 외부에 노출하면서, 어떻게 자신의 삶을 영위할 수 있겠는가 하는 점이다. 겔렌은 이를 위한 충분조건으로 행위기능(Handlungsfunkion)과 부담해소기능(Entlastungsfunktion)을 제시한다.

3-2 인간의 행위 기능

겔렌은 미국의 실용주의의 영향 아래 인간의 본질을 인간자신의 고유한 행위적인 특성에서 찾고자 한다. 겔렌에 의하면, 인간은 행위하는 존재이다. 그는 인간을 이미 헤르더(J.G. Herder)가 밝힌 것처럼, 육체기능상 결핍된 존재로 규정한다. 따라서 인간은 이 땅에서 생명을 유지하고 자신의 삶을 영위하기 위해서는 자신의 불리한 모든 육체기능상의 불리한 것들을 극복하려고 한다. 이것은 곧 인간의 자기이해의 현상이다. 이러한 인간의 자기이해는 다른 동물들에게는 찾아 볼 수 없는 자연의 특별한 기획으로, 기능적인 측면에서만 보더라도 자신의 형태학적인 불리한 처지의 삶을 영위할 임무나 능력을 수행할 가능 근거이다. 때때로 자연의 섭리는 인간에게 본능에 사로잡힌 삶의 영위나, 어떤 천성적인 앎을 통한 안이한 삶의 영위를 허락하지 않는다. 이것은 인간에게 부여된 이성과 자유의지 차원에서 모든 것을 자기 스스로 도출해내야 할 입장임을 시사한다. 따라서 인간의 자기이해나, '나'에 대한 이해는 한편으로는 자연의 변형이나 정복을 꾀할 수 있는 능력을 소유한 행위하는 존재라는 사실을 통해서, 다른 한편으로는 무엇보다도 행위를 통해 삶을 위해 형성된 개조된 자연인 문화와 더불어 호흡하는 문화적 존재라는 사실을 통해서만 가능한 것이다. 이러한 문화라는 우회로를 통한 인간의 자기이해는 겔렌과 더불어 딜타이, 플레쓰너, 포르트만 등을 통해서도 주장되고 있다. 문화는 제2의 자연으로, 이 문화의 집에는 인간만이 거할 수 있는 곳으로 인간에 의해 자발적으로 형성된 것이다. 이처럼 겔렌은 자신의 인간학을 전개함에 있어서 인간의 가장 특징적인 면으로 문화형성을 내세운다. 겔렌이 인간을 행위하는 존재로 규정지을 때, 그 행위의 참 모습은 곧 문화형성이다. 행위는 그에게 있어서 문화를 형성하는 인간의 모든 활동을 뜻한다.

이처럼 인간은 자신의 형태학적인 결핍으로 인해 내일의 삶을 살기 위해서는 그 무엇인가를 행하여야 할 존재이다. 그는 자신에 의해 인위적으로 만든 자신에 알맞은 보상세계인 제2의 자연을 자신이 거하는 곳이면 어디서나 형성하지 않으면 안 된다. 인간은 이른바 인위적으로 해독된 자연(Entgiftete Natur)인 문화세계를 형성하는 속에서 삶을 영위한다. 인간은 어찌 보면 이미 생물학적으로 자연의 정복을 위해 강요받고 있다고도 말할 수 있다. 따라서 문화 창조와 같은 인간의 지적인 행위는 무엇보다도 순수한 생물학적인 욕구와 필요성에 의한 실질적인 외부세계의 변화를 의미한다. 인간은, 일 예로 신체상 털의 결핍현상으로 인해 추위에 떨지 않기 위해서 모피를 생산해 몸에 걸칠 줄도 알며, 또한 육체적으로 타고난 자연적인 보호 장치가 없기 때문에 자신의 방어를 위한 무기를 생산하고 사용할 줄 안다. 여기에서 우리는 인간의 모든 정신적, 지적 능력들은 인간의 행위능력 차원에서 이해되고 고찰되어야 함을 알 수 있다. 이처럼 정신에 대한 겔렌의 경험적·실용적인 차원에서의 이해가 엿보인다. 주위 자연환경에 대한 부족한 적응능력과 그에 따른 자극과다 현상으로 인한 불가피한 생물학적인 부담현상은 행위기능을 통해 충분히 보상되고 있는 삶의 모습이다.

그렇다면 인간이 행위를 할 수밖에 없는 이유는 무엇일까? 이 물음의 핵심은 겔렌이 인간을 '행위하는 존재'로 규정할 때 그것이 의미하는 바가 무엇이겠는가 하는 점이다. 겔렌은 인간의 행위의 당위성을 다음과 같이 강조한다. "동물은 언제나 현재 속에 살고 있으며 '지금'의 성취 속에 살고 있다. 이것은 분명하긴 하지만 창조적이지 못하다. 동물은 충동적인 상태에 머물러 있으며, 또한 본능은 매순간마다 육체적 구조와 기관에 상응하여 응답할 수 있는 자극들을 자신에게 제시해 준다. 이에 반해, 인간은 예측할 줄 아는, 세계에 대해 개방적인, 따라서 활동하며 행위 하는 존재로 자신의 신체적인 실존조건들을 주위 형편에 맞게끔 조성하고, 계획된 행위를 통해 형성한다.[70]" 인간의 행위기능은 자신의 생물학적인 결핍으로 인한 무기력의 한계를 극복할 수 있는 가장 중요한 원리이다. 인간은 자신의 삶을 영위하기 위해서, 더 나아가서는 불리한 육체적 조건들 속에서 살아남기 위해서는 행위할 수밖에 없는 존재이다.

인간은 겔렌의 입장에서 보면 삶을 영위하기 위해, 내일을 살기 위해 행위할 수밖에 없는 처지이다. 그런데 이 행위 속에는 인간의 역사성과 문화성이 함께 하고 있다. 이 사실은 인간이 세계 내에 그저 거하는 존재가 아님을 밝혀 주고 있다. 인간은 자연이 부여한 특수한 위치 속에서 삶을 영위할 과제와 능력을 자신 속에 스스로 갖고 있음을 문화적인 제 현상을 통해 구체화시킨다. 인간의 문화적 활동은 인간을 인간으로 만드는 놀라운 능력 발휘이다. 따라서 겔렌이 인간을 행위하는 존재로 규정할 때, 그것은 인간이 설정한 삶의 목적을 위해 자연적인 것들을 변형시키려는 인간의 활동을 뜻한다. 또한 인간과 동물은 다 같은 생물체로서 비록 생존이라는 목표 설정에는 다를 바가 없을지라도 '어떻게' 라는 생존방식과 그에 입각한 행동양식에 있어서는 근본적 차이가 있음을 뜻한다. 겔렌은 인간과 동물을 생물학적인 신체구성이나 행동양식의 차이점에서 이 둘을 구분 짓고 있을 뿐만 아니라 둘 간의 개념적·본질적인 차이를 내세워 동물을 인간의 반대개념으로 철저히 대립시킨다.[71] 그래서 겔렌은 지렁이로부터 침

---

70) A. Gehlen, Der Mensch, S. 349.
71) A. Mahn, Über die philosophische Anthropologie von A. Gehlen, in : Zeitschrift für philosophische Forschung, Bd.6 (1951/52), S. 72 참조.

팬지에 이르기까지 인간이 아닌 모든 것들을 동물(Tier)로 규정하여 인간의 범주로부터 제외시킨다. 인간만이 지구상의 어디서든지 그것이 북극이든, 남극이든, 늪지대이든, 건조한 사막이든, 도시이든, 정글이든지 간에 제 2의 자연인 문화를 형성할 가능성들이 제시되는 곳이면 어디서나 삶을 형성할 능력이 있는 존재이다. 인간은 동물들과 근본적으로 다른 구조적인 형태를 가지고 태어났기 때문에 그에 따른 다른 활동능력, 지각능력을 소유하고 있다. 이것은 곧 자유로운 선택에 의해 무엇이든지 행위할 수 있는 인간의 능력을 뜻한다. 인간의 행위기능이야말로 자신의 생물학적인 결핍으로 인한 무기력의 한계를 극복할 수 있는 가장 중요한 원리이다. 그러므로 인간은 자신의 삶을 영위하기 위해서는 무엇보다도 행위를 해야 하는, 또한 행위하기 위해서는 삶을 영위할 수밖에 없는 근본과제를 자신 속에 간직하고 있다. 인간은 행위를 통해 자신의 실존이 확고해질 뿐만 아니라 더불어 삶의 내적 가치도 함께 형성된다. 인간은 산다는 것 그 자체이다. 산다는 것은 행위 그 자체이다. 이 행위는 곧 인간의 자기이해를 내포하고 있다. 인간이 자기에 대해, 이웃에 대해, 세계에 대해 나름대로의 태도를 취할 수 있음은 자신에 대한 자기이해가 있기 때문이다. 인간은 자신에 대한 이해 속에서만이 자신의 삶의 과제가 무엇인지를 의식하게 되고 그것에 걸맞은 삶을 이룩할 수 있는 것이다. 다시 말하면, 인간의 자기에 대한 이해나 해석은 행위 작용을 통해 인간의 근본과제가 삶을 유지하고 보존하는데 있음을 밝히는 것이다.

이처럼 인간은 자신의 육체기관의 결핍으로 인해 내일을 살기 위해서는 그 무엇인가를 행해야 할 존재이다. 자신의 실존의 안정을 위해 온갖 노력을 기울이는 것이 곧 인간의 행위 모습이다. 인간의 삶은 겔렌에 있어서도 값진 것이다. 그러나 그것은 어디까지나 실용적인 측면이 강하다. 즉, 겔렌은 인간의 자기이해에 대한 본원적인 욕구와 그에 상응하는 행위를 지속적인 삶의 연명을 위한 수단적인 기능차원의 것으로 간주한다. 그렇다면 이러한 생존차원의 행위기능이 인간 이외의 다른 동물들에게도 해당되는 것인가? 인간도 다른 동물들과의 정도차이 가운데 주어진 여건들 속에서 살아남기 위해서는 어떻게(Wie) 라는 차원의 수단들만을 찾아야 할 입장이 아닌가라는 점이다. 우리는 겔렌이 말하는 생존차원의 행위가 막연한 자연 발생적인, 본능적인 차원의 것이 아니라는 사실에 주목할 필요가 있다. 그것에는 삶을 유지할 목적이 있고, 갖가지 수단이 동원되는 계획이 수립되고, 그에 따른 불리한 주위 것들을 삶에 유익한 것으로 탈바꿈시키는 실물의 변형이 있다.[72]

어쨌든 겔렌에 있어서는 그저 사는 것이 전부가 아니라는 윤리적·종교적 차원에서 삶의 의미를 향한 물음제기가 불가능한 것처럼 보인다. 이것은 그가 인간의 본질을 다른 동물과의 형태학적인 비교를 통한 인간생물학 차원에서 구명하려 함에 따른 당연한 귀결이기도 하다. 이렇게 볼 때, 겔렌의 인간의 본질에 관한 인간학적인 물음은 인간은 무엇인가 라는 차원이 아닌 인간은 어떻게 살 것인가 라는 차원에서 설정될 성질의 것이라는 주장도 설득력이 있다. 요컨대, 겔렌은 인간의 본질을 행위 하는 존재로 파악함으로써 행위를 인간에 관한 본질구명의 고유한 단서로 삼고 있으며, 또한 셸러의 생명과 정신이라는 이원론적인 입장을 극복하려고 한다. 인간의 행위기능은 겔렌에 있어서 정신과 육체의 순환과정으로 심·신 두 면이 함께 관계하고 작용하는 원리이다. 겔렌이 말하고자 하는 행위란 "자연을 변화시키려는 방향으로 고유한 목적이 설정된 인간의 활동"[73]을 뜻한다.

3-3 인간의 부담해소 기능

우리는 겔렌의 부담해소 기능을 논하기 전에, 먼저 하이데거의 현존재 분석에

---

72) A. Gehlen, Zur Systematik der Anthropologie (Berlin 1971), S. 20 참조
73) A. Gehlen, Anthropologische Forschung, S. 17

있어서 실존을 상실한 일상인에게 나타나는 존재에 대한 부담해소, 즉 일상인의 본래성 회복이라는 부담으로부터 벗어난다는 것이 무엇을 의미하는 것일까 하는 점을 비교해 보는 것도 좋겠다. 한마디로, 그것은 우리들에게 부여된 실존을 성취해야 할 결정이나 판단의 빼앗김을 의미한다. 우리가 우리로서 실존해야 할 가능성의 사라짐을 의미한다. 하이데거가 현존재의 본질이 그의 실존에 있다고 말할 때, 그 실존은 자연발생적인 것이 아닌, 결단을 통해 성취되어야 할 가능성의 것이다. 그런데 우리의 일상적인 존재 속에는 주체적인 '나'가 있지 않고 일상인이 살고 있기 때문에 지껄임과 호기심으로 가득 들어찬, 진위가 여간해서는 드러나지 않는 삶의 표피적 성격이 두드러진다. 이처럼 일상인은 일상성의 가장 실제적인 주체로 드러나면서, 비자립적이며 비본래적인 방식으로 존재하고 있다. 따라서 하이데거는 "일상적인 현존재의 자기는 일상인 자기(Man-selbst)인데, 우리는 이것을 본래적인 자기, 즉 파악된 자기로부터 구별한다"[74]고 말하면서, 우리가 현존재로서 이러한 비본래적인 존재방식에 대해 투쟁할 것과 일상인의 안락한 지배로부터 벗어날 것을 강력히 요구한다. 우리가 대중적인 존재 속에 안주하는 한, 가능성으로서의 본래적 실존에로의 전환은 불가능하다는 것이다.

그러면 겔렌에 있어서 부담해소 작용의 원리는 어떻게 규정되고 있는가? 겔렌은 이미 위에서 언급한 것처럼, 겔렌의 인간생물학은 인간이 형태학적으로 결핍된 존재라는 사실과, 그 결과 행위를 통한 온전한 자신의 삶의 추구를 꾀할 수밖에 없다는 사실을 보여준다. 인간은 자신의 육체적 기관의 약점으로 인한 적응능력의 결핍과 그에 따른 자극과다 현상의 노출 속에서 자신의 삶을 지속적으로 유지하기 위한 행위를 스스로 할 수밖에 없는 모습이다. 이것은 동물과 비교해 볼 때 생물학적으로 제약된 피할 수 없는 짐이 되고 있다. 인간이 자연과 이웃과 자신과 관계를 맺고 있다는 사실 자체가 자신의 삶을 영위하는데 부

---

74) M. Heidegger, Sein und Zeit, S. 129.

담이 된다. 따라서 인간은 이러한 부담을 스스로의 행위방식을 통해 덜 수밖에 없다. 육체적 기관의 약점을 가지고 있는 인간은 자연과의 대치 속에서 자신의 삶을 지키기 위해 스스로 행위하도록 강요받고 있는 모습이다. 행위는 인간이 자신의 삶을 유지하고 보장한다는 차원에서 삶의 변화를 일으키는 작용능력이다. 그러므로 행위의 핵심은 자신의 삶에 짐이 되는 갖가지 것들을 개조시키고 변화시켜, 살아남을 수 있는 찬스를 지속화시키는 것이다. 이렇게 볼 때 인간이 지속적으로 살아남을 기회를 형성할 수 있는 삶의 능력이란 다름 아닌 스스로 짐을 덜 수 있음 그 자체이다. "인간은 자신의 수단과 활동을 통해 주어진 부담을 덜지 않으면 안 된다. 즉, 자신의 실존적 결핍조건들을 활동을 통해 지속적인 삶을 영위할 기회 속에서 바꾸어 만들지 않으면 안 된다."[75] 그러므로 인간의 부담해소 기능이란 겔렌에 있어서 결핍으로 인한 부담을 덜어버리려는 생산적 활동이다.

인간은 자기 자신 책임을 지도록 위임받는 존재이다. 이것은 동물과 비교해 볼 때, 자연적 존재로서의 인간에게 드러나는 비적응성이 이제는 그 무엇인가를 행할 수 있는 힘과 능력으로 탈바꿈함을 뜻한다. 인간은 자신을 자연에 적응할 수도 있고, 또한 자연을 자신에게 적응시킬 수도 있는 존재이다. 이러한 입장에서 겔렌은 인간을 부담해소 기능을 소유한 존재로 규정한다. 인간은 자신의 실존에 이미 원초적으로 부담을 주는 조건들로부터 자기 자신 벗어날 수 있는 존재이다. 왜냐하면 인간은 자신의 자연적 존재로서의 결핍을 스스로의 활동능력을 통해 오히려 삶에 유익한 것으로 변형시킬 수 있고, 또한 지속적인 삶을 영위할 기회로 삼을 수 있기 때문이다. 이제 인간은 주위 환경세계에 적응하기 어렵다는 부담으로부터 벗어나 세계를 향한 개방성과 그에 따른 적응능력과 처리능력을 소유한 전환된 위치에 서게 된다. 이렇게 볼 때, 인간의 결핍성과 그에

---

75) A. Gehlen, Der Mensch. S. 36.

따른 비적응성은 인간의 단점이기도 하지만 동시에 장점이기도 하다.

그런데 인간의 외부세계에 대한 개방성은 무한한 욕구와 그에 대한 반응행동을 낳게 되는데, 이것은 인간의 욕구충동 내지 자극이 조절되어야 할 필요성이 있음을 뜻한다. 따라서 겔렌은 외부세계로부터의 자극과 반응 사이의 조정역할로서 중간매개(Hiatus)[76]를 설정한다. 이것은 인간의 외부세계와의 관계에서 일어나는 생각, 실험, 기술도야, 가치평가 등을 조절한다. 인간은 이러한 중간매개를 통해 자신에게 합당한 외부적인 자극들만을 받아드림으로써 생명을 위협하는 자극과다의 부담을 해소할 수 있게 된다. 부담해소 현상은 겔렌에 의하면 직접적이 아닌 간접적인 표시를 통해 나타나는데, 그는 제도(Institution)와 언어(Sprache)의 부담해소 기능을 제시하고 있다.

❶ **제도의 부담해소 기능**   인간에게 짐 지워진 부담을 해소하기 위해 인간 행위의 차원에서 이해될 성질의 것들 중에 하나가 제도이다. 사실 인간은 자신의 세계 개방성과 그로 인한 뛰어난 습득 능력을 통해 얻어진 확실한 장치들로 말미암아 시간과 힘을 절약할 수 있는 가운데 더 높은 차원의 것들을 위해 자신의 능력을 발휘할 수가 있다. 그렇다면 동물과 신의 중간에 위치한 인간이 자신의 삶 속에서 추구하는 최상의 것이 무엇인가에 대해 하이데거는 '본래적인 자기'를 찾으려는 것으로, 겔렌은 인간의 '생존 그 자체'로 본다.

제도는 겔렌에 있어서 인간으로 하여금 자신의 생물학적인 열악함에도 불구하고 지속적으로, 체계적으로, 효과적으로 모든 사회적 행위를 가능케 하는 요체이다. 즉, 지속성과 구속력이 있는 공인된 사회생활의 행동양식이다.[77] 이처럼 제도가 삶을 조정하고 안정시킨다는 측면에서, 그것은 인간이 결정해야할 모

---

76) A. Gehlen, Der Mensch, S. 195 참조.
77) A. Gehlen, Urmensch und Spätkultur (Bonn 1964), S. 42 참조.

든 부담을 해소(Entlastung)시킨다. 인간은 제도를 사유재산이나 혼인처럼 초개인적인, 전형적인 모형으로 경험하게 된다. 인간은 제도의 위력 앞에 단지 이러저러한 태도를 취할 뿐 진정한 의미의 행위는 쉽지 않다 "직업, 가정, 국가, 또는 속에 있는 어떤 단체의 요구나 주장은 단지 우리의 행위만을 조정하려는 것이 아니라 우리의 가치 의식이나 의사 결정까지 장악한다. 더 나아가서 이러한 요구나 주장은 제동 걸거나 의심할 여지가 없는, 다른 가능성이란 없을 것 같은 지극히 자연스러운 불가항력의 힘이 실린 자명한 것으로 여겨진다."[78] 또한 제도는 우리의 외부 세계나 타인과의 교통을 확고히 해주고 자명하게 해준다는 측면에서, 그것은 "개개의 인간이 추구하는 내면적인 자기정립과 행동방향의 정립을 위한 외면적인 지주이다. 그것도 필수불가결의 지주이다."[79] 제도는 우리 각자의 행위에 대해 결정론적인 역할을 수행한다 하겠다. 이처럼 우리의 행위에 대해 결정적 역할을 수행하면서 삶을 안정된 기반 위에 세우는 제도를 통해서, 인간은 결핍으로 인한 생명을 위협하는 자극과다의 부담을 해소할 수 있게 된다. 우리는 겔렌에 있어서 인간의 역사성과 사회성 속에서 형성되어온 문화적 행동준칙인 제도의 요구에 순응하는 인간만이 자신의 삶을 가장 확실하게 보장받을 수 있음을 보게 된다. 만일 우리가 겪는 불안한 삶의 안정을 위한 이러한 외적 장치가 마련되지 못한다면, 그 결과는 내·외적인 삶의 총체적 동요를 가져올 가능성이 많다. 우리는 인류사를 통해 그 민족과 국가가 형성하고 유지시켜온 제도들이 파괴되거나 동요되었을 때, 곧 혁명유발, 국가조직의 붕괴, 사회질서의 혼란, 문화적 제 현상의 변질 등으로 이어짐을 본다. 무엇보다도 직접적인 영향은 그러한 상황 속에 처해 있는 사회의 구성원들에게 닥치는 불확실성이다. 그것도 도덕적·정신적 차원과 같은 깊숙한 곳까지 침투해 사회구성원들

---

78) A. Gehlen, Der Mensch, S. 71ff.
79) H.J. Störig, Kleine Weltgeschichte der Philosophie (Stuttgart 1961), S. 285.

로 하여금 방향 감각을 상실케 한다. 우리는 더 이상 우리가 아닌 가운데, 자기 이해에 대한 자명함보다도 혼재가 있을 뿐이다. 겔렌은 카프카(F. Kafka)와 같은 시문학에서도 내적 안정에 대한 근원적인 동요로 인해 불합리한 세상에 그저 존재하는 좌절된 인간에 관한 묘사가 나타나 있음을 말한다. 오늘날 인간이 수많은 욕구충동과 자극들 속에 있는 마당에 제도를 통한 조절 내지 부담해소의 필요성과, 더 나아가서는 문화적 유산으로서의 제도를 통한 삶의 정립 내지 뿌리 찾기를 강조하는 겔렌의 주장에는 나름대로의 타당성이 있음을 본다.

인간은 란트만의 표현대로 문화의 창조자이자 피조물이기도 한다. 자연적인 결함의 보상으로 주어진 인간만의 세계개방성과 그에 따른 탁월한 습득능력은 인간으로 하여금 자신과 대립관계에 있는 외적인 자연을 자신의 삶을 위한 터전으로 개조시킨다. 이처럼 인간에 의해서 삶의 터전으로 탈바꿈한 자연이란 단순한 자연이 아닌, 제2의 자연이라 일컬어지는 문화이다. 인간의 세계는 곧 문화의 세계이요, 문화의 세계는 곧 인간의 세계이다. 그러므로 인간은 원초적으로 스스로의 삶을 영위하기 위해서 문화를 창조하지 않을 수 없음과 동시에 또한 창조한 문화에 의해서 구속받지 않을 수 없는 존재이다. 겔렌은 자연 속에서 독특한 자리매김을 한 인간만이 자신에 대한 입장을 정하려는 욕구가 있음을 말한다. 그러므로 인간만이 유기체적인 제한된 영역을 벗어나 자신의 삶 속에서 무엇인가를 계획하고 만들면서 자신의 위치를 확인할 수 있다. 인간은 플레쓰너의 표현대로 탈 중심적인 모습이다. 만일 인간이 나름대로의 고유한 사유와 그것을 근거로 한 전적인 책임이 따르는 행위를 인정할 수 있다면, 겔렌이 주장하는 제도를 통한 부담해소와는 또 다른 의미에서 실존적인 '나'의 발견을 통한 부담해소도 주장할 수 있겠다.

❷ 언어의 부담해소 기능   인간의 세계개방성은 고정적인 좁은 환경영역 속

에 사로잡혀 있는 동물들이 본능적인 삶을 위한 일정한 자극들만을 수용하게끔 보호되어 있는 것과는 달리, 인간은 많은 외부로부터의 자극에 노출되어 있음을 뜻한다. 따라서 인간은 다른 방법을 통해 지나친 외부의 자극으로부터 보호되지 않으면 안 된다. 인간의 개방적인 모습이 오히려 위협이 되고 있다. 인간은 동물에서와 같은 본능적인 방향감각이 결핍되어 있기 때문에 펼쳐져 있는 수많은 환경적 요소들 앞에 움츠려드는 모습이다. 그러므로 살아남기 위해서, 삶을 유지하기 위해서 인간은 자신 앞에 전개되는 환경적인, 감각적인 과다한 부담들을 덜어 줄 중간매개가 필요하다. 이러한 중간매개로서 겔렌은 언어의 부담해소기능을 말한다.

인간은 겔렌에 의하면 언어의 도움으로 불필요한 외부세계로부터의 자극들을 차단하고, 언어를 통해 파악되고 표현되는 자극들만을 받아드림으로 생명을 위협하는 지나친 부담으로부터 스스로를 보호한다. 이것은 겔렌이 언어를 단순히 인식된 것을 전달하는데 사용하는 도구가 아니요 인식을 가능케 하는, 삶의 세계를 형성하는 창조적 역할을 하는 것으로 파악하고 있음을 뜻한다. 이러한 언어에 대한 겔렌의 인식근거는 언어의 기원 문제와 인간의 기원 문제를 동일시하는데서 비롯된다. 겔렌은 덴마크의 언어학자인 야스페르센(Jespersen)의 입장을 따라 어린애의 자생적인 언어구사능력의 가능성을 보려고 한다. 그래서 그는 어린애들은 어른을 통한 일상적인 언어습득을 위한 훈련 없이도 스스로 언어를 구사할 능력이 있다고 주장한다. 그러므로 그는 "원시인들이 언어를 발명하기 위해 어떤 작업을 했을 것이 아니겠는가라는 식의 물음을 제기해서는 안 된다."[80]고 말한다. 겔렌은 언어 자체를 원초적으로 인간의 본성에 속한 것으로 보기 때문에 언어 없는 원시인들은 생각할 수 없다. 겔렌은 인간의 모든 능력발휘 속에는 이미 근원적으로 언어가 개입되어 있다고 봄으로써 언어의 선험적 기원을

---

80) 위 책 S. 267.

인정하려는 경향이다.

　만일 인간이 어렸을 때부터 스스로 창출해낸 상징의 체계라 일컬어지는 언어 세계를 형성하지 못했다면, 삶 중의 모든 경험들을 사실적으로 구체화 내지 형태화시킬 수 없었을 것이다. 이처럼 인간은 언어라는 상징의 그물을 통하지 않고는 실재에 직접 부딪칠 수 없으며, 얼굴을 맞대다시피 볼 수도 없고 또 알 수도 없다. 인간은 언어라는 상징의 그물을 통해 삶의 과다한 경험적인 자극들과 부담들을 조절 내지 활용할 수가 있을 뿐만 아니라, 언어를 통해 지난날의 삶을 되새기면서 미래를 전망할 수가 있다. 동물처럼 지금, 현재의 상태에 머물러 있을 수만은 없는 존재이기에 인간은 언어를 통해 현재라는 상황을 뛰어 넘어 아직 도래하지 않은 미래를 향할 수가 있고, 그것을 향해 행위할 수 있는 능력을 갖게 된다. 언어라는 간접화법을 통하지 않고는 인간의 역사성, 문화성 운운은 불가능한 것처럼 보인다. 그러므로 언어는 인간을 동물과 구분 짓는 차원에서의 단순한 징표가 아니요, 인간의 정신적·감각적 활동에 대한 전체적인 조망을 가능케 하는 인간만의 특수한 구조형태를 드러내는 징표이다. 언어를 통해서만이 인간은 '지금', '여기'가 주는 부담으로부터 벗어날 수가 있다.

　우리는 겔렌의 인간학에서 인간은 형태학적으로 결핍된 존재라는 사실에 입각해서 제도와 언어의 두 기능을 통한 부담해소라는 인간생물학적인 도식을 보게 된다. 겔렌은 이 도식을 통해 인간은 자기 자신 책임을 지도록 위임받은 존재라는 사실과, 따라서 자신의 실존에 근본적으로 부담이 되는 자연 조건들로부터 벗어날 수 있는 존재라는 사실을 밝히고자 한다. 물론 이 제도와 언어로 인해 인간은 어느덧 일정한 틀 속에 놓여 있게 됨을 본다. 인간의 행위만이 아니라 사고와 감정까지도 일정하게 주조된 모습으로 드러난다. 그럼에도 불구하고 이것은 생존을 위한 주위 상황과의 관계에서, 인간으로 하여금 상승 기대 속에서 삶을 풍부하게, 독특하게 영위하도록 작용한다. 요컨대, 겔렌이 주장하는 인간만의 특수한 작용으로서의 부담해소 기능은 직접적이 아닌 간접적인 행위를 통해 작용한다. 이처럼 인간은 자신들 앞에 놓여진 대상들을 제도적·언어적인 표시를 통해 대신할 수 있기에게 제도와 언어라는 부담해소 기능은 세계를 향한 인간의 태도를 끊임없이 간접적으로 바꾸는 간접화 기능이라고 할 수 있다.

4. 플레쓰너(H. Plessner)의 인간학: 탈(脫) 중심적 존재로서의 인간

4-1 개관

인간이 철학적 성찰을 통해 획득할 수 있는 여러 인식들 가운데 자기 자신을 문제의 대상으로 삼아 자신의 본질구명과 그에 따른 우주에 있어서의 위치확인이라는 인식처럼 값지고 생동적인 것은 없을 것이다. 철학적 인간학이 자신의 과제로 삼는 인간은 모든 철학적 물음의 시발점이자 귀착점이며, 또한 세계 내의 모든 것들이 문제로 제기되는 원점이다. 플레쓰너는 인간에 관한 자신의 철학적인 과제를 유기체일반이라는 넓은 영역 속에서 인간의 가치를 새롭게 설정하고 규명하려고 한다. 이러한 그의 입장은 그 출발에 있어서 셸러와 다를 바가 없다.

플레쓰너의 인간학에는 현대인간의 위기에 대한 경종과 함께 위기에 대비하려는 노력이 엿보인다. 그는 긴박한 인간의 본질구명을 위한 인간학적인 문제설정의 근거로 인간의 본질에 관한 전통적인 해석에 대한 의문제기와 더불어, 인간의 세계 내에서의 권위상실과 그에 따른 무질서를 말한다. 그러므로 그의 인간학적인 문제설정은 대상화된 나머지 위협받고 있는 인간의 권위와, 자유와, 책임 있는 태도를 새롭게 규정짓는 과제를 갖고 있다. 플레쓰너는 분별력을 상실한 정치가, 의사 등이 우생학적인 측면에서 저지르고 있는 인종정책이나 인간육성과 같은 오만불손한 행위에 어떤 제재를 가하는 것은 타당하다고 주장한다.[81] 오늘날 지구촌의 현실이 도처에서 다량생산을 구실로 계속되는 동·식물의 유전자 조작이나 복제양 돌리로부터 시작된 동물복제가 결국에는 인간복제에까지 다다른 상황임을 볼 때, 인간의 오만한 행위에 대한 프레쓰너의 반대 입장은 더욱 설득력을 갖게 됨을 본다.

그런데 인간에게 닥친 이러한 위기는 플레쓰너에 의하면 특히 종교의 구속력 상실로부터 왔다는 사실이다. 그는 오랜 세월동안 전통적으로 인간의 삶의 세계를 지배하면서 인간에게 특수한 위치를 보장해 준 종교의 구속력 상실을 심각하게 지적하면서, 오늘날에는 종교라는 절대영역이 그것을 믿을 수 있는 사람의 주위에서만 선회하고 있다고 말한다. 따라서 고향상실이라는 인간존재의 현 위치는 인간으로 하여금 자신의 존재의 의미와 가능성에 대한 물음과 그것에 대한 구체적인 답이 요청되는 상태이다. 인간의 문제는 현대의 숙명적인 물음이 되고 있다.

철학적 인간학은 자신의 방법적인 원칙 중의 하나로, 인간에 관한 탐구에서 드러나는 어떤 특정한 면을 우선하지 않고 인간에게서 발견될 수 있는 모든 특징들을 근본적으로 동등하게 받아들인다. 즉, 인간에게 나타나는 삶의 특수한 형식이나 현상이라 할지라도 그것을 인간의 본질을 이해하는 결정적인 징표로서 절대화해서는 안 된다는 것이다. 이것은 플레쓰너가 자신의 철학적 인간학을 인간에 관한 새로운 학문으로 정립시키기 위한 전제로 내세우는 기본태도이기도 하다. 이러한 입장은 딜타이의 삶의 개념을 받아드린 그에게 있어서는 불가피하다. 그러므로 인간의 본질에 대한 이해는 플레쓰너에 있어서는 삶의 제 현상들에 대한 시각의 다양성 때문에 상대적이요, 열려 있는 물음(Offene Frage)이며, 따라서 어떤 초월적인 원리가 배제된 삶의 내·외적인 현상자체로부터 비

---

81) H. Plessner, Zwischen Phlilosophie und Gesellschaft (Bonn 1953), S. 131 참조.

롯될 수밖에 없다. 철학이 인간의 본질을 이해하려함에 있어서 인간의 모습들 중 어느 한 면에 치중할 때, 그것은 생물학적 차원에만 비중을 두는 유물론적인 인간관, 정신적 차원에만 비중을 두는 관념론적인 인간관과 같은 일방적인 면을 드러내기가 쉽다. 플레쓰너는 '하나된 인간 속에서'라는 원칙에 입각해서 다음과 같은 고찰을 통해 인간의 본질 이해에 더욱 접근하려고 한다.

4-2 인간존재의 관계구조

❶ **인간존재의 감각기관과 정신의 관계** 플레쓰너는 그의 저서인 「감각의 통일」에서 인간의 감각문제를 고찰하는 가운데 문화적인 작품들을 통해 문화성취의 밑바닥에 놓여 있는 대상의 본질을 추론할 수 있음을 밝히면서 인간이 문화적으로, 예술적으로 이룩한 것들 속에는 "정신적인 의미를 부여한 가능한 형식에 인간의 감각기관이 내적으로 부속되어 있음"[82]을 말한다. 이것은 자연적인 유기체로서의 인간과 인격을 소유한 정신적인 존재로서의 인간 사이에는 상호간에 뗄 수 없는 상관관계가 있음을 뜻한다. 달리 말하면, 정신과학 대상들의 표현 성격은 인간실존의 표현력을 참조하도록 되어 있으며, 또한 인간의 표현성은 육체의 매개를 통해 성립한다는 것이다.[83] 이처럼 플레쓰너에게는 정신과학 내지 인간에 관한 철학이 유기체일반이라는 토대 위에서 자연철학과 불가분의 관계를 맺고 있다. "인간에 대한 철학 없이는 정신과학에 있어서 인간이 이룩한 삶의 경험에 대한 이론정립이 불가능하고, 자연에 대한 철학 없이는 인간에 대한 철학은 있을 수 없다."[84] 플레쓰너는 감각의 통일을 통해 자연과 정신의 불가분한 관계를 강조함으로써 자연과학과 정신과학, 자연철학과 인간에 관한 철

---

82) H. Plessner, Die Einheit der Sinne (Bonn 1923), S. 204.
83) Felix Hammer, Die exzentrische Position des Menschen (Bonn 1967), S. 6 참조.
84) H. Plessner, Die Stufen des Organischen und der Mensch, S. 26.

학 사이에 교량을 놓으려고 시도한다.

플레쓰너는 인간을 내·외면의 전 계층에 걸쳐 하나의 인격적인 통일된 삶을 영위하는 존재로 본다. 이런 의미에서 인간이 형성하는 여러 감각적인 영역 속에서는 감각의 정신화 현상을, 문화적인 영역 속에서는 정신의 감각화 현상을 보게 된다. 요컨대, 인간은 플레쓰너에 있어서 정신적 차원에서는 문화의 창조자요, 문화의 담당자요, 인격적인 존재이면서도 생물학적 차원에서는 여전히 유기체적인 존재라는 양면성을 나타내고 있다.

❷ **유기체적인 인간존재의 주위세계와의 관계**   플레쓰너는 윅스퀼(J. von Uexküll)의 환경설을 토대로 그의 저서인 「유기체적 존재의 단계와 인간」에서 생물체 일반의 주위세계와의 관계를 분석한다. 그는 이러한 분석결과의 토대 위에 인간만이 소유하는 우주에서의 인간의 특수한 위치를 확인하려고 한다. 윅스퀼의 환경설에 의하면, 동물들은 그들의 신체적인 기관들이 그들의 특수한 생활환경에 꼭 알맞게 전문화되어 있다. 따라서 그들의 사물에 대한 인식기능도 그 특수한 환경에만 국한된다. 즉, 동물들은 그들의 신체적인 기관들에 알맞게끔 그러한 환경만을 형성하며, 그 결과 그들의 특수한 생활환경만을 인식한다는 것이다. 윅스퀼은, 한 예로 '진드기'를 든다. 진드기는 눈과 귀와 미각을 가지고 있지 못하고 피부로 느끼는 광 감각, 취각, 온도감각만을 갖고 있을 뿐인데, 이 세 개의 감각 기능만으로도 동물의 피를 빨아먹기에 충분하기 때문에 그 밖의 것들은 필요로 하지 않는다. "진드기를 에워싸고 있는 전체적인 풍부한 세계는 줄어들어서 3개의 표식과 3개의 작용특징만을 소유할 보잘것없는 모습으로 변한 것, 이것이 바로 진드기의 환경이다."[85] 이는 동물에게는 그들의 생활설계, 행동방식, 환경세계 사이에는 분명한 상관관계가 형성되어 있음을 뜻한다. 플레쓰너

---

85) J. von Uexküll, Streifzüge durch die Umwelt von Tiere und Menschen (Stuttgart 1970), S. 13.

는 윅스퀼의 이론에 근거해서 생물들의 각 계층에 알맞은 위치를 다음과 같이 정한다. 식물은 "개방적인 기관형태(Offene Organsationsform)"[86] 위치를, 동물은 "폐쇄된 기관형태(Geschloβene Organisationsform)"[87] 위치를, 인간은 "탈 중심적인 형태(Exzentrische Form)"[88] 위치를 차지하고 있다.

인간은 본질적으로 동물의 영역으로 전락되어 그곳에만 머물 수 없는 존재이다. 이러한 인간존재에 대한 확신은 인간만이 자신의 생물학적인 삶의 형태를 벗어나 자신의 삶 속에서 무엇인가를 계획하고 만들고 즐거움과 고통을 나누며, 더 나아가서는 예술적 차원으로까지 상승하려는 역사성과 문화성을 지녔기 때문이다. 인간의 이러한 바램과 이룸은 인간의 탈 중심성으로 말미암는다. 플레쓰너는 인간을 동물과 비교하면서, 동물은 어디까지나 중심적(Zentrisch)이기 때문에 자신으로부터는 물론이요, 주위 환경세계로부터 일정한 거리를 유지할 수 있는 능력과 가능성을 지니고 있지 않다. 반면에 인간은 상대적으로 자신의 육체와 주위세계와의 관계에서 폐쇄적인 위치로부터 자발적으로 언제든지 벗어날 수 있는 탈 중심적(Exzentrisch) 존재이다. 그러므로 인간은 자기 자신에 관계함은 물론이요 자신 밖의 세계와의 관계를 찾으면서 일정한 거리에서 자신의 위치를 확인할 수 있다. 이처럼 인간은 한편으로는 자신의 신체의 테두리 안에서, 자신의 내적인 체험세계 속에 거하면서도, 다른 한편으로는 어떠한 시점이나 장소에 얽매이지 않는 시간과 공간의 구속을 벗어나는 존재이다. 인간의 이러한 탈 중심적인 위치를 통해서 문화적·사회적·역사적인 활동이 인간에게는 가능한 것이다. 탈 중심성은 인간만의 고유한 특징이다.

❸ 인간존재의 사회와 역사와의 관계

플레쓰너는 이 관계를 그의 저서인 「권

---

86) H. Plessner, Die Stufen des Organischen und der Mensch, S. 218.
87) 위 책, S. 226.
88) 위 책, S. 288.

력과 인간의 본성」에서 문화현상들에 대한 고찰을 통하여 규명하려고 한다. 그의 인간학적인 문제설정은 인간의 역사의식과 인간에 관해 다루어온 역사과학들을 매개로 하여 확대, 심화되고 있다. 이것은 그의 인간에 관한 철학적 인간학의 입장이 최종적으로는 문화인간학의 입장으로 바뀌고 있음을 뜻한다. 인간에 관한 고찰에는 모든 문화적인 제 현상들과 삶의 형식들이 함께 수용된다는 사실이다. 그러므로 인간의 본질이해는 더 이상 이것은 인간적이고 저것은 동물적이라는 동물과의 비교를 통해 이룩되는 것이 아니요, 역사적으로 현실화된 인간의 삶의 모습들 자체를 통해 이룩되는 것이다. 왜냐하면 인간이란 "문화를 형성하는 주체자로 창조자로, 또 생산적 장소로 나타나 있기 때문이다."[89]

플레쓰너는 인간에 의해 형성된 문화적인 현상들이 근원적으로 다시 인간과 관련되어 있음을 강조한다. 이러한 플레쓰너의 입장은 이미 딜타이를 통해서 드러나고 있다. 딜타이는 영원성과 보편성을 띠는 인간의 본질은 존재하는 것이 아니요, 오직 실현 가능성의 조건 하에서만 존재한다는 전제 아래 "표현을 통해 이룩되는 간접적인 절차방법"[90]을 통한 인간의 본질이해를 말한다. 인간은 자신의 본질이해를 인간자신의 직접성을 통해서가 아니라, 인간이 형성한 문화적인 삶의 다양한 형식이라는 간접성을 통해서 가능하다.

플레쓰너는 딜타이적인 인간이해를 수용하면서 인간에 관한 역사적인 파악은 곧 인간에 관계하는 문화영역들의 상대화(Relativierung)를 뜻한다고 말한다. 문화영역들의 상대화는 자신의 고유한 문화의 절대화에 대한 단념과 더불어, 그 결과 유럽 이외의 다른 세계의 문화체계에 대한 인정을 그 내용으로 포함하고 있다. 이와 관련하여 플레쓰너는 다음과 같이 말한다. "인간은 역사, 민속학, 사회학, 심리학, 정신병리학 속에서 다른 시대의 문화권의 사람들과 맞서게 되며,

---

89) H. Plessner, Macht und menschliche Natur, Gesammelte Schriftten Bd. V (Frankfurt/a.M 1981), S. 149.
90) W. Dilthy, Gesammelte Schriften Bd. VI (Stuttgart 1977), S. 318.

또한 다른 생활태도와 다른 인간의 자기이해와도 맞서게 된다. 따라서 지금까지 믿어왔던 자신의 현존재에 대한 자명성이 의문시되며, 그렇게 오랜 세월동안 유효하였고, 그 결과 사람들이 추종하여 왔던 자신의 해석이 이제는 위력을 상실하게 되었다."[91]

인간은 일정한 역사성과 문화성 속에 근본적으로 구속되어 있으며, 이러한 구속으로 말미암아 현상적인 삶을 통한 다양한 경험 속에 거하게 된다. 따라서 인간에 대한 인간학적인 구명은 역사적·문화적 존재로서의 인간이라는 시각에서만 인간의 본질이해가 가능해질 수 있다. 플레쓰너는 이러한 세계관을 근거로 해서 인간학의 보편성, 또는 보편적 인간에 관한 이론을 정립하려고 한다. 이때의 보편적 인간은 이성적 존재로서의 이상적인 구조를 의미하는 것이 아니라, 그의 전 모습이 드러나는 현실에 있어서의 구체적인 인간을 뜻한다. 다시 말하면, "가능성으로 생각할 수 있는 한 가장 풍부한 상태에 있는 인간존재"[92]를 의미한다.

인간이 딜타이의 표현대로 오직 실현 가능성의 조건 하에서만 존재하는 것이라면, 인간들끼리의 만남이라는 일상적인 경험을 통해서 형성되는 문화적인 삶의 다양성은 항상 인간의 본질이해를 위한 충분조건이 된다. 플레쓰너는 인간의 정신세계와 그 위에서 형성되는 문화적인 현상들을 높게 평가한다. 이것은 모든 문화형태와 삶의 형태들이 창출자로서의 인간에게로 다시 환원됨을 뜻하며, 또한 인간이 문화적인 삶의 세계를 책임지는 주체자로 선정되었음을 뜻한다. 이처럼 플레쓰너는 객관적인 문화형성이 인간과 다시 관련되어 있다는 사실을 밝히고 있다. 그는 이러한 현상을 관계의 원리, 즉 "문화의 초시간적인 의미를 역사의 수평선에 있는 원천인 인간에게 관계시키는 원리"[93]라고 말한다.

---

91) H. Plessner, Lachen und Weinen (München 1941), S. 38.
92) H. Plessner, Zwischen Philosophie und Gesellschaft, S. 120.
93) H. Plessner, Macht und menschliche Natur, S. 149.

4-3 인간존재의 불측량성 원리

그러면 문화를 형성하는 주체자로, 생산적 장소로 드러나는 인간의 핵심적인 본질은 무엇인가? 그것은 '불측량성'(Unergründlichkeit)의 원리이다. 인간존재의 불측량성은 플레쓰너에 있어서 절대영역의 상실로 인한 인간의 위기극복을 위한 새로운 구속의 원리이다. 이것은 역사성 속에서 인간은 자신을 언제나 새롭게 창출해낼 수 있다는 자기창조의 가능성을 드러내 보이는 원리이다. 따라서 인간존재의 불측량성은 플레쓰너에 있어서 인간의식에 있을 수 있는 어떤 결핍성을 표현하는 것이 아니요, 삶 자체의 긍정적인 특성을 나타내는 것이다. 인간은 "자기 자신에 대한 불측량성의 관계 속에서 자신을 힘으로 파악한다."[94]고 플레쓰너는 말한다. 불측량성이야말로 인간에 있어서의 자유형성의 배경이 된다. 즉, 역사적인 존재로서의 인간은 그것으로부터 다른 특징들이 도출되는 어떤 하나의 원리에 입각해서 고정적으로 파악되어질 존재가 아니다. 이 불측량성을 통해서만이 인간의 삶은 이미 제시된 표상들에 사로잡힘이 없이 이해될 수 있다. 또한 이것은 오늘날 믿을 수 있는 구속의 영역이 사라진 마당에 인간의 품위와 가치와 자유를 새롭게 근거 지을 수 있는 새로운 원리이다. 불측량성은 열려 있는 물음으로서 인간으로 하여금 기존의 이론적인 틀로부터 언제든지 이탈할 수 있는 근원적인 자유이며, 일방적인 학문성이나 사회성의 모든 사슬을 능히 끊을 수 있는 힘 자체이기도 하다.[95] 여기서 플레쓰너가 주장하는 바는 하나의 완성된 인간상을 주문하려는 태도에 대한 반대이다. 일 예로, 겔렌의 '생물학적으로 결핍된 존재', 전통적인 철학에서의 '이성적인 존재', 프로이드의 '성적인 존재' 등이 그것이다. 그러므로 플레쓰너는 인간에 대한 포괄적인 이해를 위해 방법상 선험적 · 경험적인 어느 한 면에 치우치는 것을 경계한다.

---

94) 위 책, S. 188.
95) H. Plessner, Über einige Motive der philosophischen Anthropologie, S. 453 참조.

인간의 본질이해를 위한 물음은 하나의 개방적인 성격을 띤다. 이러한 현상은 자연과학에서 나타나는 문제제기에 따른 폐쇄적인 성격과 대비해볼 때 분명히 드러난다. 자연과학적인 문제는 이미 자체 속에 하나의 해답을 보장받고 있는 것이나 다를 바가 없다. 왜냐하면 어떤 하나의 실험에 대한 해답은 이미 선취한 가정의 확인, 또는 확인불가능을 나타내기 때문이다. 자연과학은 하나의 원리를 추구함에 있어서 측정 가능한 범위, 관계, 선별된 관찰방법을 통해 설정된 가정을 실험으로 확인하거나 거절하면 그만이다. 이에 대해서 플레쓰너가 제시하는 정신계의 개방적인 성격은 이미 딜타이가 정신과학의 근본적인 방법원리로 제시하고 있는 이해(Verstehen)에 근거하고 있다. 즉, 자연과학이 다루는 자연현상들은 하나의 원리를 추구함에 있어서 선별되고 수학화되어 측정되는데 비하여, 인간의 정신세계 내지 인간이 형성하는 다양한 삶의 현실은 이해를 통해서만 파악될 성질의 것이다. 인간의 정신세계는 이해의 통로를 지날 때, 비로소 삶의 세계의 형성자로서 그가 창조한 세계와의 고유한 관계가 드러난다. 그리고 이러한 고유한 관계 속에서 인간 자신만의 고유성도 두드러지게 된다.

제4장 인간의 근본특징들

1. 인간의 사회성

이미 일찍이 아리스토텔레스는 인간을 사회적인 존재로 규정짓고 있지만 인간의 사회적인 행위는 인간이 개체로서 서로 분리되어 있는 것이 아니라는 사실과, 무엇보다도 인간의 행위나 그 내용들이 타인과의 관계맺음을 통해서 형성된다는 사실을 의미한다. 그러므로 인간들 간의 공조의 장으로서의 사회는 개개의 인간들에게는 생동적인 삶을 영위하는 가장 중요한 공간이다. 이러한 인간과 사회의 원초적인 관계를 셸러는 다음과 같이 표현하고 있다. "모든 개인에게 있어서 의식의 일부분에 근원적으로 이미 사회라는 것이 자리잡고 있다. 따라서 인간은 사회의 일부분일 뿐만 아니라, 또한 사회라는 관계영역에서 인간은 본질적인 부분이기도 하다. 나는 우리의 일부분일 뿐만 아니라, 또한 우리는 나의 필연적인 구성요소이다."[1] 인간이 아무리 개체로서 나를 중심으로 살고 나를 위해 생활한다고 하지만, 그것은 곧 행위 작용을 통한 자신의 삶의 형성이기 때문에 '우리'라고 하는 공동체의 조직 안에서 생활하고 그 조직에 의해서 조정되는 영역을 벗어날 수가 없다. 우리는 인간의 사회성에 대한 여러 측면의 고찰이 가능하겠으나 여기서는 인간의 생물학적인 특성들을 통해 고찰해 보기로 한다.

1-1 인간의 생물학적인 결핍성

인간의 형태학적인 결핍성은 일단은 인간의 삶을 위태롭게 한다. 만일 인간이 험악한 자연환경 속에서 자라고 생활할 수밖에 없다면 자신의 생물학적인 결핍으로 인해 가장 민첩하고 위험스러운 동물들 사이에서 이미 오래 전에 멸절되었을 것이다. 그러므로 인간은 그의 생명초기에는 다른 동물들과는 비교할 수 없을 정도로 오랫동안의 보호와 양육을 필요로 한다. 따라서 인간은 자신의 생명을 유지하기 위하여 신체적·정신적인 기능들을 포함한 행위 작용을 통해 자신의 형태학적인 모든 결핍을 보완한다. 이러한 인간의 행위 작용은 인간의 사회적인 삶과의 관계 속에서 이룩되는 사회성을 내포하고 있다. 자연적인 존재로서의 결핍성을 내포하고 있는 인간은 자신의 사회성으로 말미암아 사회적인 존재로서 비로소 진정한 인간이 된다고 말할 수 있다.

또한 인간의 생물학적인 결핍성은 인간이 다른 동물에 비해 미완성의 존재라는 것을 의미한다. 그런데 인간의 미완성 상태는 다른 동물에 비해 그 무엇에로 되어갈 보다 더 넓은 잠재성을 지녔음을 뜻한다. 이러한 인간의 잠재성은 대인관계 형성이나 문화형성을 가능하게 하는 사회적인 환경을 통해서만이 긍정적으로 작용할 수 있다. 일 예로, 인간의 직립보행도 포르트만에 의하면 자연으로

---

1) M. Scheler, Wesen und Formen der Sympathie (Frankfurt/a.M. 1948), S. 265.

부터 선천적으로 물려받은 기능이라기보다는 사회를 형성하고 있는 다른 인간들이 보여주고 가르쳐주는 표본과 모범을 통하여 습득한 것이다.

1-2 인간의 비특수성

모든 동물들은 인간보다 육체적인 모든 구조들이 특이하게 더욱 특수화되어 있다. 동물들의 모든 육체적인 기관들은 마치 열쇠가 자물통에 맞도록 만들어져 있듯이 특이한 자연적인 생활조건과 특이한 생활환경에 맞도록 되어 있다. 이러한 특수화된 기관들의 기계적인 작용이야말로 동물들의 자연적인 본능이다. 이에 대해 인간의 총체적인 기관들은 일반적으로 특수화되어 있지 못하다. 헤르더는 동물과 인간의 차이를 다음과 같이 확연히 구분 짓고 있다. "모든 동물들은 태어날 때부터 속해 있고, 사는 동안 머물다 죽어갈 자기 나름대로의 활동범위를 가지고 있다."[2] 그러나 "인간은 오로지 하나의 일만이 그를 기다리고 있을 그러한 단조롭고도 좁은 활동영역을 가지고 있지는 않다."[3] 따라서 인간의 생물학적인 비특수성은 한편으로는 일정한 행동만을 위한 동물들의 기관처럼 특수화되어 있지 않기 때문에 인간의 생존을 위해서는 불리한 조건이 되기도 하지만, 다른 한편으로는 인간으로 하여금 동물이 아닌 인간이 되게 하는 유리한 조건이 되기도 한다. 인간은 그의 신체기관이 어떤 특정한 일을 위해 전문화되어 있지 않기 때문에 폭넓은 행위 작용이 가능하며 주위의 다양한 사회적 환경에 개방적으로 대응할 수 있다. 이것은 사회적인 존재가 되지 않을 수 없음을 뜻한다. 인간은 동물들과는 달리 그의 신체적인 기관들이 일정한 행위 작용을 위해서만 전문화되어 있지 않기 때문에 그가 생존할 사회를 형성할 수 있었고, 그가 형성한 사회를 결국에는 필요로 하고 결정적으로 의존하게 되는 것이다.

2) J.G. Herder, Abhandlung über den Ursprung der Sprache (Stuttgart 1966), S. 21.
3) 위 책, S. 22.

1-3 인간의 개체발생

인간이 진화된 다른 포유동물처럼 거의 완전한 기관들과 기능들을 가지고 태어나려면 더 오랜 임신기간을 필요로 한다. 그럼에도 불구하고 인간은 실제적으로 일 년 정도 더 빨리 출생하게 된다. 인간의 이러한 현상이 곧 자궁 외 조기출산(Extra Uterinus Frühjahr)이다.[4] 동물은 그들의 출생 시의 신체적인 기관들이 거의 성숙한 상태에 있고 그에 따른 특유한 행동양식들도 자연적으로 익히고 나온다. 이에 비해 인간이 만일 그와 비슷한 다른 포유동물들과 같이 성숙된 신체기관과 기능을 가진 상태로, 이른바 하나의 진정한 "인간 동물"[5]이 되려면 20개월 내지 22개월 동안 태중에 머물러 있어야 한다. 이것은 갓난아이가 그의 출생에도 불구하고 출생 후 1년 동안 가까이 그의 임신기간이 실질적으로 계속되고 있음을 뜻한다. 따라서 인간에게 있어서 조기출생에 따른 모태 밖의 첫 일 년간이 매우 중요한 의미를 가진다. 다른 포유동물들이 모태 안에서 이룩한 성장과정을 인간은 외부세계, 곧 사회의 여러 영향들을 경험을 통해 습득하면서 성장한다. 인간의 출생 후 첫 1년 간을 특징 지워줄 일들은 곧바로 서려는 신체적인 운동, 고유한 언어의 습득, 기술적인 사고와, 행위시도 등을 일컬을 수 있다.

그러므로 인간이 성장해간다는 것은 신체적인 불충분한 자연적인 조건들을 사회적인 조건들로 보완해 가는 것을 뜻한다. 이처럼 성장해 가는 인간은 자연적인 모태로부터 나와 사회라는 제2의 모태 속에서 다시 태어난다고 할 수 있다. 인간은 다른 동물에 비하면 미완성 상태로 출생하지만, 사회적인 조건들을 습득하고 그것들의 영향을 받는 가운데서 비로소 인간으로 성장하게 된다. 인간은 사회를 통해 자신의 성장에 필요한 것들을 배우게 된다. 따라서 사회는 인간의 성장을 가능하게 하는 장소이다. 이러한 측면에서 볼 때, 인간은 헤르더의 표

---

4) A. Portmann, Zoologie und das neue Bild des Menschen, S. 68 이하 참조.
5) A. Portmann, Biologie auf dem Wege zur Anthropologie, in : Studium Generale 9 (1956), S. 346.

현대로 근본적으로 사회의 피조물이다. 인간은 태어날 때부터 어떤 형태로든 사회적인 관계 속에서 자라고 그 속에서 삶을 영위하는 사회적인 존재일 수밖에 없다. 이것은 사회성이 인간에 있어서 본질적인 특징으로 자리 잡고 있음을 뜻한다.

2. 인간의 전통성

생물계 내에서 고유한 자리를 차지하고 있는 인간의 독특한 존재방식은 그의 전통성을 통해 확연히 드러난다. 동물들은 그들의 인식기관이나 생활기관이 주위환경에 알맞게끔 특수화되어 있고 그들의 취하는 행동도 타고난 본능에 사로잡혀 있다. 이것은 인간이 자연적으로는 미완성의 존재라는 것을 의미한다. 더 나아가서는 개방적인 존재라는 것을 의미한다. 이러한 인간의 생물학적인 결핍성으로 말미암아 인간은 오히려 자신만의 특유한 소질과 능력을 드러내는 가운데 자신의 소질과 능력의 결산인 문화를 형성하고 문화적인 삶을 누리게 된다. 이처럼 인간은 응고된 본능 대신에 자신의 소질과 능력으로 창조적인 환상과 자유를 소유한다. 이러한 능력들로 말미암아 인간은 주위의 사물들을 독창적으로 자신을 위하여 이용하고, 자신의 태도를 스스로 결정하며, 필요하면 언제나 다르게 결정할 수 있다. 인간은 자신의 과제를 자신이 안고 있으며, 또한 이러한 과제를 언제나 처리할 수 있는 능력도 자신 속에 소유하고 있다.

그러므로 인간의 생물학적인 결핍성은 인간으로 하여금 그의 결핍성을 보상하기 위하여 그 자신의 주위에 그 무엇인가를 만들고 또 그것들을 소유하게 하는데, 이러한 형태를 갖춘 것들을 넓은 의미에서 문화형태라 할 수 있다. 그러므로 벌거벗고 있는 그대로의 적나라한 삶과, 삶을 담을 그릇으로서의 문화적인 꼴의 관계는 불가분의 순환관계이다.[6] 이들의 관계는 다음과 같은 두 면을 함축하고 있다. 하나는 인간이 스스로 형성한 문화들은 문화와 인간의 순환관계로 말미암아 전승되는 가운데 전통 속에 보존되며, 다른 하나는 이처럼 인간이 형성한 문화들은 결국에는 전통 속에서 배우지 않으면 안 된다는 것이다.

인간은 그의 사회성에서 드러난 것처럼 태어난 그 순간부터 사회 속에서 살게 되고 무엇보다도 여러모로 교육을 받게 된다. 교육은 곧 전통문화의 승계 작용이다. 란트만은 인간은 문화적인 것들을 만들어낸 후에 교육을 통해 그것을 다시 잃지 않도록 배려하지 않으면 안 된다고 주장하면서, 교육은 결코 하나의 부수적인 전개수단은 아니라고 교육의 중요성을 강조한다. 헤르더도 이러한 의미에서 인간에 있어서 교육의 중요성을 다음과 같이 밝히고 있다. "인간은 다른 동물들과는 달리 그처럼 연약하고, 빈약하고 자연의 가르침으로부터 떠나 있고, 주위세계에 대하여 노련미나 재치도 없기 때문에 그는 다른 동물들이 받지 못하는 교육을 누리게 된다."[7] 인간에 있어서 교육의 중요성은 곧 인간이 전통을 지닌 어느 독특한 무리 속에서 교육받으면서 성장할 때 비로소 그의 인간됨이 결정된다는 것을 뜻한다.

인간은 조상들에 의해 형성된 문화 도식인 전통 속에 깊이 파묻혀 살고 있다. 전통은 보존의 원리를 형성하지만 그러나 변할 수도 있다. 인간은 스스로 한번 창조한 것을 새롭게 다시 창조함으로써 풍부하게 하고 변모시킬 수도 있다. 이것은 문화적인 제 모습들을 보존이라는 형식 속에 담고 있는 전통의 생동성이요, 역사성 속에 발견되고 나타나는 정신의 생동성이다. 전통은 인간조상의 유산으로서 인간 공동체의 재산으로서 신성시되기도 하지만 잘못하면 비정신적인, 죽은, 응고된 것으로 변할 위험성도 안고 있다. 따라서 인간의 전통의 생동성은 동물들이 새끼를 낳고 기르는 것을 반복하는 동일하고도 단순한 생존의

---

6) M. Landmann, Philosophische Anthropologie, S. 193 참조.
7) J. G. Herder, Abhandlung über den Ursprung der Sprache, S. 97.

틀과는 달리, 전승되는 문화전통에 대한 끊임없는 성찰을 통해 이룩될 수 있다.

개체로서의 인간은 세상에 태어난 순간부터 요구되는 광범위한 교육을 통해 인간들 간의 관계를 맺게 되는데, 이러한 상관관계를 통해 인간은 사회적인 존재로, 전통적인 존재로 규정된다. 인간은 그가 속한 사회적인 집단 속에서만 자신의 삶을 형성한다는 점에서 사회적 존재일 수밖에 없고, 또한 인간은 이러한 사회적 행동의 전승이라는 점에서 전통적인 존재이기도 하다. 인간의 전통성은 문화적인 것들을 그 내용으로 담고 있는데, 인간의 생각과 태도는 이미 이러한 문화적인 전통의 상호작용 속에 불가피하게 처해 있는 모습이다. 그러므로 인간의 삶은 곧 문화적 전통의 표현이라 말할 수 있다.

# 제5장 문화인간학의 개념분석

1. 문화인간학의 형성과정

　인간은 자신의 역사성 속에서 사물들의 존재와 의미를 탐구하면서, 또한 자기 자신을 탐구대상으로 삼아 현존재의 의미와 본질에 관한 물음을 제기하고 있다. 우리는 현대의 철학적 흐름 속에서 인간의 본질에 대한 문제 제기가 구체적으로 심도 있게 부각되는 것을 보게 된다. 이러한 경향 속에서 철학적 인간학은 인간존재의 본질을 구명해 보려는 목적 아래 인간의 문제를 과제로 삼아 다루면서 현대철학의 중요한 관심분야로 등장하고 있다. 인간이 철학적 성찰을 통해 이룩한 갖가지 인식들 가운데 자신을 문제삼아 거기로부터 얻어낸 인식처럼 값지고 유용한 것은 없을 것이다.
　철학적 인간학이 자신의 과제로 삼은 인간은 플레쓰너의 표현대로 그 자신의 불측량성(Unergründlichkeit)이나, 또는 "불가해성(absconditus)"[1]에도 불구하고 완전한 실재성을 소유하고 있는 내·외적인 풍부한 모습을 지닌 구체적인 인간이다. 인간은 자신의 존재가치로 인해 자연계에서 가장 뛰어난 위치를 차지하고 있다. 인간은 모든 철학적인 물음이 시작되는 시발점이면서 또한 끝맺는 귀착점이요, 세계 내의 모든 다른 존재자들이 문제로 제기되는 원점이다. 따라서 모든 철학의 중심문제들이 인간이란 무엇인가라는 인간의 자기인식으로 귀착됨은 당연하다.

그런데 철학적 인간학이 인간의 본질을 구명하려 할 때의 난점은 탐구자 자신인 인간이 곧 탐구대상이 된다는 점이다. 즉, 탐구의 대상이 곧 탐구의 주체가 된다는 데 있다. 오늘날 우리에게 비추어진 철학적 인간학의 모습은 인간에 관한 주장들이 여러 철학적인 체계의 종합이라는 성격까지 띠고 있는 상태이다. 이것은 철학적 인간학의 지평 위에서 표현되는 여러 주장들이 각자의 독특성을 충분히 나타내고 있음에도 불구하고 결국에는 철학적 인간학을 독립적인 분야로 정초시킬 수 있는 데까지 다다르지 못하고 있음을 보여주는 것이다. 이러한 현상은 철학적 인간학이 인간의 자기와의 만남과 자기발견을 위한 접근방법으로 인간에 관한 특수과학들과의 관계를 모색한 결과 뚜렷이 부각되고 있다.

철학적 인간학은 인간의 본질구명을 위한 접근방법으로 인간을 직접 다루는 특수과학들의 인간에 관한 연구 성과를 다시 간접적으로 철학을 통해 수용한다. 왜냐하면 철학적 인간학은 순수한 사변에 흐르는 것을 경계하면서 이러한 간접통로를 통해서만이 포괄적이고도 전체적인 인간이해가 가능하다는 입장을 취하고 있다. 구체적인 예로, 셸러는 인간을 침팬지와 같은 영장류에서 확인되는 고등지능과 구별하여 정신적 존재로, 또는 모든 충동적인 삶으로부터 벗어날 수

---

1) H. Plessner, 'Homo absconditus', in : Philosophische Anthropologie heute, hrsg. von O. Schatz (München 1974), S. 37.

있는 삶의 금욕자(Asket des Lebens)로 규정한다. 플레쓰너는 인간을 동물과는 달리 자연적인 구심점을 본래적으로 상실한 나머지 영원한 불안을 떨쳐버릴 수 없는 탈 중심적인 존재로 파악한다. 여기서 플레쓰너가 말하는 탈 중심성이라는 것은 자연으로부터 본능적인 구심점을 부여받지 못한 인간이기에 오히려 자기 자신을 자기 밖의 외부로부터 조망해볼 수 있는 능력을 말한다. 겔렌도 인간을 생물계 내에서의 인간의 위치에 관한 해부학적인 해석을 받아들이면서 결핍된 존재로 파악한다. 겔렌이 말하는 인간의 생물학적인 결핍이라는 것은 인간 이외의 본능적인 동물들에게 짜 맞추어진 그러한 자연 속에서는 결코 살 수가 없다는 사실이다. 따라서 인간은 오히려 결핍의 보상으로서의 해독된 인위적인 자연이라고 일컬어지는 문화를 형성하게 되면서 본성상 문화적인 존재로 자리매김을 하게 된다.

우선 우리는 철학적 인간학의 인간에 관한 구체적인 본질규정 속에 드러나는 점들을 다음과 같이 비판적으로 고찰해 볼 수 있다.[2] 첫째로, 인간에 관한 본질규정이 항상 닫쳐진 모습이다. 둘째로, 따라서 인간의 어느 특수한 한 면만을 드러내면서, 그것이 인간의 본질성을 내포한 인간적인 징표라고 내세운다. 셋째로, 그 결과 철학적 인간학이 내세우는 면 못지않게 중요한 다른 인간적인 측면들이 결여되어 있으며, 이들이 나중에 추가적으로 취급되지도 않고 있다. 이러한 사실들은 철학적 인간학이 인간의 본질에 관한 근본적인 성찰을 목표로 하고 있음에도 불구하고 인간에 관한 단면만을 보여줄 뿐 정녕 어떤 포괄적인 인간 규정에 이르지 못하고 있음을 뜻한다. 넷째로, 철학적 인간학이 큰 기대와 함께 얻어낸 개별과학들의 성과인, 인간의 생물학적인 결핍성과 그에 따른 인간의 비 전문성 내지 개방성이 구체적으로 무엇을 의미하는 것이냐 하는 점이다. 우리는 철학적 인간학이 인간만의 특징을 주로 생물학적인 측면에서 도출하려한 나머

---

[2] O.F. Bollnow, 'Die methodischen Prinzipien', in : Philosophische Anthropologie heute, S. 24 참조.

지 인간의 자연적인 삶으로부터 인간자체를 인위적으로 고립시키는 결과는 낳게 됨을 보게 된다. 이러한 결과에 대해 볼르노는 철학적 인간학이 철학 일반의 새로운 정초가 되기 위한 방법적 기초를 다음과 같이 제시한다. "특정한 측면을 우선적으로 볼 것이 아니라 인간에 있어서 드러날 수 있는 모든 본질적인 징표들을 원칙적으로 동등한 입장에서 수용하고, 그와 동시에 먼저 인간으로부터 출발하여 인간을 그 자신으로부터 이해해야 하지 결코 인간을 대상적인 지평에 나타난 인간 이외의 존재와 비교하는 것으로부터 출발해서는 안 된다."3) 그러므로 철학적 인간학이 인간의 본질을 밝히기 위해서는 인간에 관한 특수과학적인 성과의 기초들 위에 서는 것 못지않게 인간의 삶 자체의 세계를 토대로 하여야 한다. 로타커(E. Rothacker)는 인간의 구체적·경험적인 삶의 세계가 인간을 세계와의 관계 속에서 행위하는 존재로 규정짓는다고 주장한다. 이때의 인간의 행위는 인간에게 주어진 특정한 상황을 극복하려는 의미에서 하나의 분명한 태도(Verhalten)를 내포하고 있다.

인간의 경험적·구체적인 삶은 언제나 하나의 뚜렷한 태도 속에서 이룩된다. 이러한 태도결정은 행위의 존재론적인 구조에 속한다. 인간은 다른 동물들이 이미 주어진 사실에 맞추어 움직일 뿐임에 대하여 자신의 태도를 언제나 새롭게 책임 있는 결단 속에서 이리저리 바꿀 수 있다. 인간의 삶 속에서의 행위를 통한 태도표명이야말로 "문화적인 삶의 방식의 핵심"4)이다. 인간의 이러저러한 태도는 인간의 경험적인 삶에 대한 것인데 이러한 경험적인 삶의 표현이 곧 문화이다. 문화는 자연에 의하여 최초로 방출된 순수한 인간실존과의 유일한 관계를 형성하고 있다. 문화는 인간이 자신의 삶을 스스로 책임질 수밖에 없다는 필수적 과제를 담당할 핵심적인 요소이다. 인간 현존재가 자신의 실존의 책임을

---

3) 위 책, S. 25.
4) E. Rothacker, Probleme der Kulturanthropologie (Bonn 1948), S. 68.

피할 수 없다는 세계에 대한 자기노출은 인간으로 하여금 필연적으로 문화를 창조하게 하였고, 창조된 문화는 인간의 자기 노출의 약점을 보완해 주는 핵심인 것이다. 이처럼 문화는 인간과의 상호관계에 놓여 있다. 그러므로 인간에 관한 근원적인 인식을 위하여서는 무엇보다도 인간의 문화와의, 문화의 인간과의 상호연관성이 탐구되어야 한다. 이러한 사실로부터 인간문제에 관한 철학적 인간학에서 문화인간학에로의 전환이 요구된다. 이러한 문화인간학에로의 전환의 필요성을 강력히 주장한 사상가는 란트만이다. 그는 1920년대에 나타난 현대의 인간에 관한 철학적 탐구를 전통적으로 내려오는 개인 중심적인 인간의 자기해석에 중점을 둔 개별 인간학(Individual-Anthropologie)이라 칭하면서, 이러한 입장에선 철학적 인간학으로서는 인간을 사회와 문화와의 연관성 속에서 파악한다는 것이 불가능하다고 비판한다. 특히 그는 실존철학이 불안이니 염려니 하는 개념들을 인간의 본원적인 현상으로 봄으로써 근원적인 인간다움을 불러일으키는 인간의 문화성을 간과하고 있으며, 따라서 실존철학이 갖고 있는 한계성을 극복해야 한다고 다음과 같이 주장한다. "실존철학은 정말 우리의 마음 깊은 곳까지 미치는 호소의 힘을 가지고 있으며, 또한 우리들 자신을 위한 책임감을 느끼게 한다. … 그러나 실존철학은 인간의 전체적인 현상을 제대로 다루지는 못했다. 실존이라는 말은 인간 존재의 깊은 곳을 드러내기는 했어도 인간은 오직 실존만은 아니다. … 인간은 가장 결정적인 차원에서 본다면 문화적 존재이다. 우리가 인간을 문화의 창조자요 또한 피조자로 파악할 때만이 인간만의 독특함이 뚜렷이 부각되는 것이다. 그러나 이러한 인간에 의해서 형성된 객관적인 문화의 모습에 대해서는 너무나 어둡다."[5]

인간은 사회적이고 역사적인 삶을 형성해 가면서 살아가는 존재이며, 인간의 경험적인 삶의 구체적인 모습은 다름 아닌 문화라고 말할 수 있다. 그러므로 위

---

5) M. Landmann, Der Mensch als Schöpfer und Geschöpf der Kultur (München 1961), S. 14ff

에서 본 개별 인간학으로서의 철학적 인간학과 실존철학에 대한 비판 속에서 란트만은 왜 문화 인간학으로의 전환이 요구되는가 하는 점을 문화인간학에 대한 다음과 같은 의미규정 속에 잘 드러내고 있다. "왜냐하면 문화인간학은 최초로 인간을 그의 자연적인 삶의 세계로부터 인위적으로 고립시키지 않으며, 또 인간을 삶의 세계와의 상호작용 속에서 바로 그 삶의 세계의 운반자이며 동시에 그 삶의 세계에 의해서 운반되어지는 자라고 보기 때문이다."[6)

현존재의 결정적 차원은 다름 아닌 인간을 문화적 존재로 규정짓는 데 있다. 인간은 그 자신이 문화의 창조자로, 문화의 피조자로 파악될 때만 그의 본질적인 특성이 여실히 드러난다. 따라서 인간이 삶의 세계 내에 있다함은 곧 문화 속에 있다는 사실이다. 인간이 이룩하는 삶의 세계는 곧 문화이다. 그러므로 인간의 본질을 문화의 지평 위에서 구명하려고 하는 문학인간학이야말로 인간을 부분이 아닌 전체적으로 파악할 수 있는 유일한 첩경이다. 이제 인간학은 문화인간학을 통해 비로소 그의 목적한 바가 성취된다고 할 수 있다.

2. 문화인간학의 의미

인간을 직접 문화적인 존재로 규정짓는 문화인간학은 다른 철학분야와 비교해 볼 때 상대적으로 최근에 이룩된 분야이다. 그러나 문화인간학은 전통적인 철학과 정신과학의 입장에서 보면 이미 헤르더나 훔볼트(A. von Humboldt)와 함께 시작된다고 볼 수 있다. 특히 헤르더가 문화인간학의 성립에 끼친 영향은 지대한데, 그는 「언어의 기원에 관한 논문」[7)에서 인간과는 달리 동물들이 얼마나 부여된 구조적인 틀을 벗어나지 못하고 생활하는지를 언급하고 있다. 즉, 모든

---

6) M. Landmann, Philosophische Anthropologie, S. 72.
7) J.G. Herder, Abhandlung über den Ursprung der Sprache (Stuttgart 1966)

동물들은 태어나면서부터 죽음을 맞이할 때까지 주어진 고유한 영역에 사로잡혀 머물러 있고, 세상에 나올 때부터 속해 있는 환경을 소유하고 있으며, 또한 그 환경 내에서 자신의 본능적인 힘으로 어떻게 처신할 것을 안다. 우리는 이러한 헤르더의 동물에 관한 탁월한 식견을 뒷받침할 근거를 몇몇 동물들의 행동양식을 통해 찾아볼 수 있다. 먼저, 가시고기의 행동이다. 암컷 가시고기가 알을 낳은 후에 알들을 돌보지 않고 어디론가 사라지면, 수컷 가시고기는 그때부터 혼자서 먹지도 자지도 않으면서 알들을 보호하기 위해 알들을 먹으려고 달려드는 다른 물고기들과 처절한 싸움을 알들이 부화해서 나올 때까지 계속한다. 그리고 지친 나머지 수컷 가시고기는 돌 틈에 머리를 처박고 죽어버린다. 이것은 어김없이 반복되는 가시고기의 일생이다. 다음의 예는, 펭귄이다. 지구상에는 대략 15종류의 펭귄들이 산다고 한다. 그 중에서도 영하 60도에 달하는 남극에 서식하는 황제펭귄의 수컷은 암컷이 낳은 알을 거의 한 달간 눈 이외에는 아무 것도 먹지 않은 채, 물로 나간 암컷이 돌아올 때까지 알이 차가운 얼음에 안 닿도록 발 위에 올려놓고 알이 부화될 수 있는 최적의 조건을 만들려고 갖은 애를 다 쓴다. 이것은 거의 모든 펭귄에게 반복되는 피할 수 없는 행동이다. 또 다른 예는, 일본의 까마귀이다. 이놈은 물어온 딱딱한 열매를 깨기 위해 일단은 횡단보도 위의 전기 줄에 앉은 후 열매를 아스팔트 위에 떨어뜨린다. 그리고 지나가는 자동차에 의해 깨지면 신호등을 기다려 내려와서 속 알맹이를 얼른 먹어치운다. 200만년의 조류역사 속에서 일본 까마귀의 행동은 100년 동안의 변화와 적응의 결과라고 한다.

    이미 헤르더는 허리가 굽은 노예에 불과한 동물이 본능의 지배를 받는 가운데 폐쇄된 환경과 그 환경에 대해서만 관계를 가지고 있음을 알고 있었다. 또한 그는 이와는 반대로 인간은 본능의 결핍과 함께 보다 높은 차원에서 오로지 자기만을 향한 세계를 소유하고 있지 않기 때문에 동물처럼 특수하고도 고정적인 좁은 삶의 환경에 머물러 있지 않음을 알고 있었다. 결코 인간은 한 가지 일만 할 수 있는 단조롭고 좁은 영역을 가지고 있지 않다. 업무와 과제들로 가득한 세계가 인간의 주위를 에워싸고 있다. 인간의 감각과 조직은 어떤 하나의 것에만 반응하도록 되어있지 않다는 사실이다. 인간은 모든 것에 반응하도록 되어 있는 감각을 가지고 있다. 이것은 인간이 많은 외부로부터의 폭넓은 자극에 노출됨을 뜻한다. 따라서 인간은 다른 방법을 통해서 과다한 외부의 자극으로부터 보호되지 않으면 안 된다. 인간의 개방적인 모습이 오히려 하나의 위협이 되고 있는 셈이다. 그러므로 인간은 자신의 삶의 안정을 위해 외부의 자극들을 걸어낼 하나의 꼴을 필요로 하는데, 이 꼴의 역할을 하는 것이 인간의 삶의 창조적 표현으로서의 문화형성이다. 헤르더에 의하면, 비록 인간이 흙으로 만들어진 존재이지만 자연으로부터 이성과 자유라는 위대한 작품을 부여받은, 최초로 자유롭게 형성된 개방된 피조물이다.[8] 그러기에 선과 악, 거짓과 참의 저울이 인간 그 자신에게 달려 있다. 인간은 어느 동물도 따라 올 수 없는 위로 우뚝 선 머리로 가능한 한 넓고 멀리 주위를 직시하는 가운데 모든 것을 탐구하고 선택한다. 이것은 인간만이 그 자신이 개량의 목적이며 목표가 되고 있음을 뜻한다. 우리가 설령 인간을 동물의 범주에 포함시킨다고 할지라도 어느 동물도 따라올 수 없는 인간만의 독특성을 지니고 있음을 부인할 수 없다. 인간 이외의 어느 동물인들 선악간의 구별을 할 수 있으며, 죽이라는 명령에 따라 자기 종족을 죽일 수 있으며, 하고 싶은 대로 생활하고, 먹고 싶은 대로 음식을 임의대로 먹을 수 있겠는가? 무엇보다도 인간만이 문화적인 관습, 도덕, 종교, 교육, 기술적인 손놀림 등 탁월한 특징들을 지니고 있다.

특히 가장 두드러진 것은 인간만이 언어를 가지고 있다는 점이다. 지구상의 인간 이외의 어느 다른 동물도 말과 글을 시간의 흐름 속에서 지난 모습으로 남

---

8) J.G. Herder, Ideen zur Philosophie der Geschichte der Menschheit (Wiesbaden 1985), S. 119 참조.

겨 놓지 못하고 있다. 그래서 헤르더는 비록 문화의 한 분야이긴 하지만 인간을 언어피조자(Sprachgeschöpf)이라고 규정짓는다. 또한 훔볼트도 헤르더처럼 언어를 예로 들면서, 인간형성은 곧 문화형성인데, 인간은 자신의 문화적인 세계를 누에가 고치를 짓듯이 언어라는 상징의 그물 속에서 형성한다는 것이다. 사실 우리의 내적인, 정상적인 지적 활동은 언어를 통해 비로소 그 모습이 구체적으로 분명하게 부각된다. 이러한 현상은 개인에서는 물론이요 민족에 있어서도 동일하게 나타난다. 언어야말로 한 개인이나 민족의 정신을 밖으로 구체적으로 드러나게 하는 원천이다. 비록 한글이 한자문화권의 영향을 지속적으로 받아온 것은 사실이지만 그럼에도 불구하고 한글은 곧 대한민족의 정신을 뜻하며, 따라서 한국의 정신과 문화적인 제 모습은 한글이라는 언어를 통해서 형성된 것이라 할 수 있다. 비록 언어 순화 차원의 캠페인이라 볼 수도 있겠지만, 우리는 '우리말을 옳게 살려 쓰자'라는 북한 TV캠페인이 시사하는 의미를 되새길 필요가 있겠다. 조선중앙텔레비전방송은[9] 「누구 탓이요」, 「전조등」, 「문제를 세우자」는 제목의 단막극을 통해 일부 사람들 속에는 언어생활에서 아무 말이나 망탕(마구)쓰는 시대에 뒤떨어진 낡은 잔재가 남아있다면서 사투리나 외래어 사용에 대해 경종을 울렸다. '내래 가지, 뭐!', '내려 가라구?', '아니 내래 간다구.' 남한에서 방송되고 있는 '바른 말 고운 말'과 비슷한 유형의 북한 텔레비전 프로인 '우리말을 옳게 살려 쓰자'에 지적된 고쳐야 할 언어습관의 한 사례이다. 중앙 TV는 '사투리와 외래어 남용은 사상적 결함' 이라고 일침을 가한 후 혁명적 언어생활의 기틀을 철저히 세우자고 강조했다.

훔볼트는 모든 언어가 그 나름대로의 고유한 세계관을 갖고 있다고 보면서 이미 경험된 사실들을 단순히 전하는 전달자로서가 아닌, 내적인 힘을 소유한 언어임을 주장한다.

---

[9] 중앙일보, 2000년 3월 6일.

'어떻게 나무라는 것을 알 수 있을까'에 대해, 칸트 철학의 관점에서 우리는 나무라는 개념 자체에 대한 인식이 불가능함을 본다. 오히려 선험적인 감성의 형식인 시간과 공간과 선험적인 범주들로서의 오성의 형식을 통한 사물에 대한 인식의 가능성을 본다. 그런데 훔볼트는 사물에 대한 인식 가능성의 조건으로서 이러한 선험적인 직관과 사유형식보다도 더 근원적인 것으로 언어의 종합적인 능력의 힘을 내세운다. 우리가 진정 삶 가운데 무엇을 생각하거나 느끼는 것은 오로지 언어 안에서만이, 언어를 통해서만이 가능하다는 것이다. "언어야말로 사고를 형성하는 기관이다."[10] 그래서 훔볼트는 인간이 형성한 언어를 통한 문화적인 창조물들이 단순한 하나의 작품(ergon)이 아니고 활동으로(energeia) 봄으로써 문화의 생동성을 강조한다. 이러한 훔볼트를 비롯한 언어탐구가들의 문화인간학적인 구성요소들을 기반으로 해서 현대 문화인간학의 방향을 정립하는데 중요한 역할을 한 사람은 카씨러(E. Cassirer)이다. 그는 셸러와 마찬가지로 올바른 인간관의 수립을 현대의 시대적 과제라고 보면서 현대의 혼미한 인간관에 비추어 하나의 종합적이고도 통일적인 인간관의 확립을 위한 실마리로서 상징(Symbol)이라는 개념을 들고 있다.

카씨러는 상징의 실마리를 셸러와 마찬가지로 윅스퀼의 환경설(Umwelttheorie)에 의존한다. 윅스퀼은 모든 형태의 유기적인 생명체들은 그 나름대로 어디서나 완전하다는 주장하는 가운데 매우 독창적인 생물학적 세계의 도식을 제시한다. 우리가 동물의 왕국을 보면서 흔히 느끼는 바는 그 넓고도 푸른 초원에서 코끼리, 사자, 기린으로부터 개구리, 쥐, 달팽이, 딱정벌레에 이르기까지 모든 동물은 풍요로운 자연 속에서 지극히 자유롭게 활동하고 있구나 하는 점이다. 그러나 윅스퀼에 의하면 이러한 인상은 잘못된 것이다. 모든 생물은 그렇게 자유롭게 활동하는 것처럼 보이지만 실상은 하나의 주어진 도식 안에서 고유한 삶의 세

---

10) W. von Humboldt, 'Über die Verschiedenheit des menschlichen Sprachbaues', in : Humboldts Werke VII. hrsg. von A. Leitzman (Berlin 1968),1 .S. 53.

계를 형성하고 있다는 것이다. 윅스퀼은 생명의 자율성을 옹호하는 입장에서, 모든 생명현상은 하나의 궁극적이고 독자적인 현실을 소유하고 있기 때문에 화학적·물리학적인 조건들에 의해서 설명되어질 성질의 것이 아니라는 것이다. 우리가 현실 운운할 때 그 현실은 유일무이하고 동질적인 것이 아니다. 그것은 풍부한 차별성을 띠고 있다. 그러므로 현실과 함께 있는 모든 생물은 그들의 다른 수만큼 서로 다른 구조와 양식을 갖고 있는 것이다.

우리는 '쏘는 개미'의 예를 통해서 이러한 사실을 확인할 수 있다. 안데스 산맥의 눈이 녹아 내리면서 아마존 밀림이 침수 당해 밀림 속의 생물들이 기존의 삶의 터전을 잃고 새로운 삶의 터전을 찾아 나서는데, 쏘는 개미들은 흐르는 물 위에서 알과 애벌레들을 운반하기 위해 서로의 다리를 연결하여 거대한 뗏목을 형성해 주위의 나무에 다 달아 기어올라갈 때까지 물 위에 떠다닌다. 쏘는 개미들만이 주위의 세계에 대해 할 수 있는 독특한 삶의 방식이다. 그래서 "지렁이의 세계에서는 오직 지렁이의 일들만이 있고, 잠자리의 세계에서는 오직 잠자리의 일들만이 있을 뿐이다."[11] 이처럼 각기 다른 생존방식과 장소를 갖고 있는 모든 생물체는 일 예로, 작은 덩어리에 불과한 원형질과 같은 가장 저급한 것이라 할지라도 주위환경과의 끊임없는 상호작용을 통해 고등생물 못지않은 풍부한 삶의 세계를 형성하는 가운데, 주어진 환경에 순응하도록(Angepaβt)만 되어 있는 것이 아닌, 그 환경에 완전히 적합하도록(Eingepaβt)되어 있는 것이다. 그런데 모든 생물체는 그 해부학적인 구조에 따라 일정한 수용체계(Marknetz)와 작용체계(Wirknetz)를 소유하고 있는데, 윅스퀼에 의하면 이 두 체계의 협동과 평형이 없으면 생물체는 살아 있을 수가 없다는 것이다.

카씨러는 이러한 윅스퀼의 생물학적인 도식에 입각한 생물세계에 대한 고찰로부터 다음과 같은 결론을 내리고 있다. 즉, 인간세계도 다른 모든 생물체를 지배

---

11) J. Von Uexküll, Umwelt und Innenwelt der Tiere (Berlin 1921), S. 45.

하는 생물학적인 법칙을 벗어나는 예외적인 것은 아니라는 사실이다. 그러나 인간의 기능영역은 다른 유기체에 비해 양적인 확대에 머물지 않고 주어진 환경에 자기 자신을 십분 적응시키는 인간만의 특수한 징표로 나타나는 질적인 변화에까지 이른다는 것이다. 인간은 다른 모든 동물이 수용체계와 작용체계의 직접적인 연결 속에서 생활하고 있는데 반해, 이 두 체계 사이에 상징체계라는 제 3의 연결고리를 갖고 있다. 이 제3의 상징체계야 말로 인간이 영위하는 삶의 세계의 전체에 변화를 일으킨다고 카씨러는 말한다. 이것은 인간이 다른 생물체들에 비해 단순히 보다 넓은 현실 속에 살고 있는데 그치는 것이 아니고 다른 것들은 결코 소유할 수 없는 새로운 차원인 상징적인 우주에 살고 있음을 뜻한다.

그런데 카씨러가 인간을 상징적인 동물이라고 했을 때, 인간을 직접적인 현실로부터 차단하는 상징들은 언어, 신화, 예술, 종교 등과 같은 문화의 모든 형식들을 뜻한다. 그러므로 카씨러는 이러한 인간 활동의 근본 구조에 대한 고찰과 여러 인간 활동에 대한 유기적인 전체로서의 이해 없이는 인간에 관한 올바른 철학적 탐구는 어렵다고 주장한다. 딜타이가 주장하는 삶의 표현을 통해 형성된 문화적인 모습은 개념적인 사유를 통해서는 파악되지 않는 현실성을 내포한 상징적인 것이다. 이러한 맥락에서 카씨러가 주장하는 상징성의 원리도 그 보편성, 타당성 및 일반적인 적용성과 함께 인간문화의 세계에 접근할 수 있게 하는 주술용어, 즉 열려라 참깨이다.[12]

이러한 카씨러를 통한 인간과 문화에 대한 새로운 관계설정의 영향 속에서 현대의 문화인간학은 인간의 문화에 대한, 문화의 인간 대한 상관관계를 통해 그 개념을 규정하려고 시도한다. 문화인간학은 문화와 인간학이라는 자신의 이중적인 구조로 말미암아 서로 간에 작용하는 상관관계를 형성하고 있음은 필연적인 사실이다. 인간은 다른 동물과는 달리 자신이 형성한 문화적인 환경세계

---

12) E. Cassirer, 『인간이란 무엇인가』 최명관 역(전망사 1979), P. 54 참조.

속에 거하는데, 이것이야말로 인간이라는 동물의 고유한 징표이다. 이러한 인간만의 고유한 문화적인 징표에 대한 정의나 분석 없이는 인간의 본질에 대한 구명은 불가능할 것이다. 즉, 인간은 자신에 의해 형성된 문화를 떠나서는 살 수가 없는 문화적인 체질을 소유하고 있기에, 그가 만든 문화를 통하지 않고서는 자신의 본성을 이해할 수 없다. 반 퍼어슨(C.A. van Peurseun)도 "인간은 그가 살고 있는 문화를 배경으로 그리고 정신적인 존재로 방향을 설정하는 모습 가운데서 읽혀지고 해석되어야 한다"[13]고 말하고 있다. 그러므로 문화인간학의 과제는 인간이 자기 자신을 그 무엇인가를 형성하게끔 숙명 지워진 상태에서 제 2의 환경으로 창조한 문화적인 제 현상들과의 내적인 연관성을 문화의 지평 위에서 밝혀 보이려는 것이다.

먼저, 문화의 인간에 대한 작용을 통한 문화인간학의 의미규정을 살펴보자: 문화인간학이 인간을 문화적인 존재로 규정짓는 가운데서 인간의 본원적인 특징을 찾고자 하는 작업은 인간에 관해 경험과학들이 제공하는 지식에 대한 근본적인 작업과 해석 없이는 불가능하다. 문화인간학은 인간에 관한 경험과학들과의 밀접한 관계 속에서 인간에 관해 끊임없이 쏟아지는 새로운 문화과학적인 자료들을 문화인간학이 추구하는 포괄적인 인간이해를 위해 충분히 소화시켜야 할 입장이다. 따라서 문화인간학에서는 전체적인 인간이해를 위한 필요한 조건들로써 각 문화들과 문화구성 요소들의 다양성과 인간의 문화형성 능력과 수용에 대한 생물학적인 근거와 더불어 인간과 동물의 주위세계에 대한 행동방식에 대한 규명이 요청된다.[14] 그러므로 문화인간학이 심층심리학을 포함한 심리학과 사회학 또는 로렌쯔(K. Lorenz), 쾰러 등을 통한 동물의 행동에 관한 비교탐구와 같은 모든 인접과학들의 연구결과들을 적극적으로 수용함이 불가피하다. 이러한 측면에서 볼 때 문화인간학은 인간에 대한 포괄적인 이해라는 전제 아래

---

13) C.A. van Peursen, 「몸, 영혼 정신」, 손봉호 역 (서광사 1992), P. 213.
14) G. Heberer(hrsg.), Das Fischer Lexikon, 'Anthropologie' (Frankfurt/a.M. 1970), s. 107 참조.

서 인간에 관한 모든 경험과학들에 내포되어 있는 문화적인 제 현상들과 그 구조들을 인간학적으로 규명하고 심화시키는 것을 의미한다. 왜냐하면 문화에 의해 주조되지 않은 인간이나 사회란 존재할 수 없기 때문이다.

다음으로, 인간의 문화에 대한 작용을 통한 문화인간학의 의미규정을 보자: 문화인간학도 철학적 인간학처럼 인간에 관해 묻고 있다. 다만 인간의 본질을 문화의 지평 위에서 구명하려는 특수한 임무를 띠고 있을 따름이다. 이렇게 볼 때 인간학이란 단어가 문화와의 관계에서 갖는 의미는 분명해진다. 모든 문화는 인간에 의하여 형성되고 전승되며, 따라서 인류사에 있어서 최고의 전성기를 맞이한 문화적인 모습이라 할지라도 인간에 의해 해석되어지지 않는 한 이해될 수 없다는 사실이다. 이것은 문화인간학이 인간의 존재근거에 대한 실제적인 구명을 통해 전통적으로 내려오는 철학의 각 분야들을 이미 확인하고 있거나 또는 문제삼고 있음을 뜻한다. 그래서 란트만은 문화인간학을 철학 내에 있어서 철학의 원리들에 첨가되는 부분적 영역이 아닌 하나의 근본원리로 요청한다. 왜냐하면 윤리학, 인식론, 심리학도 인간에 대한 파악을 근거로 하고 있는 마당에 이러한 모든 분야의 원리들이 문화인간학에 의하여 언급되지 않은 채 지나쳐 버린다면 그것들의 존재가치가 희석될 것이기 때문이다.[15] 이러한 관점에서 볼 때 문화인간학은 인간에 대한 포괄적인 이해라는 관점에서 문화의 형성자, 운반자로서의 인간에 대한 문화적인 형성능력과 전승능력을 고찰하려는 것이다. 그러므로 문화인간학이 내세우는 대전제는 어떠한 인간학도 인간의 문화영역이라는 거대하고도 광범위한 분야에 대해 방법적으로 철저히 탐구함을 게을리 하는 한 그 개념의 타당성을 얻을 수 없다는 사실이다. 따라서 문화인간학이 구체적인 문화영역들 속에서 파악하는 인간은 문화적인 삶의 구성원으로써 문화의 형성자요, 전승자이다.

---

15) M. Landmann, Der Mensch als Schöpfer und Geschöpf der Kultur, S. 11 참조.

제6장 문화인간학의 방법적 원리들

1. 딜타이(W. Dilthey)의 정신과학적인 입장

　문화인간학의 방법적 고찰은 무엇보다 딜타이의 학문적 입장인 정신과학의 방법적 독자성을 이룩하려는 시도와 맥을 같이한다. 이러한 정신과학의 방법적 근거 확립이 딜타이 철학의 핵심을 이루고 있으며, 그는 정신과학의 독특한 창시자가 되었다. 그는 19세기 중엽에 새로 등장한 합리주의적 자연과학적인 사고방식이 절정을 이루는 시대적 배경을 지닌 속에서 자연과학과는 다른 정신과학 나름대로의 고유한 방법을 찾아 정신과학에다 학문적인 고유성을 부여하려한 시도는 괄목할만하다. 왜냐하면 그 당시 브렌타노(F. Brentano)를 위시한 철학자들은 자연의 법칙에 따라 자연과학적인 제 현상들을 설명하는 자연과학적인 방법에 대한 신뢰 속에서 역사성과 사회성을 그 내용으로 담고 있고 인문과학을 자연과학의 방법적 태도를 가지고 연구하려고 했기 때문이다.

그런데 딜타이가 말하는 정신과학은 인간이 삶 가운데 형성한 역사적이고도 사회적인 현실을 대상으로 삼는 것으로써, 인간에 관한 학문으로서의 정신과학은 무엇보다도 인간을 객관적 정신 또는 문화라고 일컬을 수 있는 정신세계의 창조자로 파악해야 한다는 것이다. 또한 정신세계는 정신세계의 창조자인 인간을 통해서 오로지 이해될 수 있어야 한다는 것이다. 딜타이는 "정신이 창조한 것만을 인간은 이해한다"[1]고 말함으로써 모든 것을 인과적으로 설명하려는 자연과학적인 방법은 인간이해나 인간의 정신세계 내지 문화에 대한 이해에 부적합하다는 사실을 밝히고 있다. 인간의 정신세계는 아무리 작은 현상이라 할지라도 그 나름대로의 의미와 가치를 전체적인 구조 속에서 지니고 있다. 이 사실은 인간의 정신세계는 경험이나 가설을 통해 설정된 자연과학적인 법칙에 의해서는 설명될 수 없음을 뜻한다. 그러므로 우리가 인간을 정신세계, 또는 문화를 창조하는 존재로 파악하려면 무엇보다도 인간과 문화와의 독특한 관계가 이해의 지평 위에서 구명되어야 할 것이다. 딜타이는 자신의 정신과학의 방법적 특성을 통해 자연과학과는 달리 인간에 의해 형성된 문화를 창조적인 인간의 삶에로 직접 귀속시킨다. 즉, 딜타이는 인간에 의해 객관화된 문화적인 제 현상들을 자신을 대상화하고 표현하고 창조적인 행위를 하면서 자신의 가치를 드러내는 인간자신에게로 환원시키려고 한다. 이것은 그가 모든 철학적인 체계나 세계의 다양성을 그것들이 유래한 인간의 삶에로의 환원을 통해 파악하려함을 뜻한다. 이처럼 딜타이는 문화라 일컬어지는 모든 정신적인 형성물과 삶의 표현들을 창조적인 활동성을 지닌 인간에로 환원시키고 있다. 이러한 인간에로의 환원은 딜타이에 있어서 인간의 역사성과 문화성을 이해하기 위한 새로운 시도를 뜻한다. 또한 무엇보다도 문화적인 제 모습들을 통한 창조자와 피조물과의 관계와 인간

---

1) W. Dilthey, Gesammelte Schriften, Bd.VII (Stuttgart 1977), S. 148.

과 문화세계의 순환적 관계가 규명되어짐을 뜻한다. 이러한 순환관계야 말로 삶을 그 자체로부터 이해하려는 딜타이의 근본입장을 잘 드러내고 있다.

이처럼 딜타이의 인간에 관한 물음과 인간에 대한 이해는 특별한 의미를 가지고 있는데, 그것은 딜타이가 인간을 역사성과 문화성을 갖고 있는 존재로 규정짓는데서 찾아볼 수 있다. 그는 인간 자체의 역사성과 인간이 삶을 통해 표현하고 객관화한 역사적·문화적인 것들을 인간의 자기해석과 자기이해의 원초적인 근거로 삼고 있다. 그러므로 그에게 있어서 인간은 문화적인 존재이자 동시에 역사적인 존재이다. 딜타이는 인간의 역사성을 다음과 같이 분명히 밝힌다. "우리 인간을 내적 성찰을 통해 파악한다는 것은 불가능하다. 그것은 니체의 엄청난 착각이었다. 그러하였기 때문에 니체는 역사의 의미를 파악할 수 없었다. 인간은 결코 내적 성찰을 통해 파악되는 것이 아니요 오직 역사 속에서 파악되어진다."[2] 우리는 세계 속에 거하는 현존재라는 하이데거적인 이해가 이미 딜타이 철학의 근간을 이루고 있음을 보게 된다. 딜타이는 인간의 삶이란 "바로 여기에서 인간의 삶을 파악하는 것"[3]이라고 말함으로써 삶은 곧 인간 자신의 표현임을 뜻한다. 즉, 인간 내지 삶에 대한 이해는 표현을 통해 비로소 가능하다는 것이다. 이러한 삶에 대한 인식과정이 딜타이의 간접적 방법(Indirektes Verfahren)이다. 딜타이의 간접적 방법은 그가 삶에 대한 이해에 앞서 찾으려는 삶의 범주들(Kategorien des Lebens) 속에 설정되어 있다. 딜타이가 찾는 삶의 범주들이란 체험(Erlebnis), 표현(Ausdruck), 이해(Verstehen)이다. 인간이 정신과학의 대상으로 수용되기 위해서는 "인간적인 상황들이 체험되는 속에서, 그 상황들이 삶의 기능 가운데 표현되는 속에서, 그리고 이 표현들이 이해되는 속에서"[4]만 가능하다. 이러한 삶의 범주들 간의 관계는 삶 자체를 해석학적으로 보려는 딜타이 정

---

2) 위 책, S. 279.
3) 같은 전집, Bd.VIII, S. 121.
4) 위 전집, Bd.VII, S. 234.

신과학의 핵심이다.

딜타이가 인간의 삶을 그 자체로부터 이해하려는 시도는 어디까지나 삶의 표현과 그에 대한 이해와의 연관 속에서만 가능하다. 이것은 인간의 삶이 역사적인 상호작용이라는 순환성 속에서만 파악될 성질의 것임을 뜻한다. 딜타이는 인간의 삶 자체가 본질적으로 자신을 표현하는 것(Ein sich Ausdrücken)으로 보기 때문에 이러한 표현 속에서 삶은 형성되고 증대될 수밖에 없다. "체험된 것은 표현되기 마련이고, 이러한 표현은 체험을 가장 충실하게 나타내 주는 것이기에 표현은 새로운 것을 낳는다."[5] 어떤 구체적인 것, 형태를 갖춘 것, 대상화된 것은 오로지 표현을 통해서만 파악될 성질의 것이다. 딜타이의 표현 속에 내재한 양면성을 다음과 같이 요약할 수 있다. 표현은 삶으로 하여금 일정한 형식과 모습을 갖추게 하며 더 나아가서는 정지 상태에까지 이르게도 하지만, 또한 삶이 표현됨으로써 변화와 더불어 삶이 증폭하게 된다. 볼르노는 딜타이의 표현이 삶과의 관계에서 가지고 있는 세 가지 창조적인 업적을 들고 있는데, 첫째는 표현하는 가운데 이루어지고 실현되는 삶은 표현과의 관계에서만 상승되며, 둘째는 씨알처럼 아직 엄폐되어 있는 삶이 표현 속에서 분화되고 발전되어 분명한 것으로 나타나며, 셋째는 이러한 표현 속에서 무의식적이거나, 또는 약간의 의식을 가지고 있는 삶의 가능성의 근거로부터 그 어떤 것이 분명한 의식으로 나타나게 된다는 사실이다.[6]

이처럼 인간에 관한 모든 이해나 인간에 대한 철학적인 본질규정은 딜타이에 있어서 형태를 갖춘 표현에 대한 이해라는 우회의 길을 통할 수밖에 없다. 딜타이는 인간의 자기본성에 대한 이해는 니체적인 자기성찰을 통해서가 아니라 표현을 통한 간접적인 행동방식으로서만 파악할 수 있다고 주장한다. 따라서 딜타

---

5) 위 전집, Bd.VI, S. 317.
6) O.F. Bollnow, Die Lebensphilosophie (Berlin 1958), S. 38 참조.

이에 있어서 표현은 인간의 삶을 객관화시키고 고정시킨다. 더 나아가서는 하나의 문화공동체 내에서 공통적인 만남의 장소를 형성한다. 그러므로 이제는 객관화된 정신적 요소들이 이해의 매개물로 나타난다. 이것은 이해의 대상이 개체로서의 인간 내지 그의 삶이 아니라 개체가 자리 잡고 있는 전체성을 형성하고 있는 문화세계임을 뜻한다. 따라서 인간의 본질규정은 그가 형성하고 있는 문화세계 내에서만 가능하다. 그러므로 인간의 본질 파악을 위한 길은 객관화된 인간 삶의 모습들과 그것들에 대한 이해라는 간접적인 방식 속에서 찾아질 수밖에 없다. 따라서 언어, 종교, 예술, 과학, 정치, 법과 같은 것들은 이제 인간이해의 수단이요 기관(Organon)이다.[7] 이것들은 인간의 본질을 구명하는 텍스트로서 역사적 존재로서의 인간을 파악하는 데 도움이 된다. 이처럼 딜타이는 인간의 모든 표현된 삶의 모습들에 대한 해석을 시도한다. 따라서 딜타이의 정신과학적인 방법론에 있어서 해석학이 핵심으로 등장한다. 딜타이는 "우리는 자연을 설명하고 정신생활을 이해한다"[8]라고 말하면서, 정신과학의 특징을 그 이해하는 방법에서 찾으려 하였다. 그리고 그가 도입한 이해하는 방법론을 해석학(Hermeneutik)이라고 부른다. 더 나아가서 딜타이는 인간의 삶 자체가 해석학적이라는 사실에 주목하면서 인간의 삶은, 첫째로 일상적인 개체적인 성질의 것이 아니며, 둘째로 삶은 생물학적으로 규정될 성질의 것도 아니며, 셋째로 따라서 삶은 개체로서의 인간들이 그들의 사회 속에서 서로간의 작용관계를 통해 형성한 문화적인 것들을 삶의 표현으로서 드러내 보이는 역사적이고도 사회적인 현실이다. 이것은 인간이 직접적인 자기 성찰을 통해 자신을 이해하는 것이 아니라 삶의 객관화로 표현된 문화를 통해 자신을 간접적으로 이해한다는 사실을 뜻한다. 인간은 역사적으로 객관화된 문화 속에 침전되어 있는 표현세계에 대해서만 알고 있을 뿐

---

7) O.F. Bollnow, Dilthey (Stuttgart 1955), S. 217 참조.
8) W. Dilthy, 위 전집, Bd.V, S. 144.

이다. 인간은 문화 속에서 자신을 실현시키기 때문에 인간의 전체적인 본성도 역사 속에만 존재한다.

딜타이는 현실이란 객관화된 문화적인 것들을 통한 삶 자체의 표현에 지나지 않는다고 본다. 현실에 대한 참다운 이해는 삶과 삶이 끊임없이 이어지는 인간의 역사와 그 역사의 내용물들인 문화적인 현상들을 통해서만 가능하다. 이것은 인간의 이성적인 사유능력만으로는 현실에 대한 참다운 이해가 불가능함을 뜻한다. 그리고 우리가 또 하나 주목할 점은 딜타이를 통해서 비로소 자연과학과 확연히 구분되는 정신과학의 인식론적인 원리가 확립되었다는 사실이다. 그러나 딜타이의 역사적인 현실성을 통한 인간이해는 결국에는 상대주의적인 경향을 벗어날 수 없다. 이러한 경향은 삶에 대한 비합리적인 이해방식으로 말미암은 불가피한 결과이다. 이것은 딜타이를 중심으로 한 19세기 전반의 철학적인 흐름을 전체적으로 반영하고 있는 현상이다. 이러한 의미에서 보켄스키(Bochenski)는 역사주의의 상대적 경향을 다음과 같이 갈파하고 있다. "인간의 인식행위에는 언제나 상대성이 함께 한다는 관점이야말로, 모든 것은 동적인 흐름의 연속이며 그 어떤 지속성도 없다는 역사론적 세계관의 자기 증언이다."[9]

2. 플레쓰너(H. Plessner)의 일원론적인 입장

플레쓰너는 인간학적인 문제설정에 있어서 인간의 삶의 현상들을 여러 영역과 차원에서 다루고 있는 개별과학들과의 접촉을 시도한다. 왜냐하면 개별과학들의 인간에 관한 탐구로부터 얻어지는 연구 성과는 인간존재의 본질이해라는 전체와의 관련 속에서 개별과학들 차원에서의 문제제기와 결과를 넘어서고 있다는 사실 때문이다. 그러므로 우리가 인간의 본질을 인간이 형성하는 삶의 제

---

9) J.M. Bochenski, Europäische Philosophie der Gegenwart (Stuttgart 1951), S. 129.

현상들로부터 이해하려고 한다면, 삶의 현상들에 대한 개별과학들의 문제제기와 그로부터 얻어지는 결과들은 중요한 의미를 지니게 된다. 플레쓰너는 방법적이 측면에서 개별과학들의 인간에 관한 연구결과가 부분적이요, 일방적일 수 있음을 지적하면서도 인간에 관한 개별과학들의 연구결과를 결코 거부하지 않는다. 그는 철학에 있어서의 인간학적인 과제는 "오로지 인간에 관한 과학들과의 내적인 연관 속에서 긍정적으로 함께 작업을 할 때만이 성취된다"[10]고 말한다.

종래의 철학과 개별과학들은 인간존재를 각각 다른 범주들과 방법들을 통해 고찰함으로써 인간존재에 대한 견해 차이는 물론이요, 더 나아가서는 인간 존재 자체를 분리시키는 결과를 초래하였다. 철학에서는 인간을 정신적인 존재, 문화적인 존재로 규정짓는가 하면, 개별과학들에서는 인간을 경험적인 존재, 자연적인 존재로 규정짓는다. 우리는 한 인간에 대한 이러한 이중적인 고찰방식이 서로 다른 두 면으로 나타나는 데카르트적인 인간이해로부터 비롯됨을 알 수 있다. 데카르트의 사상은 희랍적인 철학의 전통과 기독교적인 전통을 답습하는 가운데 사유(cogitatio)와 연장(extensio)이라는 두 실체를 인간에 있어서 서로 영향을 줄 수 없는 전혀 이질적인 것으로 만들어 버렸다. 따라서 플레쓰너는 전래적인 입장에서의 인간존재의 분리를 극복하기 위한 새로운 인간학적인 문제 설정과 그 해석이 모색되어야 함을 강조하는데, 그것은 일원론적인 입장에 선 인간이해이다. 그는 인간을 "자연과 정신을 포괄하면서 인간적인 실존에 상응하는 하나의 경험적인 상태 속에서, 감각적이면서 또한 도덕적인 존재"[11]로 파악하려고 한다. 이것은 한편으로는 인간과 그가 형성한 문화는 자연과 정신의 연합이라는 차원에서 파악되어져야 함을 뜻하며, 다른 한편으로는 인간의 위치도 유기체 세계 내에서는 생물적인 존재로 역사성을 지닌 사회 안에서는 사회적인

---

10) H. Plessner, Zwischen Philosophie und Gesellschaft (Bonn 1953), S. 128.
11) H. Plessner, Die Stufen des Organischen und der Natur (Berlin 1975), S. 25.

존재로 파악되어져야 함을 뜻한다. 플레쓰너의 인간학적인 문제 설정은 다음과 같은 표현 속에 잘 드러나고 있다. "문화적 활동의 주체가 되는 정신사 내지 정신적 상황과, 자연사 내지 인간에 관한 생리학적인 전망이 경험적인, 또는 선험적인 잘못을 피하는 가운데서 결국에는 하나의 근본적인 견해가 보장되는 측면에서 이 두 면을 하나로 합치시킬 수 있지 않을까 하는 점이다."[12]

플레쓰너의 인간학적인 문제설정에 있어서 주목되는 점은 그가 인간존재를 과학의 한 대상으로, 의식의 주체로 이해하려 하지 않는다는 사실이다. 그는 어디까지나 삶에 있어서 객관과 주관이 합일된 인간자신이 곧 대상이요, 중심이라는 차원에서 인간을 이해하려고 한다. 이것은 인간이라는 개념이 그만의 독특한 구조형식을 갖고 있음을 뜻한다. 그러나 그것은 생물들 가운데 하나로 분류되는 차원의 것이 아니다. 그것은 외적·내적인 양면성을 지닌 잠재된 신비성과 가능성 앞에서의 성실한 책임을 확인하는 구조형식이다. 그러므로 플레쓰너의 인간 개념은 딜타이가 인간의 삶을 생물학적인 특수성에서 고찰함을 배제한 것처럼, 동물학적인 특수성이 배제된 원초적으로 그렇게 된 인간존재의 뿌리 속에서 찾을 성질의 것이다. 이것은 인간의 본질에 대한 이해를 위해서는 인간존재가 나타내 보이는 모든 면에서, 즉 그것이 육체적이든, 정신적이든, 또는 도덕적이든, 종교적이든 간에 방법적인 측면에서 동일한 가치를 가져야 함을 뜻한다. 이것들 중에 어느 것도 인간의 본질이해에 대한 특수한 한 면으로 부각될 수 없다는 사실이다. 인간은 플레쓰너의 의하면 "우리가 알고 있는 한 차원상 가장 풍부한 대상이며, 그는 모든 차원들 속에 있으며, 그 차원들의 주체이다."[13] 그런데 플레쓰너는 자신의 인간학적인 과제를 설정함에 있어서 인간의 불측량성을 그대로 둔 채 인간이해에 관한 보편적인 근거를 확립하려고 시도한다. 그는 불측량

---

12) 위 책, S. 6.
13) H. Plessner, "Über einige Motive der philosophischen Anthropologie," in : Studium Generale 9 (1956), S. 447.

성이라는 단어 대신에 인간의 신비성, 불가해성이라는 단어를 쓰면서, 인간의 본질을 어디까지나 이론적인 완결의 차원에서가 아닌 개진(Exponierend)의 방식으로 드러내려고 한다. 그런데 인간의 본질이 개진되면서 드러나기 위해서는 인간의 실제성에 대한 전체적인 조망이 필수적으로 요청된다. 따라서 인간에 대한 포괄적인 이해를 추구하는 플레쓰너에 있어서 인간은 "오로지 육체만으로도, 영만으로도, 정신만으로도 아니요, 또한 그 어느 하나가 다른 어떤 것보다도 더 중요시되거나 덜 중요시되는 것이 아니다. 오히려 구분할 수 없는 다원성 속에서의 하나로 해석되어져야 할 존재이다."[14] 란트만은 플레쓰너의 일원론적인 입장을 다음과 같이 높게 평가한다. "현재의 인간학이 자연주의적 일원론도 아니며 정신주의적 일원론도 아닌 참된 일원론에 다다른 것은 플레쓰너로부터 비롯된다."[15] 인간의 정신세계는 셸러에서처럼 삶에 대립하여 나타나는 것이 아니다. 그것은 어디까지나 다양성을 지닌 인간의 삶의 세계와의 관계 속에서 전체적인 연관된 성격을 띠고 있는 것이다.

그러므로 우리는 플레쓰너의 인간학적인 문제설정을 방법적인 측면에서 다음과 같이 요약할 수 있다. 즉, 그의 인간학적인 문제설정은 인간을 향한 개방적인 물음에 근거한다는 사실이다. 인간의 본질은 그것이 선험적이든, 경험적이든 어느 한 차원에서, 또는 어느 한 관점에서 고정적으로 정의될 성질의 것은 아니라는 사실이다. 인간은 어떤 하나의 최종적인, 결정적인 이해에 도달해버릴 수밖에 없는 그러한 폐쇄적인 존재가 아니라 늘 새롭게 다시 추구되어야 할 미래지향적인 존재이다. 이 개방적인 물음은 그 내용으로 인간의 불측량성을 담고 있다. 이것은 인간에 있어서 어떤 하나의 부분적인 결과를 전체화시킬 수 없는 인간의 다원성을 노출시키고 있다. 그러므로 그가 인간의 본질을 딜타이적인 이해

---

14) F. Hammer, Die exzentrische Position des Menschen (Bonn 1967), S. 27.
15) M. Landmann, Philosophische Antropologie (Berlin 1968), S. 95.

의 차원에서 '개진하는 인간학'(Exponierende Anthropologie)의 입장에서 구명하려 함은 자명하다. 그러나 플레쓰너의 이러한 입장추구는 이론적으로 상대화될 가능성을 배제하기 어렵다. 상대화의 경향은 이미 딜타이를 중심으로 한 19세기 전반의 철학적인 흐름을 전체적으로 반영하고 있는 현상이다. 또한 개방성 내지 불측량성에 바탕을 둔 플레쓰너의 인간학적인 문제설정은 포괄적인 인간이해라는 보편성으로 인해서 그 자체 이론적인 한계를 내포하고 있다.

따라서 플레쓰너는 인간의 본질이해를 위해 드러나는 인간의 개방적인 성격에 따른 이론적인 한계와 상대화의 약점을 인간의 실천적인 측면에서 보완하려고 한다. 이것은 인간의 책임성(Verantwortlichkeit) 문제이다. 인간의 개방성은 결코 규정되거나 완성될 성질의 것이 아니기 때문에 인간의 삶은 언제든 인간 이하의 동물로 전락할 위험성을 지니고 있다. 그러므로 인간은 자신의 개방적인 성격을 고려하여 자신의 삶을 스스로 실현시키고 종결시켜야 할 과제 및 책임을 자신 속에 지니게 된다. 인간은 역사성과 문화성을 통해서 드러나는 삶의 현상들이 항상 새롭게 이해되고 형성될 수 있다는 무한한 가능성을 지님과 동시에 또한 그 가능성 앞에서의 성실한 책임을 다해야 할 존재이다. 플레쓰너는 "책임을 지기 위해서 역사의 광장으로 나올 것"[16]을 주장한다. 오늘날 인간은 책임성을 통해서만 상대화되고 대상화된 타인들에게 진실됨이라는 선물을 줄 수가 있다. 그런데 문제는 이러한 책임성의 강조 이전에 책임성을 불러일으킬 조건과 분위기의 선행이 요구된다는 점이다. 달리 말하면, 인간에게 실천적인 측면에서 요구되는 책임성이 과연 얼마만큼 주위와의 관계에서 구현될 수 있겠는가하는 점이다. 여기에서도 역시 실천적인 제약성이 따르고 있음이 드러난다. 플레쓰너는 이러한 문제점을 인간의 본질이 구체화된 역사적 현실인 문화영역의 전체성 속에서 해결하려고 시도한다. 그는 딜타이의 입장을 충실히 따르면서

---

16) H. Plessner, Zwischen Philosophie und Gesellschaft, S. 119.

종교, 예술, 학문 등과 같은 객관적인 문화영역들이 '철학의 기관'(Oraganon der Philosophie)이 된다고 봄으로써, 딜타이에서처럼 표현이라는 간접적인 방법을 통해 인간의 본질을 구명하려고 한다. 표현을 통한 객관화된 문화영역들이야말로 인간의 신비성을 푸는 원본이다. 플레쓰너는 자신이 시도하는 철학의 새로운 창조적인 지평을 문화과학들과 세계사 속에 드러나는 삶의 경험들과 그것들이 대상적 현실성으로 나타나게 된 객관적 문화영역들이라는 텍스트를 토대로 한 순환관계 속에서 열려고 한다. 이처럼 플레쓰너는 자신이 이룩하고자 하는 인간학이 곧 해석학의 구성이라는 차원에서 인간의 본질구명에 대한 자신의 일원론적인 입장을 밝히려고 한다.

3. 란트만(M. Landmann)의 문화과학적인 입장

문화인간학도 철학적 인간학에서처럼 인간의 본질을 밝히려고 한다. 다만 문화인간학은 인간의 본질을 인간의 문화영역에 대한 방법적 고찰을 통하여 밝힌다는 특수한 과제를 부여받고 있다. 인간에 관한 본질구명에는 인간이 삶의 영역으로 형성한 문화를 고찰함이 필연적이다. 문화는 인간이 자연으로부터 물려받은 은총의 선물은 아니다. 인간은 다른 동물들과는 달리 자신의 특수한 생활환경에 잘 맞도록 전문화되어 있지 않기 때문에 자연으로부터 천부적인 생활영역을 부여받지 못했다. 따라서 인간은 이러한 자신의 비본능성 내지 비전문성으로 인해 자신의 삶을 스스로 형성할 수밖에 없다. 이처럼 문화는 인간이 후천적으로 형성한 것이면서 또한 인간을 인간으로 형성시키는 작용체(作用體)이기도 하다. 그러므로 문화인간학은 문화를 도외시하고서는 인간문제의 핵심이 탐구될 수 없다고 믿고 있다. 문화인간학은 인간을 철두철미 역사적 존재로 보면서 문화를 창조하면서 문화에 의하여 규정되는 상호작용 속에 거하는 존재로 본다.

문화인간학은 문화개념을 인간 밖의 어느 다른 계층에 속한 객관정신이나 이상적인 가치체계로 받아드리지 않고 사실에 입각한 역사적인 개념으로 수용하는 속에서 문화의 인간학적인 근거를 설정하고자 한다. 따라서 문화인간학은 전통적인 인간에 관한 본질규정들을 확대시킬 것을 요구할 뿐만 아니라, 무엇보다도 그것들의 근본원칙들과 그로부터 나온 결과들을 수정할 것을 요구한다.[17] 더 나아가서 문화인간학은 철학적 인간학에서처럼 철학의 원리들에 부가되는 부분영역이 아닌 보편성을 띠는 철학의 중심원리로서 자신의 위치를 요구한다. 즉, 문화인간학은 인간에 관한 철학으로 그 근거를 형성하고 있기 때문에 인간에 대한 이해를 근거로 하고 있는 윤리학이나 인식론과 같은 모든 철학적인 원리들의 기점을 형성한다는 사실이다.

그래서 란트만은 정신과학이 종래에는 그들의 성립 근거를 심리학에서 헛되이 찾았음을 지적하면서 다음과 같이 말하고 있다. "정신과학들이 역사적으로 드러나는 문화적인 제 현상들을 그들의 광범위한 상호 연관 속에서 취급할 때 문화인간학이야말로 인간에 대한 문화의 작용과, 문화에 대한 인간의 작용을 구명하게 된다."[18] 이 말은 문화인간학이 한편으로는 자신의 학문적 근거를 정신과학의 테두리 속에서 규정하려는 시도를 엿보게 하면서도, 다른 한편으로는 문화인간학이야말로 정신과학의 근거를 전체적으로 형성할 당위성을 가져야 한다는 사실을 함축하고 있다. 물론 이때의 정신과학은 딜타이적인 의미에서 역사적·사회적인 현실을 그 대상으로 삼는 인간에 관한 '전체과학'(Ganzheitswissenschaft)을 뜻하는데, 이러한 정신과학의 의미는 로타커의 다음과 같은 규정을 통해 구체적으로 드러난다. "국가, 사회, 법, 도덕, 교육, 경제, 기술 속에 자리잡고 있는 삶의 질서들과 언어, 신화, 예술, 종교, 철학 그리고 과학 속에 자리잡고 있는 세계에 대

---

17) E. Rothacker, Probleme der Kulturanthropologie (Bonn 1948), S. 62 참조.
18) M. Landmann, Der Mensch als Schöpfer und Gechöpf der Kultur, S. 11.

한 의미들을 그의 대상으로 삼는 과학들을 우리는 정신과학이라고 부른다."[19] 이처럼 란트만이나 로타커는 딜타이의 영향 속에서 정신과학을 헤겔적인 보편타당한 객관적인 세계관의 학으로서 정립시키려는 것이 아니다. 그들은 정신과학을 어디까지나 종교, 예술, 철학 등 모든 문화적인 형태를 매개로 하여 나타나 있는 현실적인 세계관을 이해를 통해 파악하고, 분석하고, 기술하는 가운데 정립시키려는 것이다.

그러므로 문화인간학의 근본목적은, 비록 문화라는 특수형태 속에서라는 단서가 붙기는 하지만 철학적 인간학에서처럼 인간에 관한 본질 파악에 있다. 따라서 문화인간학은 체계적인 문화탐구를 통한 인간해명이라는 측면에서 포괄적인 문화과학으로 형성되어야 한다는 것이다. 이러한 요구는 이미 로타커에서 나타나고 있는데, 그는 문화를 제외시킨 가운데서의 인간에 관한 본질구명은 그 근본을 잘못짚고 있는 것이나 다름없다고 강조한다. 그러므로 문화인간학은 로타커에 있어서 인간을 문화의 운반자로, 문화적인 삶의 일원으로서 설정한다. 다만 그는 문화인간학을 사회학, 민속학, 선사학, 역사학 등과 같은 여러 정신과학적인 원리들에 힘입어 추후에 성립되는 하나의 인간에 관한 종합적인 과학으로 형성하려고 시도한다. 이러한 점은 문화인간학의 자주성을 인정하려는 란트만과는 대립된다. 이러한 대립에도 불구하고, 문화인간학을 문화탐구를 위한 체계적인 근거로 자리매김하려는 로타커의 시도는 란트만에 와서 그 깊이를 더하게 된다. 란트만은 만일 인간이 전체적인 문화형태 속에서 이해되려면 문화탐구는 인간역사에 있어서 수직적인 측면 대신에 이제는 더욱 수평적인 측면에서 체계적으로 시작되어야 한다는 것이다. 란트만은 이러한 탐구 작업을 위하여 새롭게 형성되는 분야를 문화과학으로 명명할 것을 제안하고 있다.[20] 이러한 문화

---

19) E. Rothacker, Die Logik und Systematik der Geisteswissenschaft (Bonn 1948), S. 3.
20) M. Landmann, Der Mensch als Schöpfer und Geschöpf der Kultur, S. 200 참조.

과학은 란트만에 의하면 점점 정신과학들이 세분화되어가고 특수화되는 과정에 있어서 일종의 전체과학의 성격을 띠어야 한다는 것이다. 그런데 전체과학으로서의 문화과학을 정신과학 내에서 정립하려는 란트만의 시도는 이미 리케르트(H. Rickert)에서 나타나 있다. 신간트주의의 서남학파에 속하는 그는 빈델반트(W. Windelband)가 자연과학과 정신과학의 방법론적인 엄격한 구분의 필요성을 강조한 것을 본받아 자연과학적인 개념과 역사적인 개념과의 본질적인 구성양식의 차이점에 근거해 과학을 자연과학과 문화과학으로 나누었다. 리케르트는 자연과 역사를 대립시키면서 역사의 내용을 구성하고 있는 것이 다름 아닌 문화라고 보면서, 문화의 구성물들로서 인간의 가치체계에 따라 창조한 학문, 예술, 종교, 정치, 법률 등과 같은 일체의 것들을 내세우고 있다. 이처럼 문화적인 내용에 치중하여 리케르트는 자연과학에 대립하는 문화과학을 말하고 있는데, 그의 문화과학은 란트만처럼 전체과학의 성격을 띠고 있는 것이다.

이처럼 란트만은 문화인간학을 정신과학의 지평에서 문화과학으로 정립시키려는 의도인데, 그 이유는 이러한 인간에 관한 포괄적인 조명이 가능한 전체과학 속에서만이 자연과학에 대립해서 자신의 독특성을 나타낼 수 있기 때문이다. 따라서 란트만은 자연과학적·종교적인 사고와 동등한 가치를 지닌 "제 3의 사고유형"[21]을 형성해야 한다고 주장한다. 이 제 3의 사고유형이 곧 문화과학인데, 란트만은 문화과학의 과제를 다음과 같이 밝히고 있다.[22]

❶ 문화과학은 각 시대를 형성하고 있는 문화를 전체성 속에서 탐구하는데 몰두하여야 한다. 이는 문화과학이 문화의 역사를 길고 긴 종적인 차원에서가 아닌, 시대를 제한하는 횡적인 차원에서 다루어져야 함을 뜻한다. 란트만은 여기

---

21) 위 책, S. 234.
22) 위 책 S. 200 이하 참조.

에서 그 시대만이 가지고 있는 유형에 유의하면서 어느 일정한 시대의 모든 문화적인 표현들은 어디까지나 그 나름대로의 시대적인 모습 속에서 형성된 것으로 본다. 아무리 개체로서의 작가와 그의 작품일지라도 창작자 자신은 알게 모르게 시대적인 모습의 지대한 영향을 경험하게 된다. 그러므로 문화과학은 란트만에 있어서 한 시대 속에 전개된 다양한 문화영역들을 비교하여 보는 일종의 유형에 관한 학문이라고 할 수 있겠다.

❷ 란트만은 전통적인 문화철학의 태만을 지적한다. 즉, 문화과학은 문화철학이 다루어야 할 과제인 문화의 본질과 형태, 문화의 성장능력과 같은 문제들을 다루어야 한다는 것이다. 그러한 문제들을 다루기 위해서는 인류학, 민속학, 사회과학과의 공동작업의 필요성이 대두된다. 그러나 이러한 작업이 민속학, 사회학의 전유물이 될 수는 없다. 그러므로 새로운 과학으로 요청되는 문화과학은 문화의 구조 내지 역사의 구조를 연구하는 과학으로 발돋움하는 일과, 문화적 현상들을 체계적으로나 구조적으로 탐구하는 것을 과제로 삼게 된다.

❸ 문화과학은 자신의 과제를 다룸에 있어서 무엇보다도 정신과학에 의해 사용되어온 개념들인 의존성, 작용성, 창조성, 전통, 환경, 유형, 방식, 형태, 상징 등과 같은 것들을 좀 더 상세하게 성찰하는 속에서 그것들에 대한 엄밀성과 명확성을 얻어야 한다. 그런데 란트만 자신의 이러한 요구와는 달리 정신과학적인 개념들에 대한 구체적인 분석이 그의 글 속에서는 결여되어 있는 것처럼 보인다.

❹ 따라서 문화과학과 정신과학은 그들의 방법과 형태에 있어서 공통적인 요소를 함께 가지고 있게 된다. 란트만은 이 둘의 관계를 다음과 같이 묘사하고 있다. "문화과학의 정신과학과의 관계는 마치 기계론이 물리, 광학, 음향학, 열역

학 등과 같은 개별적인 영역들과의 관계를 맺음과 흡사하다. 즉, 기계론은 한편으로는 개별영역들을 포괄하고, 다른 한편으로는 이러한 포괄로 말미암아 개별영역들로부터 공통성을 표출해낸다. 이 공통성을 통해서 기계론은 개별영역들을 즉시 예속시킨다."23) 란트만은 문화과학과 정신과학과의 관계를 이처럼 비유적으로 표현할 뿐 구체적으로 분명하게 정립시키지 못한 것처럼 보인다.

❺ 역사(Historie)는 근본으로 정신과학에 속한 것이기 때문에 문화과학은 과학들이 형성해온 역사성 속에서 그들의 방법적인 문제들을 드러내는 작업을 하여야 한다. "새로운 과학은 여러 종류의 정신과학적인 원리들은 하나로 묶는 고리 역할을 한다. 또한 그것은 정신과학의 원리들이 가지고 있는 공통적인 개념들과 문제들을 다룬다."24) 이처럼 란트만은 문화과학의 확정 범위와 과학으로서의 성격을 묘사하고 있다.

❻ 문화과학은 위에 열거한 독특한 학문적인 과제들 외에 무엇보다도 교육학적인 기능을 발휘하여야 한다. 란트만은, 예컨대 연극의 세계적인 발전경향을 모르고서 어떻게 독일 사람이 독일연극을 이해하려고 하는가를 비판하면서, 문화과학을 통한 학문의 보편화 촉진과 개별과학들과의 협력촉진을 강력히 주장한다. 물론 이때에 문화과학자들은 그들의 목적이 단순히 다른 과학의 성과를 종합하는데 있지는 않다. 그들의 목적은 분명히 다른데 있다. 그럼에도 불구하고 그들은 목적을 달성하기 위한 전 단계로서 개별과학들의 성과를 종합하는 위치에 서야 한다. 즉, 문화과학자들은 개별과학자들과는 달리 다른 과학들의 성과를 백과사전적인 방식 속에서 종합하여야 한다. 그것은 어디까지나 교육적인 목

---

23) 위 책 S. 204.
24) 위 책, S. 209.

적을 달성하기 위해서다. 이 교육적인 목적이야말로 문화과학자들로 하여금 백과사전적인 종합방식에 고유한 의미를 부여하는 또 다른 목적이다. 이러한 문화과학의 교육학적인 목적은 다름 아닌 대학에 있어서의 인본주의적인 이념의 고취이기도 하다. 문화과학은 그 개념이 가지고 있는 포괄적인 본질로 말미암아 그 분야에만 특수하게 전문화된 전문인이 아닌 교양인을 만든다는 교육학적인 과제를 자체 속에 가지고 있다. 이상으로 살펴본 란트만에 있어서 문화과학의 성립근거와 과제들은 다음과 같은 문제들을 내포하고 있다.

첫째로, 란트만의 문화과학에 대한 성격규정은 포괄적인 문화과학으로서의 문화인간학을 정신과학의 측면에서 확립하여 보려는 시도이다. 그러나 문화과학과 문화인간학의 관계가 확연히 드러나 있지 않다. 즉, 문화과학과 문화인간학의 두 원리가 동일한 것으로서의 양면성을 드러내는 것인지, 다른 것인지 분명하지 않다는 점이다. 다만 란트만의 문화과학에 대한 고찰은 그 자체에 목적이 있다기보다는 문화인간학적인 고찰방식의 간접적인 표현일 뿐으로, 그의 주 관심은 문화인간학에 근본적으로 자리 잡고 있는 것처럼 보인다. 왜냐하면 모든 철학적인 물음에는 근본적으로 인간에 관계하는 그 어떤 것이 함께 자리 잡고 있는데, 문화인간학이야말로 문화영역들을 형성하는 주체와 생산적 장소로서의 인간을 다루기 때문이다.

둘째로, 란트만도 딜타이나 플레쓰너처럼 인간을 역사성 속에서 문화적인 존재로 규정짓는다. 그러나 란트만은 두 사람에 비해 문화인간학의 방법적 고찰에 있어서 뚜렷한 의미를 드러내지 못하고 있다. 그는 자주성을 갖는 포괄적인 문화과학으로서의 문화인간학을 정신과학의 기초로 삼으려고 하는데, 이러한 시도는 충분한 성과를 거두지 못하고 있는 것처럼 보인다. 문화과학은 근본적인 포괄성으로 말미암아 백과사전적인 종합방식을 통해 다른 과학들의 성과를 파악하는 가운데 교육학적인 기능을 수행해야 할 입장이다. 이것은 문화과학이 로타커의 주장대로 자주성을 가진 과학이 아닌 종합적인 관찰방식의 결과라는 것을 뜻한다. 이 사실은 더 나아가서 문화인간학도 역시 란트만의 근본 의도와는 달리 정신과학 내에서 인간에 관한 종합적인 과학에 불과하다는 것을 뜻한다. 이러한 현상은 란트만의 풍부한 역사적인 고찰과 그에 따른 여러 가지 암시에도 불구하고 문화과학을 통한 간접적인 표현 이외에 명확한 방법적 고찰을 하지 못함을 보여주고 있다는 사실이다. 결국 란트만에게는 문화과학을 통한 간접적인 고찰방식과 그에 따른 정신과학 내에서의 위치확인으로서의 문화인간학이 있을 뿐이다.

제7장 문화개념과 연관된 내용들

1. 문화개념의 형성과정

    문화인간학이 문화적인 제 현상들을 고찰하기 위해서는, 먼저 문화개념의 형성과정과 그에 따른 문화개념의 의미 변화에 대한 폭넓은 고찰을 필요로 한다. 문화라는 단어는 어원적으로는 라틴어에서 유래한다. 돌봄, 수련의 뜻인 명사형인 'cultura'는 돌보다, 경작하다는 능동사인 'colere'로부터 형성된 것으로, 처음에는 땅을 경작하고 가꾼다는(cultura agri) 의미로 사용되었다. 이러한 문화개념이 담고 있는 본래적인 의미는 오늘날에도 농업과 관계하는 언어사용에 아직도 함축되어 있는데, 일 예로 수목재배(Baumkultur), 식물재배(Pflanzenkultur), 경작지(Kulturland) 등의 용어들은 아직도 본래적인 의미를 담고 있다. 이것은 문화개념이 자연적으로 주어진 그 어떤 것을 그대로 두지 않고 그것을 돌보고 가꾸고 만들어야하는 필요성 내지 필연성을 지니고 있음을 암시하고 있다. 그런데 경작에 있어서도 좋은 땅과 씨앗과 경작에 능한 전문가가 함께 해야 하는 것처럼, 인간에 있어서도 역시 훌륭한 소질과 지식과 영혼을 잘 돌볼 교사가 필요하다.

먼저, 키케로(Cicero)는 문화개념을 경작지를 돌보고 가꾼다는 본래적인 의미에서 인간의 정신을 돌보고 다스린다는 의미로 전용시킨 최초의 사람이다. 그는 '철학은 정신의 문화'(cultura animi philosophia est)라는 문장 속에서 정신의 돌봄, 수련의 뜻인 'cultura animi'라는 표현을 사용함으로써 문화개념은 인간의 지적인, 도덕적이 능력을 기르고 세련시킨다는 특수한 의미로 변형된 것이다.[1] 그러나 키케로의 문화개념은 아직은 정신을 수양한다는 측면에 머물러 있을 뿐 정신을 돌보는 가운데 나타나는 정신활동의 결과를 뜻하고 있지는 않다. 문화개념은 인격을 형성하는, 정신을 돌보는 하나의 활동을 뜻하는데, 이처럼 인간의 정신을 잘 가꾸고 풍요롭게 한 결과로 나타난 것이 다름 아닌 예술, 학문, 도덕과 같은 문화적인 제 현상들이며, 이것들로 말미암아 인간은 비로소 동물의 영역을 넘어서게 되는 것이다.

다음으로, 푸펜도르프(Pufendorf 1632-1694)는 정신수양으로서의 cultura animi 또는 cultura의 개념을 확대, 발전시켰다. 그는 동사형인 colere를 과학, 예술, 문학, 지혜, 진리 등을 돌본다는 뜻으로 그 의미를 확대시킴으로써 문화개념은 그 자체 결정적인 의미를 가지게 되었다. 푸펜도르프가 cultura를 통해 나타내려는 근본목적은 자연의 극복, 무지의 제거, 이성의 지배, 인간과 인간이 이룩하고 있는 사회의 가치고양에 있다. 이러한 측면에서 푸펜도르프의 문화개념은 인간의 삶의 방식과 조건들과 연결되어 있으며, 또한 인간의 삶을 가능케 하는 사회성을 띠고 있다. 그런데 푸펜도르프의 문화개념이 주목을 끄는 점은 그의 문화개념이 무엇보다도 사회와의 상관관계 속에서 이해되고 있다는 사실이다. 푸펜도

---

[1] J. Niederman, Kultur : Werden und Wandlung des Begriffs und seiner Ersatzbegriffe von Cicero bis Herder (Firenz 1941), S. 21 참조.

르프는 인간은 자신만을 사랑할 줄밖에 모르는 이기적인 존재이므로 오로지 자신의 개인적인 행복을 추구하게 된다는 홉스(Th. Hobbes)의 주장에 반대하면서, 인간은 그의 개인적인 행복을 오직 사회 속에서만 찾을 수 있다고 주장한다.[2] 자신의 힘이 닿는 것이면 무엇이든지 자기 것이라고 생각하는 것은 인간의 자연적인 성향이다. 그러나 지각이 들면 어차피 사회적인 상황에 적응할 수밖에 없는 것이 인간의 또 다른 모습이기도 하다. 사실 개체로서의 인간은 그의 삶을 사회 내에서만 이룩할 수 있으며, 따라서 인간의 삶을 통한 문화적인 형성도 사회 속에서만 가능하다. 사회는 문화형성을 가능하게 하는 장소이며, 문화형성의 조건임은 자명하다. 그러므로 특히 오늘날 일반 교양프로그램을 통한 질 높은 삶의 추구나 지켜야 할 예의범절, 정신고양과 같은 문화적인 제 현상들은 사회와의 불가분의 관계 속에서 형성된 것들이다.

그런데 푸펜도르프의 문화개념은 아직은 그 자체 절대적인 뜻을 담고 있기보다는 '어떤 것을 위한 활동'이라는 하나의 기능적인 뜻을 담고 있다. 이러한 현상은 18세기에 이르기까지 일반화되면서 문화개념은, 일 예로 한 인간의 문화, 한 종족의 문화, 이성적 문화, 감성적 문화 등과 같은 '목적추구적인 활동'의 의미로 주로 사용되었다. 이러한 현상은 프랑스 문화권에서도 나타난다. 오늘날 프랑스에서는 문화개념이 독일의 영향 속에서 외래어로 사용되고 있지만, 그럼에도 불구하고 우리는 이미 18세기에 프랑스에서 문화개념이 능동적으로 사용되면서 그에 따른 변화를 모색하였음을 감지할 수 있다. 일 예로, 볼테르(Voltaire)는 교육으로서의 문화를 이해하면서 그 무엇을 위한 활동으로서의 정신문화(culture de lesprit)를 말하고 있다. 또한 루소(J. J. Rousseau)도 그의 작품 「에밀」 속에서 정신문화(culture de lesprit), 이성적 문화(culture de raisonnement), 관능적 문화(culture de corps), 심미적 문화(culture de gout), 과학문화(culture des

---

[2] 위 책, S. 141 참조.

sciences), 문학문화(culture des letters)를 말하면서 문화개념의 변화를 모색하였다.[3] 문화개념은 18세기 말에 이르러 결정적인 변화를 맞이하게 되는데, 어떤 것에 관한 문화라는 부가어가 필요 없는 문화 그 자체라는 절대화·객관화된 모습으로 탈바꿈하게 된다. 특히 이러한 변화는 독일문화권을 중심으로 두드러지는데, 우리는 함만(J.G. Hamann), 헤르더(J.G. Herder), 칸트(I. Kant)를 통해서 문화개념의 변화된 모습을 읽을 수 있다.

함만은 문화개념을 인격도야 내지 교육의 의미에서 독일의 인구증가에 따른 교육의 증대를 긍정적으로 평가하고 있는데, 그것은 개인적인 교육에서 한 민족의 교육에로 확산되고 전수된다는 중요한 의미를 담고 있다. 이것은 문화개념이 함만을 통하여 비로소 기능적·개인적인 문화에서 객관적인 문화로 이행되고 있음을 뜻한다.

헤르더는 문화개념의 사용에 있어서 부차적인 의미에서가 아닌, 문화 그 자체에 객관적이고 독자적인 성질을 부여하는데 결정적인 계기를 마련한 사람이다. 그는 인간과 문화의 관계에 대한 고찰을 통해 현대의 문화개념에 대한 이해에 하나의 보편적인 징표를 제시하였고, 또한 현대의 인간학 형성에도 지대한 영향을 끼쳤다. 그래서 겔렌은 현대의 인간학이 헤르더 이래로 전혀 진일보하지 못하고 있다고 주장하기도 한다. 문화는 헤르더에 있어서 곧 정신도야(Geistesbildung)인데, 이것은 인간 개체로서는 물론이요 특히 무엇보다도 한 민족의 객관적이 모습을 나타내는 것이다. 그러므로 정신도야는 다름 아닌 문화의 객관화 내지 객관화된 문화의 형성을 뜻한다. 인류의 객관화된 문화는 헤르더에 있어서 다음과 같은 면들을 함축하고 있다. 첫째로, 한 민족의 객관화된 문화는 역사적으로 표현된 것들을 그 내용으로 담고 있다. 한 민족의 문화는 그 나름대로의 고유한 가치를 지닌 생동적인 면을 지니면서 '하나의 문화'라는 단일성을 형성한다는 것이다.

---

[3] 위 책, S. 183~189 참조.

둘째로, 따라서 한 민족의 문화는 자신의 고유한 유기적인 성장법칙과 형성법칙을 지니고 있다는 사실이다. 즉, 역사적인 내용들로 말미암아 개개의 부분들의 독자성이 인정되면서도 그 민족에 그 문화라는 각 부분들 간의 긴밀한 통일성을 이루어 하나의 전체성을 형성한다는 것이다. 셋째로, 이러한 객관화된 문화는 자신의 객관화된 역사성으로 인하여 다음 세대로 전승된다는 사실이다.[4]

칸트는 자신과 제자 관계인 헤르더로부터 많은 자극을 받은 가운데 본능에 따라 전개되는 순박한 현상들로서의 자연 상태를 말하는 루소와 논쟁하면서, 자연과 대치되는 문화형성의 의미를 「세계 시민적 관점에서 본 보편사의 이념(Idee zur einer allgemeinen Geschichte in weltbürgerlicher Absicht, 1784)」이라는 논문 속에서 다음과 같이 규정하고 있다. 우선 칸트는 '비사회적인 사회성'(Ungeselige Geselligkeit)을 말한다. 이것은 지속적으로 인간이 형성한 사회를 분리시키려고 위협하는 도처의 저항들과의 결합을 수반하고 있으면서도 사회를 형성해 살려는 인간의 성향을 뜻하는 것으로, 인간은 자신을 사회화하려는 경향을 갖고 있다는 것이다. 이러한 인간 속에 내재해 있는 비사회적인 사회성으로 말미암아 이제 인간은 "조야(粗野)함으로부터 본질적으로 인간의 사회적 가치 속에서만이 성립하는 문화로의 진정한 최초의 행보가 일어난다."[5] 그러므로 "인류를 장식해 주는 가장 아름다운 사회적 질서인 모든 문화와 예술은 비사회성의 결실들인데, 이 비사회성은 자기 자신을 불가피하게 훈련시키며, 또한 강요된 기술을 통해 자연의 싹을 완전하게 발달시킨다."[6] 이처럼 문화는 칸트에 있어서 사회적인 질서요, 자연의 맥아를 발아시키는 요체이다. 그런데 이러한 문화는 헤르더의 주장에서도 나타나는 것처럼 진보해갈 수도 있으나 또한 소멸될 수도 있

---

4) 위 책, S. 213~218 참조.
5) I. Kant, Schriften zur Anthropologie, Geschichtsphilosophie, Politik und Pädagogik 1 (Suhrkamp 192, 1982), S. 38.
6) 위 책, S. 40.

다는 것이 칸트의 주장이기도 하다. 특히 그는 문화를 국가적·사회적 질서로 파악하는데 머물지 않고 합리적이고 도덕적인 피조물로 간주되는 인간의 도덕성과 관련지어 논의하고 있음이 주목된다. "우리는 예술과 학문을 통해 고도로 문화화(kultiriert)되었으며, 또한 우리는 여러 가지의 사회적인 예의범절에 대해서는 지나치다 할 정도로 문명화(zivilisiert)되었다. 그러나 우리 자신을 이미 도덕적이다(moralisiert)라고 간주하기에는 아직 많은 것이 부족한 모습이다. 그런데 도덕성의 이념은 문화에 속해 있다. 그러나 이 이념의 사용은 명예욕이나 외적인 예의범절에서 겉치레적인 도덕만을 지향하고 있기에 단순히 문명화만을 형성하고 있다. 그래서 국가들이 그들의 모든 힘을 덧없이 무력 확장에만 사용하면서 국민의 사고방식을 내적인 교육을 통해 차분히 계몽시키려는 노력을 줄곧 방해하고, 또한 국민으로부터 그러한 의도에 대한 모든 지지조차 거두어가 버린다면 도덕성에 관해서는 아무것도 기대할 수 없다. 왜냐하면 이것의 모든 공동체가 그 국민들을 교육시키려는 장기적인 내적인 작업을 통해서만 이룩될 수 있기 때문이다. 도덕적으로 선한 심성에 기초하지 않은 모든 좋은 것들은 단지 빈 껍데기일 뿐이며 일말의 비참함일 뿐이다."[7]

이처럼 우리는 칸트에서 역사형성의 단초가 되는 이성이 인간에게 부여된 주된 목적이 안전한 도덕성의 실현을 목표로 하는 도덕적인 내용을 담고 있는 문화를 형성함에 있음을 볼 수 있다. 정신적 내지 도덕적 가치로서의 문화형성은 칸트의 표현대로 모든 존재들의 아들이며, 가장 정선된 진수요, 창조의 꽃인 인간이, 더욱이 유기체의 완전한 전형인 인간이 개인에 있어서나 시민적 공동체에 있어서 비도덕적이라 일컬을 수 있는 정욕으로 점철된 물질적 가치 속으로 일방적으로 침잠되는 것을 막기 위한 필연적인 선택이다. 우리 인간은 물질과의 불가피한 관계 속에서 살 수 밖에는 없다. 그러므로 도덕성을 내포한 문화적인

---

[7] 위 책, S. 44.

바탕을 떠나서는 물질에 대한 참다운 이해는 용이하지가 않다. 더 나아가서는 정신과 육체와의 균형과 문화와 문명과의 조화를 통한 개체로서의 인간의 성숙함이나 공동체로서의 국가의 번영을 기대하기도 어렵다.

우리는 키케로부터 칸트에 이르기까지의 문화개념 형성과정을 통해 현대의 문화개념이 어떠한 방향에서 이해되고 설정될 것인가를 감지할 수 있다. 즉, 주관적이요 부분적인 문화에서 객관적이요 전체적인 문화로의 진행은, 문화로 하여금 그 형성에 있어서 자주적인 형태를 띠게 하는 가운데, 또한 문화개념 자체가 대상화되고 확대되어 해석됨으로써 학문탐구의 대상으로 부각된 것이다.

부르크할트(J. Burkhardts)는 누구보다도 현대의 포괄적이면서도 인간학적인 면을 함께 지니고 있는 문화개념을 그 형성과정 속에서 학문적으로 다루고 있다. 그는 헤르더의 문화형성의 일회성 내지 독특성에 관한 주장과는 달리, 반복성 내지 유형성에 더욱 관심을 가졌다. 그는 국가와 종교와 문화라는 세 개념의 역학관계를 논하는 속에서, 문화개념은 "보다 좁은 의미에 있어서 물질적인 필요와 정신적인 필요에 해당되는 것이지만, 그러나 여기에서는 물질적 생활의 촉진을 위해, 또 정신적, 도덕적 생활의 표현으로서 자발적으로 일어난 바의 모든 것을 합친 총계이며, 모든 사교모임, 기술, 예술, 시, 학문"[8]이라고 말한다.

국가와 종교는 부르크할트에 있어서 정치적 요구와 형이상학적 요구의 표현으로 적어도 해당된 민족이나 세계에 관해서 보편 타당한 것으로서 안정된 생활조직들이다. 그러나 문화는 동적이며 자유로운 것이기 때문에 종교적인 의미에서의 보편성이나, 또는 국가차원의 강제적 통용을 요구할 수 없는 세계이다. 이러한 입장에서 그는 문화를 다음과 같이 구체적으로 정의하고 있다. "우리들이 문화라고 이름 붙이는 것은 자발적으로 형성된 것으로 보편적 내지 강제적 통용을 요구할 수 없는 정신적 소산들의 총계이다."[9] 문화는 부르크할트에 있어

---

8) J. Burkhardts, 「세계사적 성찰」, 이상신 역 (서울 신서원 2001), P. 41.

서 계속 성장하고 발전하면서 결국에는 철학, 예술, 과학, 또는 이것들을 통해 표현된 삶의 양식들을 포괄하는 최고의 위치에 다다르게 된다. 그는 자신의 문화개념에 대한 고찰을 통해 다음의 두 면을 부각시키고자 한다. 하나는 문화와 이질적인 성격을 띠고 있는 국가와 종교에 대해 문화가 담고 있는 자유로운 동적인 요소에 대한 강조이며, 다른 하나는 문화형성에 있어서 인간정신의 자발적인 행위를 통한 창조성에 대한 강조이다.

또한 부르크할트가 미개민족(Naturvölker)과 문화민족(Kulturvölker)을 구분하면서 문화개념을 이른바 고등문화(Hochkultur)에 한정해 적용시키고 있는 점이 주목되는데, 그는 유럽민족만을 문화민족으로 고찰하면서 유럽민족을 문화형성의 역사를 분명하게 보여준 능동적인 종족으로 보았다. 따라서 그에게는 야만성과 비역사성으로 점철되어온 소위 미개민족은 고려대상이 되지 못한다. 그런데 유럽민족만이 서양문화의 최고봉을 이룩하고 있다는 부크르할트적인 편협한 생각이 서구문화권을 오랫동안 지배해온 것도 사실이다. 이러한 문화개념의 이해에 반대하는 낭만주의나 역사학파는 문화를 그 시대의 본질을 나타내는 삶의 표현으로 파악한다. 즉, 문화는 한 민족의 정신을 충실하게 재현시키고 그에 상응하는 것으로 자리매김하고 있기에 지구상의 모든 민족들은 그들 나름대로의 문화를 소유하고 있다는 것이다. 이러한 입장에서 미개민족과 문화민족의 구분대신 원시문화, 초기문화, 고등문화의 구분이 등장하는데, 이것은 역사성과 문화성이 부인된 소위 미개민족에게 이제는 그 나름대로의 역사와 문화를 부여하는 것을 의미한다.

이상의 문화개념 형성에 대한 고찰과 더불어 문화인간학은 문화개념을 그 의미규정에 있어서 더욱 확대해서 발전시키려고 한다. 인간은 다른 동물들과 비교해 볼 때, 자연으로부터 일정한 틀 속에 본능적으로 거하는 제한된 생활방식을 부여받지 못했다. 따라서 인간은 양육하고, 번창하고, 사랑하고, 세계를 구성하

---

9) 위 책, P. 76.

는 등의 삶의 형태들을 자기의 고유한 독창성과 행위를 통해 계발해 낼 수밖에 없는데, 이러한 인간만의 고유한 삶의 형태가 곧 형성된 문화이다. 인간은 자신의 필요에 의해서 문화를 형성하기도 하지만, 더 나아가서는 형태학적인 불리함으로 인한 생존차원에서 문화를 형성할 수밖에 없는 필연성을 지닌 존재이다. 이처럼 문화는 인간의 본질적인 면을 드러내는 것으로 인간 자체와 분리시켜 생각할 수 없는 인간만의 독특한 징표이다. 인간이 있는 곳에는 언제나 자연스럽게 문화가 있기 마련이다. 그러므로 문화인간학은 부르크할트의 문화개념에 대한 확대·해석을 받아들이면서도 미개민족과 문화민족이라는 부정확한 구분은 거부한다. 왜냐하면 문화인간학은 인간에 있어서 문화 이전의 자연 상태를 인정하지 않기 때문이다.

이처럼 문화는 삶의 표현방식으로서 인간의 내·외적인 삶의 표현들을 전체적으로 함축하고 있다. 인간전체를 에워싸고 있는 것이 곧 문화이다. 인간이 문화를 소유한다는 것은 곧 '인간다움'을 뜻한다. 그러므로 인간은 자신의 자연적 본성으로부터 문화적인 모습으로 옮아갈 수밖에 없는 필연성을 지닌다. 문화의 형성은 문화개념에 대한 어원적이 추적을 통해 암시되고 있는 것처럼 인간의 자기생존을 위하여 불가피하다. 왜냐하면 인간은 다른 동물들처럼 자연환경 속에서 사는 동시에, 또한 문화적 환경을 영위해야 할 생물학적인 불리한 조건을 지니고 있기 때문이다. 이러한 인간의 모습을 가리켜 란트만은 '미완성 교향곡'이라고 부른다. 그러나 인간은 자연으로부터 생물학적인 자신의 결핍을 극복할 창조, 모방, 선택 등의 정신작용 능력을 부여받고 있다는 사실이 주목된다. 인간은 동물들처럼 다함께 먹어야 살지만 인간이 무엇을, 언제, 어디서, 어떻게 먹어야 하는 지를 결정할 수 있고, 또한 그러한 결정을 행동으로 옮길 수 있다. 그러므로 인간은 카씨러의 주장대로 동물들 간에 형성되는 행동의 사회만이 아니라 사고와 감정의 사회도 이룩하는 유별난 존재이다.

2. 문화의 다양성

문화개념의 형성 이래로 문화의 변천과정은 문화개념의 분석을 통해 다음과 같은 상반된 양면이 있음을 우리에게 보여주고 있다. 그 하나는 문화를 추상화 내지 객관화 또는 이상화 내지 절대화하려는 경향이며, 다른 하나는 문화를 구체화 내지 다양화, 또는 가변화 내지 상대화하려는 경향이다. 전자의 경향은 르네상스 이래로 특히 18·19세기에 걸친 신 인본주의자들인 홈볼트, 렛싱, 헤르더, 괴테, 쉴러 등을 통해 대두된 것으로, 이들에 있어서 문화의 이상향은 희랍문화였다. 후자의 경향은 오늘날 문화인류학이나 사회학의 영향 아래 문화인간학적인 측면을 통해 대두되고 있는 것으로, 문화란 단순히 인간에게 있어서 추상적·개념적인 징표만이 아니요, 인간이 과거로부터 현재에 이르기까지 부딪치는 갖가지 구체적인 현상들을 포괄하는 개념이라는 입장이다.

그러므로 문화인간학적인 입장에서 논의되고 있는 문화의 다양성은 문화의 내용적인 풍부함과 더불어 역사의 속성인 가변성을 내포하고 있기 때문에 지구상에 유일하게 있는, 그것만을 이해해야 할 문화의 단독성을 거부한다. 문화는 인간의 역사성 속에서 이룩된 수많은 문화들에 있어서의 문화라는 것이다. 모든 문화들이 따라야 할 전형적인 단독자로서의 모형문화 내지 모범문화란 있을 수 없다는 것이다. 특히 란트만은 소위 모형적이고 이상적인 문화형성을 강력히 반대한다. 자연 속에 이미 주어진 가운데서 그것을 이상 목표로 정하고 따라야 할 선천적·모범적인 문화란 없다는 것이다. 이미 문화의 본질 속에 문화의 다양성에 대한 합법적인 가능성이 내재해 있다는 것이다. 이처럼 문화의 다양성은 인간의 역사성 속에서 제거될 수 없는 것으로서 우리 인류사에는 따르고 추구해야 할 이상향으로서의 문화 대신에 찾아지고 탐구되어야 할 각개의 문화들이 있을 뿐임을 말해준다. 인간과 문화는 인간의 역사성과 문화성을 고려할 때 인간이 형성한 문화는 끊임없는 변화 속에 있으며, 매시기마다 다른 형태를 취하고 있다고 봐도 지나치지 않다. 그러나 문화에 대한 이러한 흐름 속에는 결과적으로 인간의 상대성이 인정되고 있다는 사실이 주목된다. 이러한 문화의 다양성에 따른 인간의 상대성 문제에 대해 슈펭글러(O. Spengler)와 플레쓰너는 대조적인 입장에 서 있다.

슈펭글러에 의하면 모든 문화는 각기 자기 위치에서 고찰되고 해석되어야 하기 때문에 독자적이요, 고립적이요, 폐쇄적이요, 따라서 지속적인 것이 될 수 없다. 즉, 모든 문화는 우연한 단순한 집단체가 아니며, 개개의 문화는 여러 문화들 중에서 각기 고유성과 정당성을 가지는 가운데서 필연적으로 그 고유한 운명이념(Schicksalsidee)을 가지고 있다는 것이다. 그는 개개의 문화의 '끝'이 있음을 말하면서, 오늘날의 서구문화는 문화발전 단계의 막바지인 피할 수 없는 운명의 단계에 이르렀다고 주장한다.

이처럼 슈펭글러에 있어서 변할 수밖에 없는 운명을 지닌 문화의 양상은 곧 인간의 상대성을 드러내고 있다. 개개의 문화는 각기 고유한 지식과 도덕을 가지고 있는 것으로 인간에 있어서의 보편적인 진리나 도덕은 배제된 모습이다. 결국에는 개별자로서의 인간만이 있을 뿐이다. 그래서 슈펭글러는 "인간의 보편성을 나타내는 인류라는 것은 나비나 난초와 같은 종(種)이 목표를 갖고 있지 않은 것과 마찬가지로 목표도 이념도 계획도 갖고 있지 않은 하나의 동물적인 개념이요, 또한 빈말"10)이라고 말한다. 슈펭글러에 있어서는 보편적인 구속성을 가진 도덕의 성립이나, 또는 인간의 본질에 관한 근원적인 물음의 성립은 불가능한 것처럼 보인다.

이에 대해 플레쓰너는 상대성 문제를 문화인간학적인 측면에서 새롭게 조명하려고 시도한다. 플레쓰너의 중심개념은 인간의 개방성이다. 플레쓰너에 의하면 사람들은 인간에 관해 말할 때 인간에게는 불변적이고도 고정적인 그 어떤

---

10) O. Spengler, 『서구의 몰락』 1권, 박광순 역 (범우사 1995), P. 48.

것이 있음을 부각시키려고 하는데, 사실상 고유한 인간은 없다는 것이다. 그는 "인간의 고유성은 인위적이다."[11]라고 말한다. 그래서 우리는 그가 인간의 개방성을 인간의 본질에 관한 물음과 연관지어 말할 때는 다음과 같은 조건들로 인해 요청되고 있음을 주목할 필요가 있다. 하나는, 우리가 만일 인간을 문화적인 제 현상들을 창조하는 존재로 파악하려 한다면 인간의 본질에 관한 물음과 그 답은 그 자체 개방적일 수밖에 없다는 점이며, 다른 하나는, 인간은 그가 창조한 문화의 제 영역들을 결코 떠나 살수 없는 구속을 받는 존재임에도 불구하고 자신의 문화 속에 완전히 갇혀 있지 않는 가운데서 이웃의 문화를 이해하기 위함이다. 플레쓰너의 개방성은 인간으로 하여금 문화를 창조할 수 있는 힘과 문화를 이해할 수 있는 능력을 가지게 한다. 이처럼 플레쓰너는 인간의 개방성에 대한 긍정적인 평가를 통해 문화의 다양성 속에 드러나는 일부 부정적인 인간의 상대성 문제를 해결하려고 시도한다. 그러나 인간의 개방성에는 항상 독단으로 갈 위험성이 내재해 있다. 그도 이 점을 인식하여 인간은 자신의 행동의식과 그에 따른 책임의식의 파수꾼이 될 것을 강조한다. 플레쓰너가 염려하는 것처럼 인간의 개방성은 정치, 경제, 사회 전반에 걸친 문화적인 제 현상 속에서 문제의식이 결여된 피상적인 행동에 따른 참다운 책임의식의 회피 내지 결여를 낳게 할 가능성이 있다. 흔히 우리는 자신의 행동에 대한 책임을 질 것을 말하곤 한다. 왜냐하면 인간은 자신이 행동한 것을 그대로 거두게 되기 때문이다. 책임의 개념은 인간이외의 다른 유기체에는 적용되지 않는 오로지 인간적인 개념이다. 그러므로 인간이 모든 타자와의 관계, 즉 이웃과, 자연대상물과, 일반세상과, 더 나아가서 신과의 관계에 있어서 자기결정을 내릴 수 있는 유일한 존재일진대, 베버(M. Weber)가 말하는 책임윤리적인 측면에서 행동의 결과에 대한 책임의식의 중요성이 부각된다.

---

11) H. Plessner, 'Über die Veköperungsfunktion,' in : Studium Generale, VI/7 (1953), S. 412.

3. 문화와 자연

인간이 영위하는 삶의 세계는 자신의 내부세계와 자신 밖에 있는 외부세계와의 관계 속에서 이룩된다. 이때의 외부세계는 이른바 자연세계를 가리키며, 내부세계는 문화라고 표현되기도 하는 정신세계로 문화세계의 모체이기도 하다. 인간은 자연과는 외연관계를, 문화와는 내연관계를 맺고 있다. 문화와 자연은 인간에 있어서 서로를 분리시킬 수 없는 순환관계를 이루고 있다. 이러한 관계성은 이미 앞에서 언급한 문화에 대한 어원적인 분석을 통해 확인된다. 문화라고 번역되는 라틴어인 cultura는 돌봄, 수련의 뜻을 갖고 있다. 그러나 이 개념은 인간 밖에 있는 외부적인 자연만을 대상으로 삼는다는 의미가 아니다. 더 나아가 인간의 내부적인 자연도 대상으로 삼아 의식적인 활동을 통해 그 목적한 바를 획득한 결과를 뜻한다. 그러나 문화와 자연은 이러한 문화에 대한 어원적인 분석을 통한 상관성이 확인됨에도 불구하고 이 두 개념간의 대립을 통해 오히려 둘 간의 관계가 상세히 규정될 수도 있다.

이러한 방향은 리케르트(H. Rickert)에게서 잘 나타나고 있다. "자연산물(Naturprodukte)들은 땅으로부터 자연스럽게 자라남에 대해서, 경작산물들(Kulturprodukte)은 인간이 경작하고 파종하여 들에서 거두어드린 것이다. 이렇게 보면 자연은 저절로 발생된 것, 출생된 것, 또한 자기 스스로의 성장에 맡겨진 것들의 총체이다. 이에 대해서 문화는 가치가 있다고 평가된 목적에 따라 행동하는 인간에 의해 직접 생산된 것이라든가, 또는 그것이 이미 존재하고 있는 경우에는 적어도 그것에 붙어 있는 가치들 때문에 의도적으로 양육된 것으로서 자연과 대립하고 있는 것이다."[12] 또한 레비스트로스(C. L'evi. Straus)도 어디서 문화가 시작되고 어디서 자연이 끝나는지를 묻는 가운데 "문화는 유기체인 인

---

12) H. Rickert, 『문화과학과 자연과학』, 윤명로 역 (삼성문화문고 26, 1973), P. 52.

간이 자연으로부터의 해방됨"13)이라고 말한다. 이렇게 볼 때 자연적인 것이 아닌 자연에 맞서 있는 모든 것은 문화적일 수밖에 없다. 그러나 우리가 문화는 자연의 일부가 아니라는 점에 대한 이해는 쉬울 수 있지만 자연체계의 끝이 곧 문화체계의 시작이라고 이해하기란 실제에 있어서 쉽지만은 않다. 그러므로 우리는 둘 간의 관계를 좀더 상세히 드러내기 위해서 일단은 상대개념에 대한 우위를 점하는 위치에서 문화와 자연의 관계를 고찰해 봄도 좋을 듯싶다.

먼저, 문화를 자연으로부터 조명해 보려는 입장이다. 여기서는 자연은 그 어떤 것보다 원초적이요, 근원적이라는 생각이 전제되어 있다. 자연은 그 자체 선하고 완전한 본래적인 순수성을 지니고 있는 것으로 인간을 포함한 모든 생명체들이 따라야 할 보편성을 가진 규범이요, 법칙이다. 자연은 모든 것들에게 질서에 입각해서 각각의 독특한 형태를 부여하는 가운데, 특히 인간으로부터 그 어떤 형태의 행위적인 영향을 받지 않으면서 인간에게 그만의 선천적인 특징들을 부여해 독립된 존재로 규정짓는 요체이다. 우리는 여기에서 의지가 함께 하는 인격화된 자연의 모습을 본다. 이처럼 우리가 자연을 모든 생명의 근원으로, 인간이 영위하는 삶의 세계를 포괄하는 지평으로 관찰한다면 문화는 어디까지나 능산적 자연으로 인해 형성된 하나의 형태에 불과할 뿐이다. 어느덧 문화는 자연으로부터 볼 때는 낯선 비본래적인 모습을 띠게 된다. 좀더 강하게 표현한다면, 문화는 자연이 순수한 본래적인 모습을 잃어버린 결과로 나타난 하나의 변형이요, 추락이요, 몰락이다. 그러므로 우리가 문화전개를 향해 '더욱 더'를 외치면 외칠수록, 그것은 인간 안에 내재되어 있는 고유한 법칙성, 즉 인간 내·외의 선천적이며 원초적인 본성의 상실을 뜻한다. 결국 인간의 문화적인 생활은 온통 뜯어고치고, 덧칠하고, 이용하는 인위적인 행위로 꽉 들어찬 모습일 뿐이다.

---

13) C. Levi Straus, 'Natur und Kultur,' in : Kulturanthropologie, hrg. von W.E. Mühlmann (Köln 1965), S.80.

우리는 앞에서 루소가 그의 작품 「에밀」에서 문화발전에 따른 내면성을 상실한 피상화된 인간의 인위성에 대해 신랄하게 비판하고 있음을 보았는데, 그는 인간이 문화를 향해 손짓을 하면 할수록 사회형성 구조에 따른 불평등과 갈등이 생겨나고, 그 결과 인간이 악해지기까지 한다는 것이다. "우리가 불행하고 악하게 되는 것은 우리의 능력을 남용하기 때문이며, 슬픔과 걱정과 고뇌는 결국 우리 자신이 만든 것이다. … 만일 우리가 있는 그대로의 자신에 만족한다면 운명을 개탄 할 필요가 없는 것이다. … 그러나 우리는 자연을 거역함으로써 스스로 초래한 불행에 대해 자연을 비난하면서 한 평생 죽음에 대한 두려움 속에 지내게 되는 것이다. 인간이여 악의 창조자를 더 이상 다른 곳에서 찾지 말라. 악의 창조자는 바로 당신이다. 네가 행하는 악 또는 네가 괴로워하는 악이 되는 악이란 존재하지 않는다."[14] 이러한 루소의 경고성 주장은 여전히 우리에게 유효하다. 사실 우리가 인위적인 문화형성을 내세워 그 속에 거하려 하면 할수록 물리적 현상으로서의 자연이 모두인양 착각하는 속에서 정과 망치를 갖고 자연을 끊임없이 쪼아대려고 할 것이다. 자연을 향한 지나친, 분수에 넘치는 가공은 문화적인 인간과 사회에 큰 재앙을 초래할 수 있다. 이처럼 문화에 대한 자연의 우위를 점하는 위치 속에서 문화적인 것에 대한 부정적인 평가는 존재론적으로 문화에 대한 평가절하를 의미한다. 따라서 문화는 인간의 본질에 속한 문화가 아닌 인간의 삶에 보탬이 되는 부차적이고 보충적인 문화로 전락하게 된다.

다음으로, 자연을 문화로부터 조명해보려는 입장이다. 이는 위에서 언급한 입장과는 정반대로 문화야말로 근원적이요, 원초적이라는 견해로서 인간은 자신의 갖가지 소질들이나 규정들을 자연이 아닌 문화를 통해 전수 받았다는 사실이다. 따라서 문화는 인간 이외의 다른 존재자들에게서는 찾아볼 수 없는 인간만의 것이다. 오늘날 인간이란 무엇인가라는 물음 속에서 인간의 본질을 구명하

---

14) J.J Rousseau, 「에밀」, 오등자 역 (박영문고98, 1982), P.255~257.

려는 셸러, 플레쓰너, 겔렌, 란트만 등의 사상가들은 인간을 그 무엇인가로 '되어 가는 존재'로 규정지으려고 한다. 그들은 인간의 세계를 향한 개방성, 탈중심성, 비전문성, 미완성이 필연적으로 정신적 활동으로서의 문화형성을 가능케 했다고 주장한다. 다른 동물들은 자신의 전문성, 중심성, 폐쇄성 등의 모습으로 인해 본능이라 일컬을 수 있는 주어진 규칙을 따를 뿐이다. 일례로, 우리는 가시고기의 일생을 통해 거기에는 가시고기 대대로 내려오는 프로그램만이 행동 속에 작동될 뿐 그 프로그램을 바꿀 수 있는 그 어떤 경험의 개입을 볼 수가 없다. 또 다른 예로, 평균 수명이 1년이라고 알려져 있는 물새라는 새가 있다. 이 물새가 알을 부화하고 새끼를 기르는데 매 시간당 29번씩 먹이를 물어다 준다. 매 2분마다 1회 꼴로 먹이를 물어다 주는 것으로 하루 18시간 600번을 반복한다. 그 새끼들이 다 자라 둥지를 떠날 때쯤이면 그 어미 새는 자신의 수명을 다하게 된다고 한다. 이러한 동물의 사회는 지속적이고도 완전한, 고정된 틀로만 짜여 있다 해도 과언이 아니다. 더욱이 그 속에는 목표를 설정할 때 제기될 수 있는 윤리적·종교적·미학적 가치체계와 같은 문화적인 제 유형의 윤곽조차 찾아볼 수 없다. 그러므로 플레쓰너의 말처럼 인간만이 다른 동물들과는 달리 발견차원에만 머무는 것이 아닌 발명도 할 수 있는 문화형성의 능력을 소유한 존재이다. 이제 우리는 인간의 자연에 대한 이해보다는 인간의 문화에 대한 이해를 통해서 자기완성을 향해 가는 인간다움의 모습을 보게 된다. 이러한 측면에서 카씨러는 인간에 있어서 후천적 특징으로서의 문화에 대해 우리에게 다음과 같이 잘 주지시키고 있다. "인간 문화는 이것을 하나의 전체로 볼 때, 인간의 점진적인 자기해방의 과정이라고 할 수 있다. 언어, 예술, 종교, 과학은 이 과정의 갖가지 국면이다. 이것들 모두에 있어서 인간은 하나의 새로운 힘을 발견하고 드러내 보인다. 그것은 인간이 그 자신의 세계, 하나의 이상적인 세계를 건설하는 힘이다."[15] 이처럼 인간의 삶의 세계는 결코 자연이 아닌 문화 영역 안에서 이루어지기 때문에 문화 있는 곳에 인간이 있게 되며, 따라서 인간은 철두철미하게 문화적인 존재로 나타나게 된다. 오늘날 인간학에서는 종전처럼 미개민족과 문화민족을, 자연상태와 문화상태를 구분하지 않는다. 왜냐하면 아무리 원시생활을 하는 미개민족이라 할지라도 그들 나름대로 목적의식이나 가치의식을 가지고 있기 때문이다. 그러므로 우리에게는 인류의 초창기 모습, 곧 과거의 부류에 속한 미개상태의 모습이 있는 것이 아니다. 바로 그 시대마다의 현격한 사회적·문화적 차이가 상존함에도 불구하고 언제 어디서든지 간에 문화를 형성하면서 살고 있는 문화 인간들의 모습만이 있을 뿐이다. 지상의 모든 민족들은 그들 나름대로의 문화를 형성하고 있기 때문에 문화 없는 자연 상태가 최초에 있었던 것이 아니고 문화가 있었을 뿐이다.

그렇다면 문화와 자연은 각자의 위치와 입장에서 서로를 평가절하 시킬 수밖에 없는 관계일까? 오늘날 인간의 발전적인 모습을 담고 있는 현대문화는 어찌 보면 그 어느 때보다도 인간으로 하여금 앞에 전개되어 있는 자연조건들에 대한 대치 내지 극복을 통해 인간의 삶이 풍요롭게 된다는 역설의 산물인 것처럼 보인다. 그러나 실제로 자연이 문화와의 상호작용을 통해 문화형성의 소재들을 제공해주지 않는다면, 문화는 자신의 후천적인 전체적 특징들을 형성조차 못하게 될 것이다. 그러므로 문화와 자연은 인간에게 있어서 서로 다른 두 계층이 아니다. 이 둘은 깊은 순환관계 속에서 서로를 제약하고 보충한다 하겠다. 인간이 문화를 버리고 자연으로 돌아가는 것이 본질적으로 불가능하다면, 오히려 우리는 제2의 자연의 모습으로 나타나는 문화를 통해 자연과 동일한 지평 위에서의 관계성립 가능성을 발견할 수 있을 것이다. 달리 말하면, 오늘날 자연과 문화와의 갈등관계를 개선하기 위해서는 지구상에 독보적인 위치를 차지하고 있는, 지구상에서 가장 유별난 인간이라는 동물의 입장에서는 한편으로는 인간 지양

---

15) E. Cassierer, 「인간이란 무엇인가」, 최명관 역 (전망사 1978), P. 327.

(止揚)적인, 다른 한편으로는 생명 지향(志向)적인, 생태 지향적인 태도를 인간 밖의 세계를 향해 보여줌이 온당하다 하겠다. 오늘날 인간은 대지를 자신의 의도대로 완전히 조종하고 장악할 수 있다는 신념으로 꽉 차 있다. 이것은 인간이 자신을 유아독존의 주체로 생각하고 있음을 뜻한다. 새로운 진리를 위한 토대는 확실성이 함께 해야 하는데, 인간자신만이 이러한 확실성의 토대이다. 가장 확실한 존재자로서 인간은 자신의 존재가 무엇보다도 확실함을 안다. 인간은 모든 확실성과 진리에 대해 자신 스스로 설정한 근거와 기준이 된다. 이처럼 인간은 스스로를 전능한 존재로 믿기 시작하면서 자신 밖의 모든 존재자를 자신의 처분을 기다리는, 고유성을 상실한 대상으로 삼는다. 이러한 인간 스스로의 관계 규정, 완전한 대지정복을 위한 모든 가능성의 동원, 또는 자신의 완벽한 안전을 위한 갖가지 장치개발 등과 같은 주관주의적인 태도는 결국에는 인간이 자신을 한낱 정복의지의 종속물로 전락시킬 수 있다는 우려를 낳게 한다. 오늘날 온 대지를 지배하고 있는 기술은 우리의 신성인 자연을 제 2의 세계를 창조한다는 구실로 자원공급처로 삼고 있다. 이제 자연은 기술의 전개를 위한 더할 나위 없는 에너지의 원천이다. 기술이 인간을 전능하게 만들었다고 믿기 시작하면서 자연을 대하는 인간의 태도는 이전의 자연에 대한 경외, 관조, 관찰 차원에서 능동적인 기술을 통한 지배욕망 속에서 기술적 세계로의 변용 차원으로 바뀌었다. 자연과의 조화보다는 점점 파괴의 의미가 담긴 정복으로 탈바꿈하고 있는 모습이다. 이제 대지는 완전히 지배될 대상으로 드러난다. 그래서 하이데거는 주관주의가 최고의 정점에 달한 현대의 과학기술의 시대를 완료된 의미상실의 시대로 간주한다. 이제 우리는 하이데거가「기술과 전향」(Die Technik und die Kehre)에서 인간을 향해 전면적인 사고의 전환과 행동의 전환이라는 전향(Kehre)을 요구하는 소리에 귀를 기울일 필요가 있다. 이제 우리는 자연을 인간세계를 형성하는 차원에 예속시켜 모든 것을 만들어낼 수 있는 자원조달창고로 간주해서는

안 된다는 것이다. 오늘날 우리는 기술과의 관계에서 자연을 점점 더 생산과 제조라는 소유양식 차원에서 대하려는 경향은 숨길 수 없는 사실이다. 정녕 우리는 가이아(Gaia), 즉 하나의 거대한 생명체로 불리어지는 지구라는 대지가 그 속에 거하는 생물들로 하여금 자양분을 공급받아 호흡을 가능케 하는 태반(胎盤)으로서 최적의 생존조건들을 유지하게끔 하는 섭리(攝理)의 곳임을 인정하는 발상의 전환이 절실히 요청된다.

4. 문화와 문명

일반적으로 문화개념과 대비해서 정의되고 있는 개념이 문명이다. 문화와 문명은 원초적으로 자연에 대립되는 것으로 인간의 활동을 통해 자연을 적극적으로 개발하고 형성하여 자기만족을 성취하려는 인간의 모든 노력을 가리킨다. 이때 자연은 인간의 밖에 있는 외부적인 자연만을 가리키는 것이 아니요, 인간의 안에 있는 소위 내재적인 자연도 뜻하기 때문에 우리는 문화와 문명을 대비적으로 구분 지을 수가 있다. 문화가 땅을 경작한다는 본래적인 뜻에 쫓아서 인간의 내부적인 자연을 인간의 활동을 통해 목적에 따라 개발하여 얻어진 결과를 말한다면, 문명은 공동체 사회의 인간이 외부적 자연을 분업화된 사회생활 속에서 여러 가지 목적달성을 위해 산출해낸 생활상의 기술, 조건, 질서와 같은 활동양식들을 뜻한다. 즉, 문화는 문명과는 달리 직접 형성되는 것이 아니라는 사실이다. 그것은 전통의 토양 속에서 형성되고 성숙되며, 또한 역사성 속에서 목적달성을 위해 자신의 위치를 정립시킨다. 반면에, 문명은 문화와는 달리 직접 형성되는 것이다. 그것은 과학적이고도 기술적인 형성을 뜻하는 것으로 인간이 추구하는 목적달성을 위해 수단으로서의 복잡한 기술집약적인 형성에 자신의 위치를 정립시킨다. 이러한 문화와 문명의 대비현상은 오늘날 과학기술이 인간의 생활에 지대한 영향을 미치는 가운데 더욱 두드러지게 나타나고 있다.

이처럼 문화와 문명이 목적과 수단이라는 대립적인 측면에 놓이게 될 때, 우리는 이 두 개념의 대비 관계가 사실은 문화 우선주의적이라는 사실을 다음의 구분을 통해 알 수 있다. 즉, 문화는 정신적 가치의 실현으로서 철학, 종교, 예술 등의 최고의 정신적 소산을 의미하는 고급문화의 영역에 속한다. 이에 비해, 문명은 산업, 기술, 경제, 경영 등을 통해 형성되는 것을 의미하는 저급문화의 영역에 속한다. 사실 오늘날 우리는 과거와는 달리 문화와 문명이라는 두 개념을 혼용해 쓰고 있는데 익숙해 있는 모습이다. 그럼에도 불구하고 우리의 뇌리 속에 여전히 이 둘을 대비하면서 차등을 두려는 경향이 있음을 본다. 이러한 사실은 두 단어에 함축되어 있는 본래적인 의미로 말미암는다고 볼 수 있다. 우리는 문명이라는 단어가 라틴어 Civis라는 도시시민으로부터 유래되면서 나타난 현상인 기술적·사회적인 제 모습을 가리키고 있음을 본다. 물질 위주의 모습이다. 이에 대해 문화라는 단어는 정신적 가치를 지닌 제 소산들을 가리킨다. 정신위주의 모습이다. 칸트는 우리가 예술과 학문을 통해 문화화되었다고 말하면서 이념도 문화에 속한다고까지 말하고 있다.

이러한 두 개념의 대비현상은 슈펭글러(O. Spengler)를 통해 더욱 두드러지게 나타난다. 슈펭글러는 문화를 살아 있는 유기체로, 문명을 단지 기술적·기계적인 영역을 나타내는 것으로 대립시킨다. 모든 문화는 슈펭글러에 의하면 생성과 성장과 몰락이라는 그 나름대로의 고유한 표현의 가능성들을 지닌 속에서 자신의 고유한 발전과정을 지나면서 기술적이고 산술적인, 또한 조직적인 문명에로 하강할 수밖에 없다. 그러므로 "문명은 문화가 맞이해야 할 피할 수 없는 운명이다."[16] 결국 문화는 자신의 몰락을 맞이하게 된다. 이처럼 슈펭글러는 문명을 문화의 말기적 현상으로 보는 가운데 문화는 가치 있는 것으로, 문명은 무가치

---

16) O. Spengler, Der Untergang des Abendlandes, Bd. I (München 1920), S. 43.

한 것으로 간주하려는 경향이 엿보인다. 문명은 슈펭글러에 있어서 문화와 대비하여 볼 때 가장 표피적이요, 가장 인위적인 것이다. 그런데 만일 우리가 슈펭글러의 주장대로 문화와 문명을 극단적으로 대립시킬 때, 인간의 생활 수단으로서의 갖가지 문명적인 형성과 활동의 지배 아래, 과연 막강한 문명영역에 버금갈 문화영역의 내용적인 측면이 무엇이겠는가 하는 점이다.

오늘날 문화영역은 문명영역과 대비하여 볼 때 일방적으로 위축된 모습이다. 이처럼 왜소해진 형태 속에서의 문화는 갖가지 기술적인 가능성을 내포한 문명과의 조화 속에서 자신의 목적 달성을 위한 이성의 구현이 불가능한 것처럼 보인다. 오히려 목적으로서의 문화와 수단으로서의 문명에 대한 평가와 가치가 전도될 가능성이 있다. 그러므로 문화인간학은 슈펭글러의 문명과의 대비에서 제한된 의미와 가치를 지닌 문화개념을 그 해석에 있어서 확대하면서 심화시키려고 한다. 이것은 문화만을 가치 있는 것으로 간주하려는 경향에서의 탈피를 뜻하기도 한다. 이러한 흐름은 누구보다도 란트만을 통해 잘 드러나고 있다. 그런데 란트만을 위시한 문화인간학자들은 문화개념에 대한 포괄적인 해석의 전제로 미개민족과 문화민족의 구분과 그에 따른 비문화적인 인간의 자연 상태를 인정하지 않는다. 문화는 그들에 의하면 인간의 본질적인 면에 속한 것으로 인간과 분리시킬 수 없는 원초적인 것이기에 인간이 있는 곳에 인간의 독특한 징표로서의 문화가 있게 마련이다. 따라서 문화는 인간이 형성하고 있는 내·외적인 삶을 전체적으로 포괄하는 것으로 인간이라는 현존재의 전 모습을 반영한다. 란트만은 이러한 입장을 다음과 같이 나타내고 있다. "우리는 문화의 의미를 인간이 선천적으로 얻는 것이 아닌, 자신의 창조능력을 통해 산출해낸 이른바 객관적인 가치들뿐만 아니라, 또한 모든 사회적인 제도들, 관습들, 행동양식들과 같은 것들을 포함하는 총괄개념으로 파악한다."[17]

---

17) M. Landmann, Der Mensch als Schöpfer und Geschöpf der Kultur (München 1961), S. 188.

이제 문화는 더 이상 문명과 대립되는 개념이 아니다. 즉, 문화는 더 가치 있는 것으로, 문명은 덜 가치 있는 것으로, 또는 문화는 인간의 목적으로, 문명은 인간의 수단으로 구분되는 것은 아니다. 오늘날은 이전과는 달리 정신적인 면을 강조하는 문화, 물질적인 면을 강조하는 문명의 구별은 더 이상 하지 않으려는 것이 일반적인 경향이다. 이러한 흐름 속에서 문화인간학은 문화를 인간이 함께 거하고 생활하는 곳에 필연적으로 있어야 할 것으로 본다. 따라서 문화는 단지 정치, 경제, 산업, 기술과 대립되는 예술과 학문이 속하는 정신적 차원의 것만을 뜻하는 것이 아니다. 문화는 역사성과 사회성 속에서 형성되는 인간의 전체성을 뜻한다. 그러므로 문화는 문명까지 다 포괄하는 인간의 삶과 행동과 그에 따른 제도들, 작품들까지도 포괄하는 총괄개념이다. 이제 문화는 자연을 지배하고 순화시키는 관념적인 지식형성과 더불어 실질적이고도 기술적인 지식형성의 총체인 것이다.

그런데 만일 우리가 란트만을 중심으로 한 문화인간학자들의 주장대로 문화와 문명을 포괄적인 입장에서 논한다 할 때, 오늘날 기술문명이 이룩한 안락함이나 편안함이 육체적·정신적으로 일방적으로 요구되고 있는 상황 속에서 어떻게 둘 간의 균형과 조화를 이룰 수 있겠는가 하는 점이다. 우리에게 염려스러운 점은 소위 문명화된 인간이 그의 육체적·정신적 쾌락의 요구에 상응하는 복잡한 기술적인 총체성에 얽매이지 않을 수 없다는 사실이다. 오늘날 인간은 문명인으로서만이 아닌 문화인으로서의 목적 실현을 위해 요청되는 내적 음성인 이성의 자기구현을 거의 감지하지 못하고 있거나, 또는 아예 무시하고 있는 상태가 아닌가 싶다.

제8장 문화적 존재로서의 인간

1. 문화의 창조자로서의 인간

문화인간학은 인간 본질에 관한 고찰 가운데 인간의 비규정성(Unfestgelegtheit), 불확정성(Unbestimmtheit), 비전문성(Unspezialisiertheit), 가소성(Plastizität), 개방성(Offenheit) 등과 같은 새로운 용어들을 도입하고 있다. 이러한 개념규정들은 인간의 문화 창조의 가능근거가 어디에 있는가를 암시하고 있으며, 이러한 암시는 인간과 동물의 근본적 차이가 규명되면서 더욱 뚜렷이 드러난다.

우선 우리는 현대적 의미에서의 인간이해를 위한 개념 형성에 지대한 영향을 준 니체를 통해 인간의 문화 창조의 가능근거가 어디에 있는가를 볼 수 있다. 인간은 생물학적인 관점에서 볼 때, 니체의 표현대로라면 가장 병약하고 열등한 동물이다. 그럼에도 불구하고 어떻게 인간은 결국 가장 강하고 용기 있는 '인간

동물'이 될 수 있었는가? 그에 대한 해답은 니체의 동물과 인간에 관한 매우 인상적인 분석에서 그 실마리를 찾아볼 수 있다. 그는 가축에 비유한 동물의 위치를 다음과 같이 묘사하고 있다. "풀을 뜯어먹으면서 그대의 곁을 지나가는 가축의 무리를 보려무나. 그들은 어제가 무엇이며 오늘이 무엇인가를 모른다. 단지 여기저기 뛰어 돌아다니고, 먹고, 쉬고, 소화시키고, 그리고 또 다시 뛰어다닐 뿐이다. 더욱이 이처럼 아침부터 저녁까지, 그들은 매일매일 유쾌함과 불쾌함, 즉 순간이라는 말뚝에 짧게 묶여 살고 있을 뿐이다. 따라서 그들에겐 우울함도 권태로움도 없다."[1] 이에 비해서 "인간은 어떤 다른 동물보다도 불안정하며, 변덕스럽고, 확정되어있지 않다. … 실로 인간은 다른 모든 동물을 한데 묶어 놓은 것보다 훨씬 담대하며, 혁신적이며, 반항적이며, 운명에 대해서도 도전적이다. 또한 인간이란 자기에 대한 위대한 실험가이며, 최후의 지배권을 획득하기 위해 동물과, 자연과, 신들과 싸우는 만족과 싫증을 모르는 자이다. 또한 그는 언제까지고 정복되지 않는 자로서, 자신의 충동력 때문에 조금도 쉴 줄을 모르는 영원한 미래적인 자이다."[2] 인간의 삶은 니체에 있어서 동물들과는 달리, 삶의 상승을 위한 하나의 흐름이다. 그러므로 이미 주조된 기존의 모든 삶의 방식은 삶의 상승을 위해 다시금 파괴되지 않으면 안 된다. 따라서 이러한 니체의 인간의 내면을 향한 적나라한 조명은 인간으로 하여금 항상 새로운 삶의 형식을 형성하고 수용하는 자기기획을 하지 않고서는 삶을 영위할 수가 없음을 예시해 주고 있다. 인간은 니체에 있어서 아직 확정되지 않은 동물로 끊임없는 자기상승의 가능성을 지닌 존재이다. 무엇보다도 문화야말로 바로 인간의 자기기획의 창조적인 산물이다. 인간은 동물과 본능의 관계가 숙명적인 것처럼, 본성적으로 문화를 창조할 수밖에 없는 존재이다. 그런데 이때 부각되는 점은 인간이 문화를

---

1) F. Nietzsche, Vom Nutzen und Nachteil der Historie, I ,in : F. Nitzsche, Werke in drei Bänden, hrsg. von K. Schlechta (München 1969), S. 211.
2) 위 전집, Zur Genealogie der Moral, II, S. 862.

창조할 때, 과연 문화 창조의 실마리가 무엇인가 하는 점이다. 이에 관해 겔렌과 란트만은 다음과 같이 서로 대립되는 주장을 피력하고 있다

겔렌은 인간을 근본적으로 결핍된 존재로 규정지으면서, 그 결과 인간은 어쩔 수 없이 형태학적인 취약점의 노출과 그에 따른 위험을 당할 처지에 놓이게 된다는 것이다. 그러므로 인간의 결핍은 자신의 고유한 행위를 통해 보충되어야 하는데, 이 행위야말로 인간자신의 계획에 따라 삶의 세계를 변화시키며, 결국에는 자신의 결핍성도 극복시킬 수 있는 능력이다. "인간은 자신의 삶을 영위하기 위하여 자연을 변화시키고 정복할 능력을 가지고 있으며, 또한 그로 인하여 삶의 세계를 경험할 가능성도 가지고 있다. 따라서 인간은 행위하는 존재인데, 그 이유는 그는 주위환경에 자연스럽게 적응하기에는 어려운 비전문화된 존재이기 때문이다. 그러므로 문화란 그가 삶 가운데서 새롭게 가꾼 자연의 총체이다."[3] 겔렌에 있어서 문화는 삶을 영위하기에는 근본적으로 결핍된 존재인 인간이 살아남기 위하여, 또는 결핍을 보상받기 위해 창조한 보충물이라고 할 수 있다.

란트만은 방법적인 측면에서 인간의 문화 창조를 인간의 결핍성에 대한 생물학적인 입장으로부터 유추시키는 것 자체가 문제가 있음을 지적하면서 다음과 같이 말한다. "인간을 결핍된 존재라고 선언하고, 따라서 인간의 결핍을 다시 인간의 장점들을 통해 보상시키려고 하는 대신에 인간을 어떤 고유한, 자체에 있어서 완성된 유형으로 이해하고, 이것의 요소들이 구조적으로 서로 일치되고 있음을 이해하는 것도 타당한 이론이다."[4] 인간과 문화는 란트만에 있어서 언제나 동시에 존재하는 것으로, 인간의 삶의 세계가 곧 인간의 문화세계이다. 그래서 그는 인간은 오로지 창조적이기만 해서는 안되지만 창조적일 수밖에 없다고

---

3) A. Gehlen, Der Mensch (1971), S. 38.
4) M. Landmann, Philosophische Anthropologie (1969), S. 180.

말한다. 우리는 인간의 신체적인 비전문성이나 그에 따른 개방성이 주장될 근거를 가지기 위해서 인간은 근본적으로 문화를 창조하는 문화적인 존재라는 사실을 인정할 수밖에 없다. 특히 인간의 개방성은 문화 창조와 수용을 위한 불가결한 면이다. 인간은 자신의 개방성 속에서 비로소 문화를 자유롭게 창조하고 활동하는 존재이다. 이렇게 창조된 문화가 곧 세계의 본질과 인간의 본질을 나타낸다고 할 때, 문화의 창조자는 다름 아닌 곧 인간자신이며, 문화 창조는 인간의 창조성의 결과이다.

2. 문화의 피조자로서의 인간

문화인간학이 인간의 본질을 문화적인 존재로 파악할 때, 그 내용은 인간을 통한 문화의 창조성과 더불어 문화를 통한 인간의 구속성이라는 양면을 내포하고 있다. 그러면 인간이 문화의 창조자 대신 문화의 피조자로 규정될 때 담고 있는 내용은 무엇인가? 인간은 개인적으로나 집단적으로 자신의 삶을 영위함에 있어서 각기 문화의 지속적인 영향을 벗어날 길이 없다. 인간은 갖가지의 문화적인 제 현상들인 예술, 도덕, 종교, 습관, 언어, 기술, 지식 등으로 말미암아 형성되고 주조되고 결정된다. 이렇게 보면 문화는 이미 인간에게 주어져 있고 그 주어진 문화 속에서 인간은 태어나고 자라난다고 말할 수 있다. 문화는 인간의 창조물로서, 또는 인간자신을 충족시켜주기 위한 이용물로서만이 아니라 오히려 인간을 그의 문화형태 속에서 형성시킨다. 이러한 문화의 인간에 대한 관계설정은 문화가 담고 있는 갖가지 형식과 내용들을 인간이 수용함이 없이는 인간자체의 형성이 불가능하다는 사실을 나타내 준다. 이처럼 문화는 개인의 생활을 초월한 인간의 생활방식 자체를 결정해 주고 있다.

그런데 문화나 문화적인 제 형태들은 인간의 비규정성, 비전문성, 개방성으로 인해 역사적인 창조과정을 거치면서 역사의 흐름 속에 축적된다. 이처럼 축적된 문화의 형태들이 곧 전통(傳統)이다. 전통이란 단어는 유산, 유언, 상속, 전권이임, 선물, 주문, 공급 등의 뜻을 가진다.[5] 이는 인간이 이룩한 문화는 실질적으로 전통에 의거하고 있음을 뜻한다. 전통은 문화의 형식들과 내용들을 널리 보급시키고 계속 전달하고 계승시킬 수 있는 근거이다. 따라서 전통은 단순한 지나간 문화적인 형태들의 집합이 아니다. 전통은 문화적인 형태들을 역사성 속에서 인간의 개방성으로 말미암아 과거에 대해서는 끊임없이 새로움을 공급해 주고, 미래를 향해서는 아직 확정되지 아니한 역사로서 작용한다. 요컨대, 인간은 문화의 창조자로서의 문화적인 현상들 속에서는 늘 가능태로 있는 존재이지만, 문화의 피조자로서의 문화적인 전통 속에서는 이미 현실태로 있는 존재이다. 이와 같은 현실태의 가능근거는 인간의 개방성을 통한 창조적인 힘의 결과로 말미암는 것이다.

3. 인간의 문화성

인간은 자연과의 관계에 있어서 넓게는 자연의 아들이요 피조물이지만, 좁게는 자연이 의도한 대로 생물계 내에서의 특수한 위치를 차지하고 있음이 분명하다. 물론 인간은 다른 동물에 비해 형태학적인 결핍성을 드러내고 있지만, 그러나 절편(切片)된 환경을 뛰어넘는 세계를 향한 개방성과 그에 따른 자기 스스로 일들을 창안하고 처리할 수 있는 독보적인 위치를 점하고 있다. 이러한 인간만의 특수한 존재방식은 그의 문화성을 통해 결정적으로 드러난다. 우리는 앞에서 인간의 문화성이 그 내용으로 다음과 같은 양면성을 지니고 있음을 보았다.

먼저, 인간은 문화의 창조자라는 점이다. 동물들은 자연이 그들에게 제시하는

---
5) C.H. Beck, Vom Sinn der Tradition (München 1970), Vowort 참조.

자연적인 현상과 질서 속에 묶여 그 속에 머물 수밖에는 없다. 이에 대해 인간은 자연계와 더불어, 또는 자연계를 넘어서는 가운데 공동체로서의 사회, 국가, 법률 등의 여러 제도들 속에서 예술, 종교, 도덕, 기술과 같은 제2의 세계를 만들어낸다. 이러한 제2의 세계가 곧 그 나름대로의 존재규범과 행동규범을 소유하고 있는 문화의 세계이다. 인간은 자신의 삶의 세계 자체가 곧 문화의 세계라 할 정도로 원초적으로 문화를 창조할 수밖에 없는 본질적인 면을 소유하고 있다.

다음으로, 인간은 문화의 피조자라는 점이다. 인간은 다른 동물들과는 달리 자신의 생물학적인 결핍성으로 인해 자각하는 존재로서 부각된다. 이처럼 인간이 자각하는 존재로 부각될 때 그것이 의미하는 바는 다음과 같다. 첫째로, 인간은 자신의 세계에 대한 행동을 본능에 의해서가 아니라 선택에 의해 스스로 결정할 수밖에 없다는 사실이다. 둘째로, 인간은 자신의 세계를 언제나 사회라는 영역 속에서 행해지는 교육을 통해 자기의 것으로 만들어야 한다는 사실이다. 셋째로, 인간은 교육을 통해 엮어낸 삶의 형성물들을 전통이라는 틀 속에 담아 다음 세대로 전할 수 있다는 사실이다.

이처럼 인간은 태어날 때부터 란트만의 표현대로 문화의 외적장치 속에서 자라남이 불가피할진대, 삶의 갖가지 표현들은 결국에는 문화라는 존재규범들을 통해 조정 받을 수밖에 없다. 즉, 인간은 그가 만든 문화에 세뇌된 자로서 오로지 문화를 지지할 수밖에 없는 존재이다. 왜냐하면 모든 인간적인 것은 그것이 아무리 유치하고 초기의 모습을 지니고 있다 할지라도 문화적인 것일 수밖에 없기 때문이다. 인간의 문화성이 갖는 양면성은 문화가 원초적으로 인간에게 속해 있음을 드러내며, 따라서 인간이 형성하는 모든 삶의 내용들은 문화적일 수밖에 없다는 순환관계를 잘 드러내고 있다. 인간과 문화의 순환관계야말로 인간을 동물의 영역으로부터 본질적으로 분리시킬 수 있는 "원초적인 인간다움(Fundamental anthropinon)"[6]의 표현 방식이다.

포르트만은 이러한 인간과 문화와의 불가분의 관계를 인간의 직립보행의 예를 통해서 규명하려고 한다. 모든 고등 포유류동물들은 각기 그 종에 알맞은 신체적인 행동들을 이미 모태 속에서 성숙되어 태어나자마자 거의 완벽하게 나타내 보인다. 그러나 포르트만에 의하면 인간의 직립보행은 모태 속에서 성숙한 상태에서 나타나는 현상이 아닌, 어디까지나 사회적인 환경 속에서 나타나는 후천적인 모습이라는 것이다.[7] 일반적으로 우리는 인간의 신체적인 직립보행을 단지 신체기관이 점점 성장해 가는 속에서 총체적인 조직들이 성숙해 가는 과정의 결과인 것처럼 보려고 한다. 그러나 그에 의하면 인간의 신체적인 직립보행에는 인간의 사회적인 특성이 그 중심에 개입되어 있다는 것이다.

우리는 포르트만이 예로 든 인간의 직립보행을 통해 다음과 같은 결론을 얻을 수 있다. 즉, 인간은 형태학적인 비전문화로 인해 문화를 창조하는 존재로 자신을 실현시킬 수밖에 없다는 사실이다. 또한 인간은 자신을 에워싸고 있는 역사적인 상황과 사회적인 집단이 형성하고 있는 문화 속에서 오랜 변화의 과정을 통해 성장하게 되며, 그 결과로 문화에 의해 형성될 수밖에 없다는 사실이다. 인간은 무엇보다도 자신의 행동양식을 주어진 사회적인 여건 속에서 배우면서 익혀나감으로써 자신의 삶에 있어서 문화적인 것들을 형성해간다. 포르트만이 제2의 모태라고 말하는 인간의 사회는 그 자체가 문화의 전담구역으로서 문화를 형성하고 유지하면서 또한 전승시키는 장소이다. 이처럼 인간의 사회성은 곧 인간의 문화성을 함축하고 있다. 그러므로 인간이 사회 속에서 형성한 최초의 모습은 곧 문화적인 모습이다. "어쨌든 우리는 인간을 문화라는 업적의 소유라는 측면에서만 이해한다. 비록 문화적인 업적이 원시적이라 할지라도, 그것 없이는 인간의 실존을 생각할 수 없을 정도로 그것은 인간에 있어서 근본적인 것

---

6) M. Landmann, Der Mensch als Schöpfer und Geschöpf der Kultur (München 1961), S. 62.
7) A. Portmann, 'Die Sonderstellung des Menschen im Reich des Lebendigen.' in : Universitas 12 Jg., Heft 4. S. 342 참조.

이다. 오직 하나 있고 있어 왔다면, 그것은 문화인간들뿐이다."[8] 이제 개체로서의 인간은 모든 집단에 공통적인 초개인적인 문화라는 매개물에 참여함으로써 비로소 자신의 위치정립이 확인된다. 문화의 도움이나 문화로 덮여진 분위기 없이는 개체로서의 인간은 숨을 제대로 쉴 수가 없다는 사실이다. 인간만이 자기 자신이 창조한 문화적인 환경세계 속에서 사는 유일한 존재이다. 이것은 인간만의 고유한 특징이다. 그러므로 인간만의 고유한 문화적인 특징에 대한 정의와 분석 없이는 인간의 특성에 대한 묘사는 불가능하다. 이처럼 인간의 문화성은 인간으로 하여금 문화에 대하여, 문화로 하여금 인간에 대하여 각각 분리시킬 수 없는 전체성을 나타내주고 있다.

---

8) A. Gehlen, Urmensch und Spätkultur (Bonn 1956), S. 118.

문화에 대한 비판적 고찰

 인간은 자신의 치밀한 계획성과 사회와의 공동체 의식의 토대 위에서 구체적이고도 체계적인 행동을 통해 자신과 대자적 위치에 있는 자연이라는 대상물을 자신의 삶을 위해 개조시키고, 미화시키기까지 한다. 이처럼 인간이 자신의 삶을 위해 의도적으로 개조한 자연은 이미 단순한 자연이 아니고 제 2의 자연이라 일컬어지는 문화이다. 그러므로 문화는 단순히 인간에게 외부로부터 제공된 산물은 아니다. 그것은 어디까지나 인간에 의해 산출된 것이다. 인간은 자신의 삶을 위해 자기표현으로서 문화를 창조하지 않을 수 없는 유기체이다. 또한 객관화된 정신으로서의 문화는 자신을 창조한 인간을 다시 창조하면서 인간으로 하여금 문화를 통해 본질적으로 규정받지 않을 수 없게 한다. 인간과 문화는 어떤 형태로든 서로를 구속하고 표현하는 속에서 상호간의 순환관계를 형성하고 있다.

그런데 오늘날 문화에 대한 비판적 반성은 인간과 문화가 형성한 기존의 밀착된 상관관계가 더 이상 정당성을 유지하고 있지 못한 데서 비롯된다. 그러므로 우리에게 우려되는 바는 오늘날 변형 내지 변질의 모습을 띠고 문화가 기존의 자연과의 관계에 있어서나, 또는 전통으로 다져온 인류역사와의 관계에 있어서 자신의 종말을 맞이하고 있지는 않은가 하는 점이다. 따라서 우리가 문화에 대한 비판적 고찰을 통해 얻고자 하는 것은 현대문화가 지니고 있는 위기의식과 이와 결부된 인류미래에 대한 위기의식을 극복하기 위함이다. 우리는 오늘날 문화비판을 야기시키는 원인과 행위로 다음과 같은 점들을 지적할 수 있다.

먼저, 문화의 피상(皮相)화 현상이다. 오늘날 사물에 대한 추리와 모방과 선택 능력을 지닌 인간은 분명히 과거와는 달리 자연이라는 대상물을 일방적으로 지배하고 이용하려고 한다. 거기에는 "목적 그 자체가 부인되고 수단으로서의 목적만이 허락되는 욕망의 의지나 힘에의 의지가 자리 잡고 있을 뿐이다."[1] 이러한 목적의식의 상실은 현대문화가 위험수위에 달했음을 뜻한다. 이처럼 문화가 본질로서 지녀야 할 목적의식을 상실할 때, 그 문화는 점증하는 자연지배와 효용에만 관심을 기울인 나머지 모든 다른 목적들은 도외시되는 위험한 현상을 초래하게 된다. 인간은 자연의 섭리 가운데 태어날 때부터 최대치의 인식기능을 갖고 태어났다. 이러한 토대 속에서 인간은 문화를 형성했고, 형성하고 있고, 또한 형성해 나갈 것이다. 이미 인간은 문화를 인식하고 있다 하겠다.

사실 인간에 있어서 문화와 자연은 앞에서 본 바대로 태생적·본래적·운명적인 관계이다. 이 둘의 관계설정은 각기 독특한 정점은 갖되 서로간의 우위를 겨루지 않는, 서로간의 필요충분조건을 인정하고 인식하는 상태이다. 그런데 문제는 오늘날 이 둘이 피차간 처해 있는 모습은 과연 어떤가 하는 점이다. 인류 탄생 이래로 최고·최상의 문화시대라고 일컬어지는 오늘날, 서로간의 마땅한

---

[1] M. Heidegger, Vorträge und Aufsätze (Pfullingen 1954), S. 89.

조화의 관계라기보다는 대립의 관계가 형성되어 있는 것처럼 보인다. 순기능이 함께 하는 출발의 근원으로부터 너무나 떨어져 나온 결과이다. 오늘날 자연은 놀라움·경이의 대상에서 관찰·변경의 대상으로 바뀐 것이 우리의 자연에 대한 인식 태도이다. 인간의 끊임없는 지적활동의 강화 속에서 자연을 향한 기술화가 더욱 요구되는 실정이다. 우리에겐 자연이라는 대상물을 직접 경험할 가능성이 점점 희박해지는 가운데 소외로 점철된 일상인의 모습을 드러낼 수밖에 없다. 이제 문화는 계속해서 자연과 맞서는 가운데 오히려 정체성을 상실한 쇄잔 내지 피폐된 모습이다. 이러한 현대문화의 모습은 효율성과 능률성에 초점을 두는 천민자본주의의 모습이기도 하다. 그러므로 어느덧 현대문화의 징표가 된 부와 힘이 인간에게 작용한 결과 이성적인 약정과 합의원칙의 급속한 이완(弛緩)과 더불어 인간의 선과 덕에 대한 기대는 점점 희박해질 수밖에 없다. 이것은 "억압된 본능의 해방이 문명화된 도덕의 저하"[2]라는 도식을 산출케 함을 뜻한다. 이것은 하나의 위기이다. 오늘날 문화의 피상화 현상은 특히 생태적 자연에 대한 인간의 끊임없는 지배력을 근거로 하고 있는데, 그 결과 현대의 문화는 심각한 위기의식과 함께 기로에 서 있다. 즉, 발달된 수단들로 인해 문화의 몰락과 더불어 타락된 사회가 형성될 것인가, 또는 문화의 재건과 더불어 병적인 요소들이 제거된 건전한 사회가 형성될 것인가 하는 점이다.

다음으로, 문화의 윤리성 결여(缺如) 현상이다. 현대의 과학·기술적인 발전은 인간이 학문에 있어서 이룩한 가장 불가항력적인 업적이다. 그러므로 현대의 과학기술이 지니고 있는 효용능력들은 인류미래의 지속적인 발전과 보장을 위해 적절한 사용이 불가피하다. 이러한 측면에서 인간이 삶을 이룩한 곳에는 언제나 기술(Technik)의 문제가 대두된다. 기술은 인간과 더불어 오래된 것으로, 그것은 다른 동물과 비교하여 본능적인 측면에서 기관적인 결핍을 지닌 인간에게

---

[2] H. Marcuse, 「에로스와 문명」, 김종호 역 (서울 양영각 1985), P. 219.

신체기능상의 부족한 면을 보충해 준다. 이제 인간은 기술을 통해 자신의 타고난 신체적 기관보다 우월한 능력을 발휘한다. 우리는 일부 영장류에서 단단한 열매껍질을 돌에 부딪쳐 깬다거나 또는 막대기를 사용해서 꿀을 끄집어내는 손 기술을 관찰하기도 하기도 한다. 그러나 이러한 기술들은 인간의 기술전개와는 양적인 차이는 물론이요 근본적으로 질적인 차이가 있다. 기술은 인간의 본질적인 면을 구성하는 인간만의 특징이다. 겔렌은 누구보다도 인간학의 입장에서 기술과 인간과의 유착관계를 긍정적으로 보고 있다.

따라서 기술 그 자체나, 또는 기술이 지닌 강한 응집력 자체가 현대문화의 적대적 요소는 아니다. 문제는 인간이 현대문화의 방향과 내용을 기술집약적인 업적에 일방적으로 몰입시키고 있다는 사실이다. 그러나 프로이드(S. Freud)의 지적처럼 자연을 지배하고 순화시키는 것만이 문화의 유일한 목적이 될 수는 없다. 달리 말하면, 문화는 단지 효용성만을 염두에 두고 있는 것은 아니라는 사실이다. 그래서 그는 자신의 저서인 「문화의 불안」에서 기술의 눈부신 전개와 그에 따른 갖가지 혜택을 결코 가볍게 여길 수 없음을 인정하면서도, 그러나 우리들에게 기술의 전개로 말미암아 잃어버린 것들을 다음과 같이 상기시키고 있다. "가령 원거리를 달리는 철도가 없었다면, 내 아이는 고향을 떠나지 않았을 것이고 내 아이의 음성을 듣기 위해서 전화를 사용할 일도 없었을 것이다. 만일 대양을 횡단하는 선박이 등장하지 않았더라면 친구는 항해에 나서지도 않았을 것이며, 또 그의 안부 때문에 걱정을 진정시키기 위해서 나는 전보 따위를 치지는 아니하였을 것이다. 유아 사망률의 감소가 그 비율만큼 출산을 억제하는 결과를 초래한다면, 도대체 무슨 의미가 있단 말인가. 결국 어떤 면에서 보든 우리가 위생학이 발전하기 이전보다 아기를 더 잘 기른다고 볼 수 없을 뿐만 아니라, 성생활 여건 역시 악화되었다고 볼 수밖에 없다. 더구나 우리의 삶이 고통스럽고 기쁨이 없으며 비참하기 그지없이 오직 죽음만을 바라고 산다면 오래 산다는 것이 과연 무슨 의미를 갖는가."[3] 프로이드는 우리들에게 친구로 여겨지는 기술이 주는 선물꾸러미 속에는 치러야 할 엄청난 대가가 들어 있다는 사실을 보여주려고 한다. 또한 기술위주의 현대문화 속에서 우리가 그리 행복하지 않다는 사실을 보여주려고 한다. 현대문화는 한마디로 기술의 지대한 영향 속에서 실용적인 성격을 띠는 사실문화(Sachkultur)로의 진행이라고 볼 수 있다. 이러한 현상은 1959년 영국의 극작가이자 물리학자인 스노우(Ch. Snow)의 「두 문화와 과학혁명」이라는 저서에서 두드러지게 나타난다. 그는 이 책에서 인문·사회과학의 전공자들과 자연과학의 전공자들 간의 문화적인 괴리와 상호간의 몰이해, 의사소통의 단절 등이 현대서구문명의 중대한 장애물이며, 심각한 위협임을 주장하고 있다. 스노우는 실험과 검증과 분석을 토대로 하는 실증과학적인 위치에서 객관적 정신으로서의 문화대신에 객관적 기술로서의 문화를 주장하고 있다. 자연과학자의 손을 들어준 그에게는 기술로 점철된 현대문화가 전부인 것처럼 보인다.

기술화된 현대문화의 모습, 이러한 주장에 대한 정당성 여부를 떠나서 오늘날 기술은 인간의 삶 영역에 깊숙이 들어와 지대한 영향을 끼치고 있다는 사실은 부인할 수가 없다. 기술의 영향은 삶의 모든 영역들인 노동생활, 직장생활, 여가생활, 소비생활, 가족생활, 성생활, 정치생활, 더 나아가서는 사람들 간의 관계형성에 이르기까지 지대하다. 오늘날 과학기술의 전개는 놀라움 그 자체이다. 인간의 행위를 통한 능동적인 소산의 결과가 곧 기술이라고 하지만, 그것은 인간이 단순히 살아남기 위한, 삶을 영위하기 위한 하나의 수단 이상의 것이다. 기술은 인간의 삶의 양식을 정신적인 면에 이르기까지 근본적으로 변화시키고 있는 모습이다. 이제 기술은 인간과의 깊은 내면적인 연관성을 갖는 인간의 제 2의 천성이 된 것처럼 보인다. 문제는 기술이 우리의 정신적 소산으로서의 문화와

---

[3] S. Freud, 「문화의 불안」, 김종호 역 (박영사 1973), P. 61.

오랫동안 밀접한 관계를 맺어오면서 기술이 가져다줄 결과에 대해서는 별다른 주의를 기울이지 않고 있다는 점이다. 기술은 우리로 하여금 갖가지 생활양식들 속에서 즐거움과 편안함의 춤을 추게 한다. 그러므로 우리의 기술에 대한 입장 표명은 기술이 인간의 삶을 즐겁고 편하게 해준다는 순기능 차원에서 인정 될 대상이라는 것이다. 이처럼 기술에 대한 전적인 신뢰로 인해 우리는 기술의 삶에 대한 역기능에 대해서는 별로 생각하려고 하지 않는 경향이 있다. 그러나 여기서 주목해야할 점은 우리들로 하여금 생활 중에 축배를 들게 하는 친구인 기술에게도 분명히 어두운 면이 있다는 사실이다. 즉, 현대의 거침없고 걷잡을 수 없는 기술의 전개는 정신적인 전개과정과 사회적인 유대관계를 통해 형성되는 삶의 윤리적인 가치와 의미를 과소평가할 수 있다. 따라서 도덕적인 기반을 잃어버린 기술만의 문화가 형성되면 인간자체의 존엄성은 물론이요 인간성자체가 무너지는 현상이 일어날 수 있다. 문화가 키케로 이래로 본질적으로 인간 내면의 지적·도덕적인 능력을 함양시킨다는 의미를 담고 있음을 고려할 때, 문화의 윤리성은 문화의 본질적인 면이다. 아무리 영리한 동물이라 할지라도 그 동물에게는 육체적 나이가 있을 뿐이다. 오직 인간만이 도덕적·정신적인 나이가 있고, 그 면이 근본적으로 다른 점이다. 오늘날은 그 어느 때보다도 문화가 본래적으로 지니고 있어야 할 이성적인 윤리성 내지 신비적인 종교성이 간과되고 있는 모습이다. 이것은 인간의 욕구와 힘과 성취과시가 밑받침된 기술의 놀라운 진보에 비해, 문화의 윤리적인 발전은 상대적으로 약화되었음을 뜻한다.

이제 우리는 미래에 대한 진보의 확신 속에서 기술화를 향한 '더욱 더'를 외치고 있는 현실 속에서, 그동안 등한시 여겨왔던 기술의 윤리적 가치에 대한 심도 있는 논의가 절실한 때이다. 왜냐하면 삶의 현주소가 기술놀음의 장소와 다를 바 없는 상황 속에서 기술화된 현대사회가 정신적인 괘도를 이탈하면서 우리의 삶이 위험성과 불확실성의 부담을 떠 안고 있기 때문이다. 그러므로 지킬

박사와 하이드 씨 같은 이것인 동시에 저것인 양면성을 지닌 기술, 친구이자 적이기도 한 기술에 대한 분명한 인식과 함께, 궁극적으로 인간의 관리와 제어가 가능한 것이 기술이라는 입장에서, 절제와 금욕이 함께 하는 우리자신의 절실한 행동양식의 변화가 요구된다. 우리가 삶의 기술화를 제한할 필요성을 절실히 느낀다면, 마치 제한이 없는 빈터에 제멋대로 집을 지으려는 우리의 기술에 대한 욕구 또한 억제되어야 한다. 이러한 발상의 전환과 행동양식의 변화 없이는 기술로 인한 생활의 편리함과 안락함을 추구한 대가로 상실한 인격적·정신적인 자유의 회복은 기대하기 어렵다.

따라서 문화의 윤리성 상실은 기술로서의 사실문화를 조정해야 할 과제를 포기하였음을 뜻한다. 이와 같은 문화의 가치중립적 내지 몰가치적 현상은 인간으로 하여금 자신의 삶을 전체적인 목적에서가 아닌 부분적인 수단을 통해, 또는 신념과 자제를 통해서가 아닌 즉흥과 임의성을 통해 형성하게 할 가능성이 크다. 그러나 다른 동물들과는 달리 인간만이 자신의 행위를 통해 주위세계를 형성할 수 있고, 그에 따른 목표를 세우며, 사물을 파악하고 이해하면서 가치를 실현할 수 있는 능력을 갖고 있음도 주지의 사실이다. 이것은 인간이 삶의 주체자로서 문화의 발전에 따른 갈등과 위험성을 극복하면서 윤리성이 내재된 문화를 재창조할 책임이 있음을 뜻한다.

끝으로, 문화의 억압(抑壓) 현상이다. 인간은 자신의 행위를 통해 문화세계를 창조한다. 인간은 다시 자신이 창조한 객관화된 문화에 참여한다. 이것은 인간이 처음부터 자신이 창조한 문화세계의 지시를 받게 되어 있음을 뜻한다. 이처럼 문화는 인간을 자연 그대로의 삶 속에 방치해 두지 않고 그 나름대로의 일정한 틀을 정해 구속받게 한다. 즉, 문화는 "욕구의 전적인 만족이라는 근본적인 목표가 정녕 포기된 곳으로부터 시작되는 것이다."[4] 이것은 인간의 사회적·생

---

4) H. Marcuse, 「에로스와 문명」, P. 20.

물학적·본능적인 측면도 전적으로 제약됨을 뜻한다. 이처럼 문화는 인간이 자신의 충동을 포기하는 가운데 형성된다. 문화는 인간으로 하여금 동물들의 단기적인 욕구충족과는 달리, 손에서 입으로의 과정이 보여주듯이 단기적이고도 전면적인 욕구충족이 아닌, 장기적이고도 부분적인 욕구충족을 누리도록 요구한다. 이처럼 문화는 한편으로는 인간 현존재의 삶을 전통을 통해 유지하고 발전시키면서 문화적인 존재로 형성하는 가운데, 다른 한편으로는 문화의 창조자인 우리 인간을 지배하면서 구속하고 억압하는 것이 되기도 한다. 이처럼 문화의 구속성 내지 억압성을 인간 현존재는 피할 길이 없다.

그런데 프로이드는 본능의 억압과 문화형성을 동일시하면서 문화의 성립을 쾌락원칙에서 현실원칙에로의 변형(Die Umformung des Lustprinzips in das Realitätsprinzip)에서 찾는다. 그가 말하는 현실원칙은 인간으로 하여금 공동생활을 보다 더 잘 정돈하고 조직화하는 지배적인 가치체계이다. 그는 문화를 인간의 본능을 영구히 억압하는 것으로 본다. 근본적으로 자연인으로서가 아닌 문화로 가득 찬 삶의 세계의 지시를 받게 되는 인간은 자신의 욕구를 쾌락원칙에 입각해서 완전히 아무런 장애 없이 충족시킬 수 없는 상황이다. 그러므로 현실원칙을 통한 쾌락원칙의 억압이 나타나게 마련이다. 인간은 이러한 억압을 통해 즉흥적이고도 부정확한 쾌락에서 지속적이고도 안정이 보장된 쾌락을 소유하게 된다. 이것은 인간의 문화형성이 이성적 질서인 현실원칙에 입각해서만이 가능하며, 따라서 억압의 형태를 띨 수밖에 없음을 뜻한다. 이러한 억압은 문화의 단계가 높아질수록 더욱 심해진다.

오늘날 앎에 대한 욕구와 소비에 대한 욕구가 그 어느 때보다도 팽배한 속에서, 이제는 절제의 아름다움 대신에 소비의 아름다움이 돋보이는 시대이다. 특히 기술문화가 다인 것처럼 언급되는 현대의 산업사회는 끊임없는 기술화를 통해 늘 새로운 수요를 욕구충족을 위해 창출하고, 이러한 새로운 수요를 광고나

매스컴을 통해 선전함으로써 인간의 삶을 위해 필수불가결 한 것으로 만든다. 문제는 늘 새롭게 제시되는 욕구충족을 위한 갖가지 것들을 쫓아가노라면 그 욕구들을 채우도록 허락된 그 사회체제의 종이 된다는 사실이다. 특히 성(性)의 해방에 따른 성적인 욕구충족에 부응하는 쾌락원칙이 일반화되어 있는 것이 오늘의 현실이다. 절제 대신에 끊임없는 만족을 향한 성 자체를 목적으로 삼고 있는 것이다. 오늘의 성적인 양태는 해체시대상을 반영하듯 고삐 풀린 망아지와 같은 모습이다. 이러한 현상 속에는 억압 작용이 덜한 낮은 단계의 문화 속에 거하는 소위 문화인의 성을 향한 왜곡된 반사작용이 함께 하고 있음도 주지의 사실이다. 그러나 무엇보다도 성을 포함한 인간의 본능은 원초적인 본능, 곧 에로스(Eros)이다. 따라서 그것이 원하는 바의 욕구충족이 다 채워지도록 내버려 둔다면 프로이드의 표현대로 죽음의 본능(Todestrieb)처럼 결국에는 파멸을 초래하는 것이 될지도 모른다. 언제나 구원과 파멸의 두 가능성을 손에 쥐고 있는 인간의 삶이기에 본능적인 충동에 대한 기본억압은 불가피한 것처럼 보인다. 그러므로 쾌락원칙에 입각한 본능의 만연 내지 방치는 최고의 가치를 추구하는 문화로서는 묵인할 수 없는 것이며, 따라서 본능이 추구하는 바를 억제할 필요가 있다. 사람 있는 곳에 문화가 있고 문화 있는 곳에 사람이 있다고 할 정도로 온통 문화로 채색된 인간의 역사이기에 본능의 구조 자체는 근본적으로 제약되거나 억압될 수밖에 없다.

그런데 인간의 역사는 곧 억압의 역사라는 등식은 사람들로 하여금 문화의 억압성에 대한 반발을 야기시킬 수 있다. 프로이드 자신의 지적처럼 스스로를 보존하려는 타당성을 지닌 문화의 구속성에 대한 인간의 원초적인 반발이 현대 문화의 방향정립을 어렵게 하고 있는지도 모른다. 즉, 인간 이외의 모든 생명체들은 무기적인 환경을 형성하는 공기, 토양, 물을 포함해서 미생물에 이르기까지 상호간 의존적인 가운데서 경쟁과 협동을 통해 생명과 자기보존의 틀을 유지하고 있는데 대해서, 인간이 자신의 삶을 형성함에 있어서 욕구의 충족을 희생시켜야 하는 억압이 함께 하는 문화만이 과연 삶의 요체(要諦)인가 하는 점이다. 문화의 독단화, 경직화, 절대화로 인해 오히려 문화의 공동(空洞)화 현상을 초래할 수 있다. 무엇보다도 문화가 본능적인 욕구의 억압 위에서만 형성된다는 프로이드의 주장을 전적으로 인정할 때, 설명할 수 없는 밑으로부터 솟아나는 생산적인 힘으로서 인간에 내재된 생명의 충동원리가 평가 절하될 가능성이 높다. 인간의 본능은 그 자체 순수한 신비스럽기까지 한 것으로 인간의 손으로 조작할 수 없는 영역이다. 그것은 인간에 있어서 생명 그 자체이다. 물론 이미 앞에서 일부 언급한 것처럼, 소위 문화적인 삶에서는 인간의 본능적인 욕구를 있는 그대로 다 발산할 수 있도록 허락되지 않는다. 본능적인 욕구의 단념이 요구된다. 그러므로 문화의 억압 현상에는 부자유함과 어색함이 따른다. 그런데 아이러니하게도 오늘날은 그 어느 때보다도 욕구의 만족을 채울 수 있는 시대의 모습이다. 그래서 마르쿠제(H. Marcuse)는 억압으로 인한 고통과 부자유 가운데 형성된 프로이드적인 문화형성에 따른 희생은 이제는 충분한 보상을 받게 되었다고 말한다. 비록 인간의 문화적인 삶이 오늘날 규격화되고 표준화된 속에서 메마른 삶의 모습을 띠긴 하지만 특히 과학기술의 놀라운 전개에 따른 생활의 윤택함에 기대를 더욱더 걸어도 좋은 현실이기도 하다. 정녕 우리 앞에는 문명이나 문화발달의 꼭지점을 찍은 시대상이 펼쳐지고 있다. 오늘날 우리는 물질적인 풍요로움으로 인한 느긋한 안락함을 맛보는 시대에 살고 있다. 또한 그것과 더불어 우리는 개인적·사회적인 삶 속에서 진정 자유로움을 누리고 있는 것처럼 보이기도 한다. 문제는 끊임없이 향상일로에 있는 생산력 증대에 따른 더 좋은 삶을 향한 희망 속에서 결국에는 불행하게도 삶의 현장 도처에서 인간을 통한 인간의 지배라는 역기능이 초래되고 있다는 사실이다. 마르쿠제(H. Marcuse)는 인류의 물질적·정신적인 진보가 진실로 자유로운 세계를 산출할 수 있을 것처럼 생각되는 문화의 정점에 있어서, 인간의 인간에 의한 가장 효과적인 노예화와 파괴가 행해지고 있음을 말하고 있다. 또한 아도르노(Theodor W. Adorno)도 다른 측면에서 "과학기술의 발달과 그로 인한 경제적인 생산력의 향상이 정의로운 사회건설을 위한 조건들을 마련해 주기도 하지만 기술적인 체제와 이를 장악한 집단에게 지나친 우월성을 부여해 대중을 지배하게 만든다"[5]고 말한다. 오늘날 문화적인 제 현상 속에서 우리는 본능적인 충동에 대한 기본억압이 불가피함을 본다. 그러나 이러한 문화의 전개가 결국에는 인간으로 하여금 한편으로는 효율성 위주의 삶을 통한 업적만을 기리는 삶을 추구하면서, 다른 한편으로는 억압으로 인한 불만을, 더 나아가서는 증오와 파괴라는 이기적이고도 잔인한 야만적인 모습에 사로잡힌 삶을 영위하고 있음도 주지의 사실이다.

문화에 대한 비판적 반성은 오늘날 인간에 있어서 어찌 보면 삶에 대한 구원이냐, 몰락이냐의 문제이다. 인류의 미래를 향한 심각한 물음이기도 하다. 오늘날 문화에 나타나는 여러 징후는 문화가 자신의 규정근거를 잃은 나머지 목적보다는 수단이, 능력보다는 욕구가, 행위보다는 제작이, 윤리보다는 경제가 일방적으로 높게 평가되고 있다는 사실이다, 천박한 실용주의적인 문화가 우리 주위를 에워싸고 있는 것처럼 보인다. 여기에는 오늘날 모든 면에서 의도하는 바와는 달리, 모든 장르에 구애됨이 없고, 그저 많은 사람이 좋아하면 그만이고, 돈벌이가 되면 그만이라는 소위 하향평준화의 현상이 지배적인 모습이다. 인간이 형성한 문화라는 작품 속에서 발견되는 양상이 어느덧 몰가치적·몰개성적인 면으로 치달으면서 정녕 발견될 수 있는 참된 아름다움의 모습을 상실하게 되고, 그 결과 모든 면에서 퓨전문화를 양산하고 있는 모습이다. 이제는 반성을 통한 회복을 꾀해볼 시기이다. 모든 것이 표피적으로 드러나고 너나할것없이 뒤섞이기를 좋아하는 시대문화인 퇴락한 문화에 대한 도전을 통해 새롭고도 순수

---

[5] Theoder W. Adorno, Dialektik der Aufklärung (Frankfurt/M. 1971), S. 4.

한 생동적인 문화에로의 교육의 필요성이 절실히 요청된다. 문화라는 단어 자체가 글로써 사람을 가르쳐 선하고 아름다운 품성을 지니게 하는 것이라는 뜻을 담고 있다. 이것은 인간으로 하여금 문화를 형성하게끔 하는 가능근거가 다름 아닌 교육이라는 사실을 말해주고 있다. 교육은 문화의 생동성과 바람직한 발전을 위해 중요한 의미를 지닌다. 특히 자연과의 관계에서 자연이라는 단어 속에는 기(氣)나 에너지로서의 물리적인 현상만이 있는 것이 아니라 빛, 진리 그 자체라는 뜻이 있음을 생각할 때, 자연은 인간의 문화형성의 요체로서 자연이 배제된 문화적인 제 모습들의 형성이 불가능하다는 사실을 인식시키는 방향으로 나아가야 할 것이다. 그러므로 자연을 지배해서 인간의 구미에 맞게 하는 것이 문화적인 노력의 유일한 목적이요, 또는 행복의 유일한 조건일 것이라고 착각해서는 아니 될 것이다. 우리가 인간의 정신적인 삶의 법칙을 내면과 외면 사이의 변증법이라고 부를 수 있다면, 문화가 겪고 있는 내면과 외면사이의 갈등은 조정과 화해를 통해 발전적으로 극복될 수 있겠다. 왜냐하면 문화는 산술가치적인 것이 아니기 때문이다. 그러므로 슈바이쳐(A. Schweitzer)의 문화발전에 대한 다음과 같은 주장은 시사하는 바가 크다. "문화의 발전이란 개개인이 전체의 진보를 목적으로 하는 이성적인 이상(理想)을 생각하고, 그 이상을 가지고 현실과 관계하고, 그 이상이 그 사회 상태에 가장 효과적인 영향을 줄 수 있는 형태를 취하도록 하는데 있다."[6]

---

6) A. Schweitzer, 「문화의 몰락과 재건」, 최명관 역 (서울 선일문화사 1977), P. 24.

■ 참고문헌

Brugger, W. Grundzüge einer philosophischen Anthropologie, München 1986.

Bensch, R. und Trutwin, W.(hrsg.) Philosophisches Kolleg, Ethik(Heft3), Düsseldorf 1977.

Beck, C.H. Vom Sinn der Tradition, München 1970.

Bally, G. Vom Ursprung und von den Grenzen der Freiheit, Basel 1945.

Bollnow, O.F.(hrsg.) 「현대의 철학적 인간학」, 이을상 역, 문원 1994.

_____. Existenzphilosophie, Stuttgart 1964.

Cassirer, E. Versuch über den Menschen, Frankfurt am Main 1990.

_____. 「인간이란 무엇인가?」, 최명관 역, 전망사 1979.

Dessauer, F. 「인간이란 무엇인가?」, 황원영 역, 분도, 1976.

Dierauer, U. Tier und Mensch im im Denken der Antike, Amsteldam 1977.

Diemer, A. Elementalkurs Philosophie, Philosophische Anthropogie, Düsseldorf 1977.

Eccles, J,C Das Wunder des Menschseins, München 1986.

Gadamer, H.G.(hrsg.) Biologische Anthropologie, Bd.1(1Teil), Stuttgart 1972.

_____. Biologische Anthropologie, Bd.2(2Teil), Stuttgart 1972.

_____. Kulturanthropologie, Bd.4, Stuttgart 1973.

_____. Philosophische Anthropologie, Bd.6(1Teil), 1975.

_____. Philosophische Anthropologie, Bd.7(2Teil), 1975.

Gent, W. Der sittliche Mensch, Meisenheim am Glan 1950.

Gehlen, A. Anthropologische Forschung, Hmburg 1961.

_____. Der Mensch, Berlin 1971.

_____. Urmensch und Spätkultur, Bonn 1956.

_____. Die Seele im technischen Zeitalter, Hmburg 1957.

Gihring, k. Abendland und Kultur, Zürich, 1947.

Groethuysen, B. Philosophische Anthropologie, München 1969.

Häberlin, P. Ethik, Zürich 1946.

Hagemann, W.C. Legitimation Anthropologie, Stuttgart 1973.

Häffner, G. Philosophische Anthropologie, Stuttgart 1982.

Hammer, F. Die exzentirsche Position des Menschen, Bonn 1967.

Heberer, G,(hrsg.) Anthropologie, Hamburg 1970.

Heintel, E. Einführung in die Sprachphilosophie, Darmstadt 1986.

Herder, J,G. Abhandlungen über den Ursprung der Sprache, Stuttgart 1966.

Hersch, J, Die Hoffnung, Mensch zu sein, Köln 1976.

Jansen, P. Anold Gehlen, Bonn 1975.

진교훈, 철학적 인간학 연구, 경문사 1982.

Kains, H.P. 「철학적 인간학」, 정연교 역, 철학과 현실 1996.

Kamlah, W. Philosophische Anthropologie, Manheim 1973.

Kardiner, A. Begbereiter der modernen Anthropologie, Frankfurt/a.M. 1974.

Keller, W. Einführung in die philosophischen Anthropologie, München 1971.

Kluckhohn, C. Spiegel der Menschheit, Zürich 1951.

Landmann, M Philosophische Anthropologie, Berlin 1968.

_____. De Homine, München 1962.

_____. Der Mensch als Schöpfer und Gechsöpf der Kultur, München 1961.

_____. Plurlität und Antinomie, München 1963.

Landsberg, P.L. Einführung in die philosophische Anthropologie, Frankfurt/a,M. 1960.

Lenk, H.(hrsg.) Technik und Ethik, Stuttgart 1987.

Lidz, Th. Das menschlichen Leben, Frankfurt/a.M. 1970.

Marcuse, H. 「에로스와 문명」, 김종호 역, 박영사 1973.

Menne, E.(hrsg.) Philosophisches Kolleg, Anthropologie(Heft.4), Düsseldorf 1978.

Morin, E. 「인간과 죽음」, 김명숙 역, 동문선 2000.

Mühlmann, W.E. Geschichte der Anthropologie, Bonn 1968.

Müller, A.(hrsg.) Anthropologie als philosophische Reflexion über den Menschen, Münster 1985.

Niedermann, J. Kultur, Werden und Wandlungen des Begriffes und seiner Ersatzbegriffe von Cicero bis Herder, Firenz 1981.

Pannenberg, W. Was ist der Mensch?, Göttingen 1964.

Pannenwitz, R. Das Werk des Menschen, Stuttgart 1968.

Pauli, A. Der Mensch und seine Freiheit, Stuttgart 1953.

Plessner, H. Die Stufen des Organischen und der Mensch, Berlin 1975.

_____. Macht und menschlichen Natur, Frankfurt/a.M. 1981.

_____. Zwischen Philosophie und Gesellschaft, Berlin 1953.

_____. Lachen und Weinen, München 1941.

_____. Die Einheit der Sinne, Bonn 1923.

Portmann, A. Vom Ursprung des Menschen, Basel 1958.

_____. Zoologie und das neue Bild vom Menschen, Hamburg 1956.

Rock, R.(hrsg.) Philosophische Anthropologie heute, München 1972.

Rothacker, E. Probleme der Kulturanthropologie, Bonn 1948.

_____. Philosophische Anthropologie, Bonn 1964.

Scheler, M. Die Stellung des Menschen im Kosmos, Darmstadt 1928.

_____. Vom Umsturz der Welt, München 1972.

_____. Vom Ewigen im Menschen, München, 1968.

_____. Von der Ganzheit des Menschen(Ausgewählte Schriften, hrsg.von Frings, M.S.), Bonn 1991.

Schelerer, G. Das Probleme des Todes in der Philosophie, Darmstadt 1988.

Schlitt, M. Umweltethik, München 1992.

Schwemmer, O.(hrsg.) Über Natur, Frankfurt/a.M. 1991.

Schwitz, C.A.(hrsg.) Kultur, Frankfurt/a.M. 1963.

Schweitzer, W. Kultur und Ethik, München 1981.

Schulz, W. Philosophie in der veränderten Welt, Weinsberg 1974.

Spengler, O. Der Untergang des Abendlandes, München 1920.

Sölter, A.A. Moderne und Kulturkritik, Bonn 1996.

Thielicke, H. Menschsein_ Menschwerden, München 1976.

Thurn, H.P. Kulturbegründer und Weltzerstörer, Stuttgart 1990.

Vetter, A. Personale Anthropologie, München 1966.
Vivelo, F.R. Handbuch der Kulturanthropologie, Stuttgart 1981.
Walther, Ch. Ethik und Technik, Berlin 1992.

필자약력

김영근   연세대학교 철학과 졸업
            연세대학교 대학원 철학과 졸업
            독일 자유백림대학, 철학·종교학 수학
            건국대학교 대학원 졸업(철학박사)
            현, 연세대학교 인문예술대학 교수
            역서:『플라톤의 생애와 사상』(행림)
            논문:「지방캠퍼스의 문화교육에 관한 고찰」
                 「인간과 기술의 문제」
                 「하이데거의 실존철학에 있어서의 인간의 문제」 등

인간과 문화

초판 2쇄 발행일 • 2018년 1월 19일
지은이 • 김영근
발행인 • 이성모
발행처 • 도서출판 동인
등 록 • 제1-1599호
주 소 • 서울시 종로구 혜화로3길 5 118호
TEL • (02) 765-7145, 55/FAX • (02) 765-7165/E-mail • dongin60@chol.com

ISBN 978-89-5506-326-4

정가 9,000원

※ 잘못 만들어진 책은 교환해드립니다.